教育部哲学社会科学后期资助项目

本书获长沙理工大学出版资助

现代性批判

THE CRITIQUE OF
MODERNITY

余乃忠 ／ 著

社会科学文献出版社
SOCIAL SCIENCES ACADEMIC PRESS (CHINA)

目 录
C o n t e n t s

· 绪　论 ·

　　现代性问题近几十年来已经受到国内外学术界的普遍关注，尤其是得到一些后现代主义思想家的重视，并取得一定的创见。但是，这些后现代主义作家始终把历史的发展过程仅仅看成一种文化衰变并展开批判，并没有准确把握历史演变的现代性脉动。尽管他们也注意到知识的现代性关联，但由于历史观的缺陷，不能科学解释现代性的本质，因此无法找到历史的蜕变原理和克服知识世俗化的弊端，仅仅是一种对现实性话语及其社会关系正当化的质疑和挑战，更多的是一种文化失落。同时，后现代主义也没有走出自身的理论困境，对现代性的责难与拆解只能是一种微观现象学和新的形而上学建构。因此，一种全景式、伴随资本成长史和马克思主义视角的历史测度论是现代性问题研究的全新思路，也是根本出路。

第一章

现代性概念

第一节 现代性概念辨析

近几十年来，尽管现代性研究呈现蓬勃姿态并不断增添新的动力，然而对于现代性的概念一直没有一个确切的共识。原因在于：一方面现代性并不是现代社会才有的社会文化属性，另一方面现代性涉及经济方式、政治制度、文化表征、社会心理和意识形态各个方面，内涵庞杂。同时，对现代性的文化批判态度，也存在不同的理解视角、政治动机和利益关联。因此，现代性作为一个历史主义和未来主义的复合概念，在经受不同历史观的观照和一切行动主义的管控。

对现代性的辩解与批判，呈现斑斓而多姿的学术繁荣。这既缘于资本主义与全球化的齐头并进，更在于当下学术本身的现代性支撑。勘误于国内外对现代性概念繁杂的理解和内涵的释放，一个基于历史唯物主义的现代性概念必须确立。这种解释优势并不预设为马克思主义本身的话语凌厉或者说马克思主义在全球化时代的现代性场强，这主要是立于马克思主义自身的现代性批判本质。

一 作为生产方式的现代性

在危机主义者看来，现代性的特殊性在于现代人无法从历史中获得经验而无所适从。英国社会学家安东尼·吉登斯（Anthony Giddens，

1938 年～）在《现代性后果》中认为："现代性以前所未有的方式，把我
们抛离了所有类型的社会秩序的轨道，从而形成其生活形态。"① 即现代性
概念不能用过去的社会经验格式化。即使如此，现代性（modernity）还是
可以与古代性（antiquity）和后现代性（post-modernity）区分开来。现代
性可以包括中古时代，即从封建主义占统治地位到资本主义萌芽的时期。

对现代性的起源，列奥·施特劳斯（Leo Strauss，1899～1973 年）把
现代性解释为"一种世俗化了的圣经信仰"②，人们不再希望天堂生活，而
是凭借人类纯粹的自我能力在尘世上建立人间天堂。马克斯·韦伯（Max
Weber，1864～1920 年）认为清教徒的宗教理想孕育了世俗的资本主义精
神。基于资本主义精神，现代性获得了成长的动力，并首先从生产方式的
转变开始。

现代性生产方式以资本的扩张为唯一目的。国家和政府层面表现为以
GDP 为中心，资产者层面表现为追逐资本扩张和增值最大化原则，无产者
层面表现为摆脱无产者的地位成为资产者或中产者，其共同特征为资本扩
张。从具体经济行为上看，推动经济发展或经济增长的根本目的并不在于
促进人的自由，而是获取更多的利润和资本积累。可持续发展的内涵不是
资源可持续、生态可持续，而是要资本增长可持续。持续不止的生产安全
事故，引发动物灭绝的商业化捕杀，早已司空见惯。世界上几乎所有国家
都明知烟草对身体有害，但仍在继续生产卷烟。

在现代性资本逻辑运行下，政府遏制房价、地价都是二律背反，因为
各级政府都希望房价上涨推动 GDP 上涨。2003 年以来，政府 10 年颁布 43
个调控政策，房价上涨 10 倍③。为了保持经济增长，不断增加投资，采取
大量印制钞票等手段，引发物价持续攀升。产能过剩也要投资，用高出
GDP 增速 2～3 倍的货币投放才能保住 GDP 的增长率。如果不能保持增长，
失业率上升，受到损害的社会群体就会形成反对者联盟，精英们也会丧失

① 安东尼·吉登斯：《现代性的后果》，田禾译，凤凰出版传媒集团、译林出版社，2011，
第 4 页。
② 刘小枫主编《苏格拉底问题与现代性——施特劳斯讲演与论文集》第 2 卷，李永晶译，
华夏出版社，2008，第 33 页。
③ 陈哲：《媒体称 2003 年以来颁布 43 个调控政策 房价上涨 10 倍》，《经济观察报》2003
年 7 月 20 日。

凝聚力，对政治稳定的贡献会更加脆弱。危机没有引爆，坏账没有暴露，是在靠多发货币掩盖。发达资本主义国家的货币投放量和物价水平已经远远超出市场的承受能力，市场冲突正在向初期和蓬勃的资本主义市场转移。

以资本增值为动力的生产方式，内在性地充满矛盾。为了推动经济增长，就必须增加投资，过量投放货币就必然引发产能过剩和物价上涨，物价上涨就会引发劳动力成本上升，产品失去竞争力就失去了市场，最后引发经济停滞。为了挽救停滞，就再增发货币，最后再停滞，直到经济完全崩溃和完全死寂。这种资本推动的内在矛盾随着资本主义的发展而发展，并日趋明显。恩格斯对此谈道："这种在建立自己的市场的同时又破坏这个市场的趋势正是这类矛盾之一。"① 现代性的矛盾运动，并不能遏制资本的原始动力，直至整个经济、政治、社会、文化和生态全面崩析。

除了物质生产方式外，文化生产也同样运行资本模式。各种文化表演、艺术展示、体育游戏都是商品，一切为了产业的资本增值，接受市场规律的考验。现代性并不是现代社会的属性，古代有现代性，现代社会也有反现代性的力量。至于现代性名称中的"现代"则是因为在资本主义发展逻辑和现代化冲动下，现代性表现得更加执着和繁殖性更显著。

二　作为政治序构的现代性

现代性的政治制度的显著特征是以权力为中心。政治人物的目标不是如其所说，为了公共利益和社会责任，而是一切为了权力的增加和级别的提升。至于尽心尽责仅仅是为了获得提升的手段，体恤百姓也是为了进行更持久的统治。统治者主导的重大公共建设工程，也主要是为了他们自身统治的需要。隋炀帝兴建大运河，是为了更好地把物质集中起来便于统治和自己的享受，并不是出于对民众的人道主义考虑。20世纪冀朝鼎考察历史上河南的水患时谈道："只要这数百万人民所受的苦难，还没有严重到迫使他们需要造反的地步，反动统治者对人民的疾苦是不会过问的；而如

---

① 《马克思恩格斯文集》第10卷，人民出版社，2009，第635页。

果财经紧张且需要维护他们对经费的使用权时，他们才会心急如火。"① 而大运河工程建设的完工，进一步刺激了统治集团的挥霍和奢侈，人民被剥削的程度也进一步加深。

现代性指引下的当代形象工程、面子工程，无不是政府官员为了自我政治资本的积累而发动的。公共工程仅仅是树立了官员的自我道德形象，为进一步升迁提供政治准备。子张问于满苟得曰："盍不为行？无行则不信，不信则不任，不任则不利。"② 所以，现代性政治制度始终蕴含着对GDP政绩的内在需求。经济增长率对于政治领导人而言就是其生命线。有了经济增长率的底线就有了稳定的底线，有了稳定才有统治的基础，才有权力的不断增持。因此，生态问题的日益严峻，是因为在保护环境和保经济增长率彼此相冲突的时候，宁可损害环境，也要保增长，把今天的危机后移。

现代性政治制度为了保住现有权力结构的永恒，在过去世袭制公开化退却后，隐形世袭制继续演绎着权力的代际传递。因此，权力场对于外来的权力入侵总是联盟性地予以抵制。作为政治制度的制定者也是权力的守护者和排他者，在制度建构上总是以法律的权威来为自身的权力设置保护屏障。社会底层、权力场外的权力入围必须遵守有利于现有权力控制者设计的游戏规则。因此，现代性政治制度并不对外开放，而是为既得利益和权力者提供法律保护。政治制度以国家意志的强大外表表达现代性游戏的共相，和其他体育游戏、儿童游戏的存在方式和规则是共享的。作为现代性政治制度中最广泛的话语"民主"，不过是政治游戏中的一种制敌策略，至于其准确内涵或实现仅仅依赖于使用者的解释。因此，在资本运作下的政体，专制体制和民主体制并不重要，都仅仅是一种游戏策略，一种可以彼此识别和接纳的游戏。

尽管目前世界上有很多民主体制的政体，但统治方式始终没有改变由上至下的垂直管理模式。国家最高统治者、地区最高行政首领、

---

① 冀朝鼎：《中国历史上的基本经济区与水利事业的发展》，朱诗鳌译，中国社会科学出版社，1981，第114页。

② 《庄子·盗跖》。译文：孔子弟子子张向满苟得问道："怎么不推行合于仁义的德行呢？没有德行就不能取得别人的信赖，不能取得别人的信赖就不会得到任用，不能得到任用就不会得到利益。"

具体行业管理部门都是以首领为中心向外扩散的权力分布结构和金字塔式权力操作规制，边缘化和底层化意味着权力的微小。这样，政治集团和个人则以向上攀爬和进入权力中心地带为根本目的。对此，法国后现代主义思想家福柯有不同看法。他认为："那种认为国家必须作为权力的源泉为所有组织权力的机器负责的观念，在历史上并不是很有效的，或者说是它的有效性已经被穷尽了。"① 福柯的判断解释了权力的繁殖性，具有一定的卓见，它作为一种对强大中央集权体系的忽视，就异化了。

三 作为文化矢量的现代性

从奴隶社会、封建社会到当代社会，等级文化、官本位文化始终处于主导地位。官本位文化表现为全社会的人都以官为尊、以官为荣，不同行业都按照官位被划为不同等级，人的价值全部以个人在社会上的官阶来衡量。中国封建社会中按照"品"划分的官阶在今天不过更替成部、厅、处、科等级别，不同等级法定有不同的俸禄和其他待遇。古代法国有皇帝、国王、太子、亲王、公爵等其他爵位和骑士，现在有大区区长、省长、市长、镇长，其中本土省长就有 96 个。古代俄国有皇帝/女皇、沙皇/女沙皇、公爵/亲王等其他爵位，现在有共和国、州、联邦直辖市、自治州和民族自治区组成的各级行政级别。这些不同的行政职位表征着一种政治级别，其他社会地位都要向其看齐。和过去很多象征性级别不同的是，现在的官本位文化直接以当政者的权力价值为中心。

现代性文化的场域是官本位文化。企业界、学术界、艺术界等所有公共生产与服务领域也充满官场的等级和官僚化。在等级文化中，处处会表现出论资排辈，无论在政界还是学界，一切提升都需要具备一定的资格、年限、级别。各个单位热衷于升级升格，全社会处于贪大升格的文化热浪之中。对自我集团、个人身份地位提升的追逐近于疯狂。现代性文化本质上是与私有制生产方式紧密联系的，以自私为动机的社会行为方式建构了现代性文化的主流。

---

① 福柯：《权力的眼睛》，严锋译，上海人民出版社，1997，第177页。

　　文化现代性表达了一种身份资本的积累，一种追求身份符号的文化心理学迅速声名鹊起。主体的符号代替了主体本身，消费符号代替了消费本身。现代人在进行经济资本积累的同时，尤为关注文化资本和身份符号积累，广义的资本积累成为文化风潮。马克思在《资本论》中指出："随着资本主义生产在工场手工业时期的发展，欧洲的舆论丢掉了最后一点羞耻心和良心。各国恬不知耻地夸耀一切当做资本积累手段的卑鄙行径。"① 从金钱、住房到权力、名誉、社会资历等，一种全民的资本积累文化得到主流价值的确认。对于财富、爵位或等级、权势和个人功绩四个方面的不平等，卢梭认为："在四种不平等中，个人身份是其他各种不平等的根源，财富则是最后一个，而各种不平等最后都必然会归结到财富上去。因为财富是最直接有益于幸福，又最易于转移，所以人们很容易用它来购买其余的一切。"② 可以说，现代性文化就是等级文化、积累文化和身份符号文化。有了积累文化就有了遗传文化，代际的文化身份传递成为现代性保护的重要内容。一种推动身份固化的文化密码成为现代性延续的精神支撑。

　　特别需要指出的是，在等级文化中，随着现代性的深入和成熟，进入政治权力中心的竞争性、敏感性、危险性，使得坐拥权力者以种种后现代性策略进行形式上和外在性的弱化，以蒙蔽企图进入权力竞争的对手和公众。他们通过其他非权力角逐文化，比如游戏文化、娱乐文化进行渲染，转移公众注意力。这种注意力的转移不是转移公众对公共事务的关注，而是转移公众目光对这种事务背后权力的分配的停留，从而削弱外界对权力控制者进攻的危险性。因此，意识形态充满诡秘，以欺骗与麻痹为手段掩盖统治者的特权事实。政治活动、外交活动成为表演和游戏。

　　官本位文化的历史悖论在于，民众在敬畏和厌弃特权的同时，在内心对权力又有着极度的迷恋。因为在"权力文化"的社会里，权力就代表着荣耀、财富、幸福。这种悖论表达了底层民众无法抵制强大的政治制度时，采取的一种妥协和权宜。

---

　　①　《马克思恩格斯文集》第5卷，人民出版社，2009，第869页。
　　②　卢梭：《论人类不平等的起源和基础》，李常山译，商务印书馆，1962，第170页。

四 作为关系浸润的现代性

哈贝马斯（Jürgen Habermas，1929 年~）在《现代性的哲学话语》中谈道："现代性的首要特征是主体自由。"① 这种自由表现为合理追逐自己的利益以及平等参与国家建构政治意志的权利，这种权利受到国家法律保护。这种自由在社会关系上表现为人的社会资源的展现与自由兑换，即人与人的交往运行价值规律，即等价交换法则。个人价值表现为交换价值，交换价值转化为使用价值，即被他人利用的价值。社会成员通过交换获得个人社会资源的流动或社会资本的保值和增值，其中，"身价"表达了个人资源的社会价值总和。

2013 年 10 月 28 日晚，中央纪委、监察部网站发布公告称，53 岁的贵州省委常委、遵义市委书记廖少华涉嫌严重违纪违法，目前正接受组织调查。廖在遵义任职 1 年，9 次主持参加反腐会议。就在 2013 年 6 月 6 日遵义市召开的全市党风廉政"警示教育月"活动启动大会上，廖少华提醒领导干部：要把好"思想关"，筑牢思想防线；把好"欲望关"，警钟长鸣；把好"权力关"，正确使用权力；把好"小节关"，始终廉洁自律。当天，廖少华还带着与会人员到忠庄监狱，听取服刑人员剖析思想蜕变、走向犯罪的过程，接受警示教育。他说："作为一名党员领导干部，要多看那些正在狱中服刑的职务罪犯的境况，想想自由的宝贵；多读纪检监察机关的办案纪实，想一想任何自以为隐秘的伎俩随时都可能暴露在光天化日之下。思考一下假如走上违法犯罪道路，前途又何在？"廖少华曾感慨送礼的人无孔不入，自己并不缺钱②。

2013 年下半年，全国多个县市进入干部集中调整期，安徽省某县需要对多个县直部门和乡镇党政主要干部进行调整，《半月谈》记者就此对县委书记进行了专访。该县县委书记说："仅我收到打招呼的条子就可以装满一抽屉。"③ 这说明，关系资本化的社会交往模式已经侵入社会肌体的每

---

① 哈贝马斯：《现代性的哲学话语》，曹卫东译，译林出版社，2004，第96页。
② 周清树：《遵义书记落马被指边升边腐》，《新京报》2013 年 10 月 30 日。
③ 程士华：《县委书记：干部调整"打招呼的条子塞满一抽屉"》，《半月谈》2013 年 11 月 7 日。

一个细胞，难以设防与清洗。对此，马克斯·韦伯在《新教伦理与资本主义精神》中阐述道："当代资本主义经济可谓是一个人生在其中的广漠的宇宙，它对这个人来说，至少对作为个人的他来说，是一种他必须生活于其中的不可更改的秩序。"①

在现代性全球化的时代，侵夺公共资源、攫取公众利益、收受他人贿赂已成为难以抹去的社会关系印痕。国际非政府组织"透明国际"日前发布的调查报告将自称为民主化榜样的中国台湾列入"重度贪污地区"，称过去一年有36%的台湾民众曾向政府行政机构人员行贿，远超全球26%的平均水平②。关于现代性全球化的趋势与特征，英国现代性问题研究学者吉登斯说："现代性正在内在地经历着全球化过程，这在现代制度的大多数基本特征方面，特别是在这些制度的脱域与反思方面，表现得很明显。"③ 脱域是指社会关系从彼此互动的地域性关联中"脱离出来"。脱域的过程就是全球化的过程。对于腐败全球化的根本原因，卢梭说："不难证明：任何一个政府，假如它不腐化、不败坏，总是严格遵循着它所负的使命前进，那么，这个政府就没有设立的必要。"④ 也就是说，通过政府来治理政府腐败本身就是一个伪命题，因为政府就是为了腐败而存在的。

现代性左右了我们的经济生活，也左右了我们的社会生活和政治生活，它通过适者生存的原理选择其主体。同时，现代性使社会资源配置全面市场化，在资源交换过程中，在没有政治资本、经济资本、文化资本以及其他可支配的资本时，可以用尊严、人格和身体等进行交换。

2011年6月11日，在开封市委全体会议上，河南省纪律检查委员会工作人员当场宣布开封市市委常委、组织部部长李森林被"双规"，与会者顿时目瞪口呆。2009年5月14日是焦裕禄逝世45周年纪念日。5月20日，李森林在当地报纸上撰文称，学习焦裕禄精神，要在党性原则上突出坚定信念，在道德修养上突出陶冶人格，在组织纪律上突出严于律己。令

---

① 马克斯·韦伯：《新教伦理与资本主义精神》，于晓、陈维纲等译，陕西师范大学出版社，2006，第16页。
② 青木、周伟：《透明国际：台列入重度贪腐区》，《环球时报》2013年7月14日。
③ 安东尼·吉登斯：《现代性的后果》，田禾译，凤凰出版传媒集团、译林出版社，2011，第56页。
④ 卢梭：《论人类不平等的起源和基础》，李常山译，商务印书馆，1962，第169页。

人啼笑皆非的是，大呼弘扬焦裕禄精神的李森林由于在官员升迁上甚具影响力，多名男下属为求升职，主动"贡献"妻子作性贿赂，也有部分女公务员自动献身。李森林在受贿后，无意提拔下属，违背交换法则，遭下属举报，由此落马。由于涉及行贿官员众多，开封官场处于瘫痪状态。后来谈及腐败原因，李森林说："我就是水中的那只青蛙，水温慢慢升高，自己却浑然不觉。开始时还觉得很舒服，等到水温高了受不了想跳出来时，四肢已经半熟，无能为力了。"① 李森林实际上解释了现代人已完全陷入"既对权力无限向往，又对人情往来无法抗拒"的社会交往困境。

五　作为学术写作的现代性

在现代性语境下，真理是在权力安排下的一种建构。知识生产和学术生产也运行资本增长模式。资本的增值成为学术生产的根本动力，学术产品也是商品。由于学术资本同样遵循积累原则，以学术资本积累为基础的学术霸权主义、权威主义、垄断主义、学术派系、学术血统、学术同盟等控制着学术生态的生产环境和生长环境。2013 年 11 月，年满 80 岁的沈国舫院士，向工作了一辈子的中国林业大学表达了退休的意思，结果，党委书记和校长都不放。"他们说你怎么能退休呢，你是我们学校的旗帜，还要靠你说话呢。"② 院士不仅等同于真理，也等同于权力，即事实是被建构的、真相是被隐藏的、话语是在场的、真理是依附的、主体是符号化的。

浸淫在资本化的社会中，知识分子或文化生产者在抵制资本的力量失效后，最终屈从于资本的强大引力场。布尔迪厄说："尽管知识分子反抗那些称之为'资产阶级'的人，但他们却忠于资产阶级秩序。"③ 文化生产者现在已成为社会资本化，特别是文化资本化的最忠实的力量。因此，类似于物质商品生产过程中的制假售价、欺行霸市等扰乱市场秩序行为，学术生产同样呈现违背公平竞争和学术秩序的越轨乱象。学术抄袭、学术批

---

① 武军垒：《落马厅级干部自喻犯罪行为如温水煮青蛙》，《法制与生活》2013 年 11 月下半月。
② 叶铁桥、卢义杰、霍仟：《八旬院士欲退休遭校方反对：你是我们学校的旗帜》，《中国青年报》2013 年 11 月 18 日。
③ 布尔迪厄：《文化资本与社会炼金术》，包亚明译，上海人民出版社，1997，第 86 页。

发、粗制滥造等学术不端现象愈演愈盛。在行政权力与学术权力进行资本
交换的过程中，由于行政权力更具通用性、更具可兑换性，行政权力代替
学术权力、行政权力占据学术权力或行政权力和学术权力结成政治—学术
同盟已成为学术创作的基本形态，也就是说，整个学术系统已经被国家权
力机制所渗透。针对美国政治状况日益恶化，20 世纪人类最伟大的科学家
爱因斯坦在他逝世前 5 个月（1954 年 11 月）答《记者》杂志问时说：
"你们问我，对于你们那些有关美国科学家处境的文章有什么意见。我不
想去分析这个问题，而只想用一句简短的话来表达我的心情：如果我还是
一个年轻人，并且要决定怎样去谋生，那么，我决不想做什么科学家、学
者或教师。为了希望求得在目前环境下还可得到的那一点独立性，我宁愿
做一个管子工，或者做一个沿街叫卖的小贩。"[1] 为此，爱因斯坦受到美国
相关政治组织的谩骂，在他逝世前几小时最后一次谈话中还重点谈了美国
政府对公民自由侵犯的问题。

　　现代性主导着宏大叙事的写作方式。"进一步""深化""推进""加
强""加快""提高""完善""改革""创新"等"加强型"词语已经完
全演化为一种现代形而上学。美国总统奥巴马第一任竞选的关键词就是
"Change"，四年下来，却没有进行任何实质性改革。若非要说改革，那就
是失业率上升了；在民众认识到"Change"仅是一个美国梦，一个虚幻的
梦时，奥巴马第二任竞选的关键词更新了："美国永远是 No. 1。"不难预
料，奥巴马第二个美国梦面临和第一个美国梦同样的结局。对于中国的发
展模式，美国前总统克林顿在中国出席《财经》2014 年年会时建议，中国
不要重蹈美国之覆辙。之前美国的经济增长驱动力主要是金融业、房地产
业，但这些行业并不提供多少工作机会，大多数的经济收入集中在了少数
人手中，会限制经济的增长。如果贫富差距太大，国家的发展能力就会受
到限制。21 世纪的核心在于如何创造一个有活力、有创造力的经济，同时
又使经济成果得以被全民所分享，实现真正的社会团结和社会福利[2]。克
林顿的告诫表达了晚期资本主义改革空间的狭小和美国现代化梦想的失

---

① 《爱因斯坦文集》第 3 卷，许良英编译，商务印书馆，1979，第 325 页。
② 《克林顿告诫中国勿走美国老路：房地产不靠谱》，新浪网，http：//news. sina. com. cn/c/
2013 - 11 - 20/080728758972. shtml？sinatracker = tao123_index，最后访问日期：2013 年 11
月 20 日。

落，但其"顶层设计"仍没有摆脱现代性写作的宏大叙事范式。

统一于"改革"写作模式，"逐步取消大学、医院等事业单位的行政级别"，这种"逐步"式的写作方式表达了作者"无边界、无确定性"的写作技艺。现代性还表达了"不怕过，就怕不够"的"广告式"创作模式，将欲望、表演和性感演绎到极致。过度消费、过度治疗、过度透支、过度投资、过度解释等过度性创作成为"发展""进步"的初始条件。

在经济、政治、文化、社会、学术和哲学等方面的片面逼近后，一个以马克思主义为统摄的总体性的现代性概念可以简述为：源于前资本主义，发动于资本主义，膨胀于晚期资本主义，伏匿于社会主义，运行资本逻辑和价值规律，遵循资源被充分利用和利益最大化原则，渗入经济、政治、文化、社会关系、学术、艺术、语言等各种人类知识产品和实践活动的制度建构、行为方式与社会心理。

需要指出的是，前现代、现代与后现代的区分则在于：前现代性放任了自然主义，现代性张扬了逻各斯中心主义，后现代性则退却为创作上的小叙事。科学兼具现代与后现代两种波的消解，宗教则在现代性磐石中泄漏出后现代紫光。

第二节　尼采论现代性

现代性，一个穿凿时空的叙事结构，也是一个导向误识的风险概念。当代后现代主义作家们自诩为尼采的后裔，或沿着尼采的道路向前掘进，取得了西方文化史上最集聚的思想斑斓。然而，力量的任何增长，都是在寻求劲敌中显示出来的。失去对抗的话语是沉沦、自怜和谄媚的表白，因此也无法抵达现代性的"深处"。像尼采那样对生命不堪的苦守本身就是对科学、民主、自由和善德这些现代性话语最好的抵触、注解、冰释和救赎。

我们无法知道今天是尼采时代还是前尼采时代，但尼采的作品被译成几十种文字在世界范围内受到人们的极度关注，并且随着时间的推移会愈加显出它夺目的光芒。尼采后期在《看哪这人——尼采自述》中说道："我的时代还没有到来，有几篇东西会作为遗著出版的。……因为今天还没有人听取，还没有人懂得接受我的东西，这不仅是可以理解的，而且，在我看来也是理所当然的。"① 现代性今天已经成为当代哲学、社会科学的炙手话语以及学术界最具分歧的概念，但尼采关于现代性的元语态才是现代性研究的精工与原典。

一　现代精神的放荡

1889 年尼采疯了，在 1887 年秋他写下如下的文字：

> 现代精神的放荡
> 由于形形色色的道（德）装饰：
> 华丽话语有：
> 宽容（对于"肯定和否定之无能"）
> 同情的宽度＝三分之一冷漠，三分之一好奇，三分之一病态的激动性
> 客观性＝没有人格，没有意志，无能于"爱"
> 反对常规的"自由"（浪漫主义）
> 反对伪造和谎言的"真理"（自然主义）
> "科学性"〔"人性证明"（document humain）〕，用德语来讲，就是廉价小说和加法取代了结构和布局
> "激情"取代了无序和无度
> "深度"取代了混乱、符号纷乱②

宽容（对于"肯定和否定之无能"），意味着害怕行使权利、进行判决。"人们知道这样一种人，他们沉湎于'理解一切即宽恕一切'这句名言。他们是一些弱者，首要的是一些失望者：如果说在一切当中都有某种东西要宽恕，那么，其中是不是也有某种东西要蔑视呢？"③ 在宽容中，他们失去了判断的能力。

---

① 尼采：《看哪这人——尼采自述》，张念东等译，中央编译出版社，2010，第 65 页。
② 尼采：《权力意志》，孙周兴译，商务印书馆，2007，第 495 页。
③ 尼采：《权力意志》，孙周兴译，商务印书馆，2007，第 343 页。

同情的宽度＝三分之一冷漠，三分之一好奇，三分之一病态的激动性。"同情，本来应当发现通过被爱的人而使爱者清醒。"① 但是，在同情中，试图通过等量的感受，主动地维护和确证那种价值判断的最本己权利。"在同情的镀金剑鞘里，有时藏着妒忌的匕首。"② 就同情本身来说，它绝望地帮助别人，不过是大胆地对病人健康和名誉实施江湖郎中的一套手法。这实际上是一种冷漠。关于好奇在同情中的成分，海德格尔后来的分析有助于我们对尼采的理解："好奇的特征恰恰是不逗留于切近的事物。所以，好奇也不寻求闲暇以便有所逗留考察，而是通过不断翻新的东西、通过照面者的变异寻求着不安和激动。"③ 即一种病态的激动性。因此，"同情是一种感情挥霍，一条危害道德健康的寄生虫，'增加世上的祸害，这不可能成为义务'"④。这就是同情的宽度。

客观性＝没有人格，没有意志，无能于"爱"。尼采指出："在判断的不偏不倚和冷静中：人们害怕情绪的劳顿，宁可袖手旁观，保持'客观'。"⑤ 除了冷漠的客观性，我们接受的知识也是客观的。知识的"客观性"表达了各种文献、记载、指数和统计数据都被标上客观性，以数学化和物理化的形式展示给公众。这种客观化、科学化趋势以纯粹理性为原则，似乎不受人格、意志和个人情感偏向所干扰。尼采揭露了这种客观性的虚伪本质，一切数据和证明材料都不过是现实的人的干扰或人的意志的合成。受到尼采的影响，福柯在《知识考古学》里谈道："知识是由话语所提供的使用和适应的可能性确定的。"⑥ 即现代性成长下的知识是一个空间，主体占有一席之地，以便付诸自己的话语建构。政府对统计数据的客观性的坚称已成为现代化国家的一种神圣誓言。"简言之，近代著名的'客观性'是一种卑劣的趣味，是十足的卑贱。"⑦

反对常规的"自由"（浪漫主义），被尼采认为危害的诱惑。"偶尔热衷于自由观点，这会给你一种刺激，就像皮肤瘙痒；如果你更多地屈服于

---

① 尼采：《超善恶》，张念东译，中央编译出版社，2007，第 73 页。

② 尼采：《人性的，太人性的》，杨恒达译，中国人民大学出版社，2005，第 428 页。

③ 海德格尔：《存在与时间》，陈嘉映等译，三联书店，1999，第 200 页。

④ 尼采：《权力意志》，孙周兴译，商务印书馆，2007，第 310 页。

⑤ 尼采：《权力意志》，孙周兴译，商务印书馆，2007，第 316 页。

⑥ 福柯：《知识考古学》，谢强等译，三联书店，2007，第 203 页。

⑦ 尼采：《偶像的黄昏》，李超杰译，商务印书馆，2009，第 65 页。

它，那你就开始在那个地方抓痒，直到最后，出现了一个被挠破的疼痛的伤口，也就是说：直到自由观点开始在社会和人际关系上扰乱和折磨我们。"① 而且，现代性颂扬的浪漫主义自由观是超越现实意义的知识之花，有可能，但不真实；像是自由，但不是自由；"道学家虚构了一个'自由的世界'——由此得出'善的、完善的、正义的、神圣的'世界"②。这种果实是知识之树不会和生命之树相混淆的标志。这种浪漫主义完全处于道德和宗教的危险之中。

反对伪造和谎言的"真理"（自然主义），被尼采视为恶作。"'自然主义'——它意味着什么？首要的是一种兴奋剂——丑陋和阴森之物造成激动。"③ 人们缠上自然主义就像追逐客观性一样的阴谋情绪。而且，"在真理感中。什么是真实的？在作出一种说明的地方，一种使我们的精神努力降到低限的说明。除此而外，谎言是很费力的。"④ 在尼采看来，"真理"的自然主义是一个迷信之词。因为，有些思想是作为谬误和幻想进入世界的，然而它们却成了真理，因为人们事后给了它们一个真正的基础。

科学性，用道德讲法，就是一个思想家理智上的诚实性。"那些最著名的哲学家们进而表明：他们的科学性只不过是一个被意识到的事情，一个开端，一种'善良意志'，一种艰辛——还有，就在他们的本能开始发言的瞬间，就在他们进行道德说教之际，他们的良知的风纪和高雅也就完蛋了。"⑤ 理智的诚实性十分罕见，哲学家们身上没有。连篇累牍的廉价小说式的说教湮灭了理智的诚实。这正迎合了市民的兴趣："民众既不喜欢真实，也不喜欢质朴：他们喜欢小说和江湖骗子。"⑥

"激情"取代了无序和无度，一跃成为时代的强音。无序的世界、无度的欲望需要转移视线，需要向未来企划，这种展开新的一页的强烈情绪就是激情。现代性的法则是：激情就是美德。"你在这些激情中灌注你的最高目标：于是它们变成了你的美德与欢乐。"⑦ 激情曾被称为恶，但现代

---

① 尼采：《人性的，太人性的》，杨恒达译，中国人民大学出版社，2005，第 279 页。
② 尼采：《权力意志》，孙周兴译，商务印书馆，2007，第 1090 页。
③ 尼采：《权力意志》，孙周兴译，商务印书馆，2007，第 326 页。
④ 尼采：《权力意志》，孙周兴译，商务印书馆，2007，第 315 页。
⑤ 尼采：《权力意志》，孙周兴译，商务印书馆，2007，第 1046 页。
⑥ 尼采：《权力意志》，孙周兴译，商务印书馆，2007，第 811 页。
⑦ 尼采：《查拉图斯特拉如是说》，杨恒达译，凤凰出版传媒集团，2007，第 32 页。

国家引导你，美德出自你的激情。"社会"从来都是把德性、激情视为维护势力、权力和秩序的手段。因此，鲍德里亚后来阐述了现代人在时尚中，通过激情挽救自己的灵魂并最终归纳于同一性的秩序化世界。他分析道："集体的激情、符号的激情、循环的激情，这使得时尚以令人眩晕的速度，穿过社会躯体，流行、传播、巩固自己的一体化，收集各种同一性。"①

"深度"取代了混乱、符号纷乱，在尼采看来已成为现代病。避开混乱的社会现象，追求"深度"，寻找本原已成为社会学、哲学的现代性普遍话语。"深度"学不是知识的深化，而是失去了对现象的判断和诊治能力。"深度"不过是用虚构的本原回避现实的形而上学伎俩。"人们谈论社会契约的'深度不公'：仿佛此人出身好而那人出身不好这样一个事实就是一种不公正；或者，仿佛此人天生有这些性格而那人天生有那些性格这样一个事实就是一种不公正……这是我们必须无条件反对的。'个人'这个错误的概念造成了这种胡说八道。"②

形形色色的道德装饰，是现代性不可缺少的堆积过程，也被尼采称为人类的最大危险。然而，何谓道德？福柯在《性经验史》中作了这样的解释："'道德'一词含义模糊。一般认为，'道德'是指一套价值和行为准则，它们通过不同的规范机制的中介被给予个人和群体，像家庭、教育机构、教会等等。"③ 这些规则和价值被非常清晰地表述在一种连贯的理论和一种清晰的教育之中。作为一种实践的道德，至今并没有形成一套体系，不过是并无定式的各种抵消、妥协和规避的复杂活动。现代性正是在道德的不断变异和更新的过程中变得扑朔迷离。

二 劳累过度的操心

关于现代性的直接论述，尼采给我们留下的文字并不多，更多的是蕴含在其所有被他奚落的一切现代知识、善德、人性和社会心理的各种现

---

① 鲍德里亚：《象征交换与死亡》，车槿山译，凤凰出版传媒集团，2006，第136页。
② 尼采：《权力意志》，孙周兴译，商务印书馆，2007，第753页。
③ 福柯：《性经验史》，佘碧平译，上海世纪出版集团，2005，第122页。

象、文化和精神的搅拌之中。不过，下面简略性的直接释义让我们更能走近和洞见尼采视觉中的"现代性"本色。

1. 精神的放荡

道德的宣言，就是现代精神的放荡。但是，尼采指出："精神只不过是一个为更高的生命、为生命之提高效力的手段和工具：而至于善，就像柏拉图（以及以后的基督教）所理解的，在我看来甚至是一个危害生命、诽谤生命、否定生命的原则。"① 道德的统治是根据道德现象来判决一切生物现象。"总而言之：道德恰恰是如此'不道德'，如同世上的任何其他事物一样；道德本身乃是非道德的一种形式。"② 在尼采看来，善本身就不是善，道德信仰具有非道德性。为了使道德取得统治地位，总是有纯粹的非道德力量相助。"有一种善的狂妄，看起来像是恶。"③ 道德在任何意义上都阻碍了科学。

2. 演戏

人类的理性之作，乃是演戏。"由意志限定的个人完满性，作为意识，作为以辩证法为方法的理性，乃是一幅讽刺漫画，一种自相矛盾……意识的等级确实使这种完满性变成不可能了……演戏形式。"④ 生活也是演戏，避开生命的苦痛与悲剧，演戏是最好的解脱办法。尼采说："西摩尼得斯⑤劝他的同胞将生活当成游戏；他们太清楚过于认真便是一种痛苦了（人类的苦难竟是众神如此听人吟唱的内容）；他们知道，唯有通过艺术，才能使苦难也能变成享乐。"⑥ 在戏剧的喧闹中，人类祭奠灾苦，实则是忘却痛苦。人的创造力就是演戏的编排力和表现力。"古代所有比较深刻的人物都厌恶德性哲学家：人们在德性哲学家身上看到了好辩者和戏子。"⑦

3. 病态的烦躁（作为"事实"的环境）

烦躁是一种现代病，是现代人生活的基本体验。特别的是，"烦恼是

---

① 尼采：《权力意志》，孙周兴译，商务印书馆，2007，第 342 页。
② 尼采：《权力意志》，孙周兴译，商务印书馆，2007，第 477 页。
③ 尼采：《超善恶》，张念东译，中央编译出版社，2007，第 87 页。
④ 尼采：《权力意志》，孙周兴译，商务印书馆，2007，第 1042 页。
⑤ 西摩尼得斯（公元前 556 年至公元前 468 年），希腊抒情诗人，警句作家。
⑥ 尼采：《人性的，太人性的》，杨恒达译，中国人民大学出版社，2005，第 147 页。
⑦ 尼采：《权力意志》，孙周兴译，商务印书馆，2007，第 1043 页。

一种身体疾病，绝不是消除了烦恼的起因就可以解除烦恼的"①。即在尼采看来，烦恼或烦躁不是针对某个事件，而是一种弥漫的生活环境和生存形态。它已经规定或充斥现代人整个生命过程，已成为生命的基因或基本编码。由于现代人处于欲望不可遏止的亢奋中，全体人被占有、成功、进步、理想、信仰和幸福所支配，人失去了审视自我的能力。

4. 五光十色

现代世界和古老世界的区分，可以简单地划为黑白世界和彩色世界。今天五光十色的场景对于古代人是无所适从的，但现代人一旦离开缤纷的色彩，就犹如掏空他们的灵魂。五光十色远不是外在的华丽，更在于人的内心一种不断涌现的杂念和欲望，对外部世界的无限的征服力。现代性就像一个年轻人喜欢五光十色和外观奇特的世界，真假并不重要。"完全成熟的人最终喜爱表面上朴实无华、简单淳朴让普通人感到枯燥无味的真实，因为他们注意到，真实倾向于以淳朴的面孔说出它最高的精神财富。"②

5. 劳累过度

现代人生存的最大特征就是累，或者说劳累过度。尼采如是说："劳累过度、好奇和同情——我们现代的恶习。"③ 尼采的劳累过度在海德格尔那里被演化为"操心"。操心是对自我生命存在形式和未来倾向的筹划，它是存在者明确或不明确地运用它自己，作出自己的可能性估算。由于操心因自己之故运用自己，也就"用损"自己。也就是说，操心不仅劳累操心的主题，也劳累"操心"本身。海德格尔在《存在与时间》里这样说："操心这种现象使我们更精确地把握生存及其所含有的与实际性和沉沦的关联。"④ 在海德格尔看来，操心不需要奠基在某个自身中，而是生存性作为操心的组建因素提供存在论建构，此在的整体性就是操心。海德格尔把操心归结为一种存在论的建构，即意味着操心是人的先天本性。但是，劳累过度在尼采那里更具有历史性，劳累是现代性的特征。"长期以来，我们整个欧洲文化的运动已然受着一种年复一年不断增长的张力的折磨，宛

---

① 尼采：《人性的，太人性的》，杨恒达译，中国人民大学出版社，2005，第 264 页。
② 尼采：《人性的，太人性的》，杨恒达译，中国人民大学出版社，2005，第 280 页。
③ 尼采：《权力意志》，孙周兴译，商务印书馆，2007，第 477 页。
④ 海德格尔：《存在与时间》，陈嘉映等译，三联书店，1999，第 358 页。

如奔向一种灾难：动荡不安，残暴凶险，仓皇不堪；犹如一条意欲奔向终点的河流，它不再沉思自己，也害怕沉思自己。"① 为了追逐增长，人类没有办法停止身体与心灵的劳累。

现代性把"虚构的世界"看成"真实的世界"，把"非道德"看成"道德"。尼采的现代性批判可以聚于一点："腐败而混乱的价值状态吻合于现代人的心理状态：现代性理论。"② 即现代性是现代人的病态人性。反对现代性就是重估一切现代价值。

三 简化民主的补救

对于现代性的批判贯穿于尼采作品的始终，但很少有补救办法。不过尼采罕见地提出了如下抑制现代性的办法。

1. 普遍服役义务，要有停止一切娱乐的真正战争

尼采告诉我们："男人应该受参战的教育，女人应该受教育来使战士恢复健康：别的一切都是愚蠢。"③ 参战是审视生命意义最好的手段。尼采特别提到要停止一切具有娱乐性的战争，而娱乐性战争则是现代性最具"魅力"的恶行。在电视直播的战争中，战争成为游戏。现代社会最后一块严肃的领地也消失了。娱乐浸透了社会的全部活动和领域。社会的每一个细胞都是为娱乐而繁殖的。

2. 民主狭隘性（简化、集中，但在这当中也由于过度劳累受到挤压和耗竭）

与平等运动结盟的科学向前进，民主就是学者的所有德性都拒绝等级制。然而，学者的德性反而颓废了，因为，"民主的欧洲只不过是导致了一种对奴隶制的高雅培育，而奴隶制必须由一种强大的种族来指挥，方能忍受自己"④。近似于奴隶制的欧洲资本主义快走到了生命的尽头，泛宽度的民主不能挽救其生命的垂危。简化、集中和有限的民主或许是抑制种族衰落的兴奋剂。

---

① 尼采：《权力意志》，孙周兴译，商务印书馆，2007，第 901 页。
② 尼采：《权力意志》，孙周兴译，商务印书馆，2007，第 1056 页。
③ 尼采：《查拉图斯特拉如是说》，杨恒达译，凤凰出版传媒集团，2007，第 72 页。
④ 尼采：《权力意志》，孙周兴译，商务印书馆，2007，第 183 页。

3. 改善了的营养（肉类）

营养的重要性被尼采提升到了生命意志的高度。"'拯救人类'，这与其说取决于神学的奇迹，不如说取决于：营养问题。"[1] 营养的问题不仅与营养内容的选择，还与气候、地点的选择有密切的关系。营养的不同选择会产生不同的思想。"不要相信任何不是产生户外，不是产生于自由运动的思想——因为在这种思想中筋肉得不到活动。一切成见皆源于五脏六腑。"[2] 即营养决定精神的品质。德国精神就是消化不良症的产物。另外，修养也是增加精神营养的一部分。"就我而言，任何阅读都属于我修养的范围。"[3] 而对于肉类，尼采有过这样的说明："我，作为从经验出发的反素食主义者，又能郑重其事地劝告一切比较有灵性的人绝对戒酒，正像规劝过我的理查·瓦格纳一样。喝清水也能达到同样的目的……我特别喜爱随时随地都能汲取清泉的地方（尼查、都灵、西尔斯）；我就像狗逐食一样渴望一杯清泉。真理寓于酒：看来，在这里，我关于真理的概念也同外界不一致——我这里，精神摇曳于水上……人们从我的道德论中还可以得到某种暗示。"[4]

4. 住所不断提高的洁净和健康程度

在清澈的水中，在一种全然透明的元素中不停地游泳、沐浴、嬉戏，这种洁癖增加了对耐性的考验。尼采说："我对洁净本能有一种完全不可思议的敏感，因此我有本事用生理学的方法感知到、嗅到邻近的地方，叫我怎么说呢，最内在的地方，嗅到每个人的灵魂'深处'……有些人隐藏在心底的很多污垢，也许是卑劣血统决定的、经后天教育粉饰过的污垢，经我一触便知分晓。"[5] 极端的洁净感，则是赖以生存的先决条件。"环境不洁净我会死的。"[6] 尼采对洁净的敏感度延伸到对人的心灵深处污浊的嗅觉。他说，《查拉图斯特拉如是说》就是一首赞美孤独和洁净的狂歌。呼吸自由的空气就是返回自我，就是洁净和健康。

---

① 尼采：《看哪这人——尼采自述》，张念东等译，中央编译出版社，2010，第28页。
② 尼采：《看哪这人——尼采自述》，张念东等译，中央编译出版社，2010，第31页。
③ 尼采：《看哪这人——尼采自述》，张念东等译，中央编译出版社，2010，第35~36页。
④ 尼采：《看哪这人——尼采自述》，张念东等译，中央编译出版社，2010，第30~31页。
⑤ 尼采：《看哪这人——尼采自述》，张念东等译，中央编译出版社，2010，第21页。
⑥ 尼采：《看哪这人——尼采自述》，张念东等译，中央编译出版社，2010，第21页。

5. 生理学对于神学、道德学、经济学和政治学的优势地位

尼采对于神学、道德学、经济学和政治学的蔑视，来自他对这些学问的伪造本质。在他看来，由于科学具有解放人的力量，因而一直备受反对。"我们从希腊哲学的开端起就看到一种反对科学的斗争，所用手段是一种认识论或者说怀疑论。目的何在呢？始终是为了道德……对物理学家和医生的仇视。"① 苏格拉底、亚里斯提卜、麦加拉学派、犬儒学派、伊壁鸠鲁、皮浪都是为了道德而发起对认识的总攻击。也有对辩证法的仇视，他们接近于诡辩法，是为了摆脱科学。在尼采看来，道德是一门古怪的科学，它具有最高程度的实践性，以至于纯粹的认识立场、科学的诚实，一旦道德要求它们来回答问题时，就立即被抛弃了。

6. 在其"职责"的要求和履行方面的军事严格性（人们不再夸奖……）

世界上最痛苦的感觉就是发现，人们总是把自己看作比实际情况更高的一种形态。一种被夸和自夸总是缠绕着我们。所以，尼采说："赞扬比指摘更缠人。"② 在此情形下，"我们必须淡化自己，以便摆脱令人讨厌的赞美者的蜂拥纠缠"③。因为，有人表扬你，说明你还没有上自己的轨道，而是待在了另一个人的轨道上。别人的赞美是以他自己的轨道标准来衡量你的。而且，对一种品质或艺术的赞美会妨碍我们努力去拥有它们。因此，对于自己要有军事严格性的冷对。这也是一种"职责"。

具有重大抗辩意义的是，要废除被我们认识的"真实的世界""神性的世界"和"自由的世界"。它们是关于我们所在的世界的一大怀疑者，是对我们所在世界的价值贬低。它们是迄今为止对人类生命最危险的谋杀。现代性批判，就是要向人类虚构出的一个"正义的世界"的所有前提宣战。

第三节 后现代性概念的悬疑

由于没有共同特点就是它们的特点，因此，试图在传统思维范式内，

---

① 尼采：《权力意志》，孙周兴译，商务印书馆，2007，第 1057 页。
② 尼采：《超善恶》，张念东译，中央编译出版社，2007，第 85 页。
③ 尼采：《人性的，太人性的》，杨恒达译，中国人民大学出版社，2005，第 426 页。

用固态性的概念或语言对后现代主义从整体上做一个精确化的界定是非常危险的方法。但这并不妨碍我们对其写作品位做一个家族相似性的地貌性扫掠，这也是至今对后现代主义定位的最理性化的悖论之思。后现代主义已经斑斓，那么在对它的追忆中怎样和马克思进行异码对接，显得艰涩但难以退却。

源发于欧洲大陆的后现代主义思潮已成为世界性的文化现象，并对哲学、文学、历史、艺术、审美以及人们的思维方式和生活方式产生了广泛而深远的影响。但究竟何谓后现代主义，无论是后现代著名代表人物内部还是整个学术界至今都没有统一的看法。由于后现代理论具有传统哲学所没有的诡异和庞杂的特点，从而使后现代的理想与批判显得更加迷离和充满诱惑。

一　后现代脸谱的模糊

提起后现代主义，人们总是习惯于引用其代表人物利奥塔的话："为了对唯一的整体、对概念和感觉之间的调和、对透明的和可交流的体验的怀旧感，我们付出了高昂的代价。在放松和姑息的广泛要求下面，我们听到了重建恐怖和实现占有真实的幻想的欲望的喃喃声。回答是：向总体性开战。"[1] 但是，这并不意味着这是后现代的定义或得到普遍的认可。而且，如果真有一种内在的共同的"质"，那么与后现代主义自身的理论诉求也是相冲突的。

1. 在定性上，都在回避归属后现代主义

反常的是，被普遍习惯称为后现代的代表人物都在回避或拒绝被称为后现代主义者。福柯表达过他并不知道谁是后现代主义者，他提到美国人曾经计划开一个研讨会，打算邀请哈贝马斯和他参加，而且以现代性为主题。他觉得很尴尬，因为并不很清楚现代性指的是什么，同样也不知道人们所说的后现代性是什么，"甚至不清楚人们用这个词指哪种类型的问题或者谁属于所谓后现代主义"[2]。而且，越是清楚地看到在人们所说的结构

---

① 利奥塔：《后现代性与公正游戏》，谈瀛洲译，上海人民出版社，1997，第 141 页。
② 杜小真编选《福柯集》，上海远东出版社，1998，第 502 页。

主义背后有某个大体上说是主体以及主体重构的问题，就越看不清楚，在人们所说的后现代主义者或后结构主义者那里，什么是他们共同的问题。

德里达也表达过他的解构主义也不属于后现代主义。他指出，从利奥塔在《后现代状况》中提出的后现代主义标志着启蒙时代、理性主义和进步主义的终结，标志着解放、革命思想和进步思想的终结这一点上看，"解构主义不是后现代主义，不仅仅因为它对这一历史分期表示怀疑，还因为我个人坚信解构可以通过新的方法激发进步、解放和革命。我相信进步，相信解放，相信革命"①。尽管他和利奥塔是朋友，但他主张的解构主义则和利奥塔理解的后现代主义有着根本的分歧。

只有利奥塔有过这样一个总结："至于对你们所谓的近年来的法国哲学来说，如果它在某些方面是后现代的话，这是因为它通过对写作的解构（德里达）、话语的无序（福柯）、认识论的矛盾（塞瑞斯［Serres］）、相异性（alterity）（勒维纳斯）、流浪中的相遇对意义的影响（德勒兹）的反思，也强调了不可通约性。"② 不过利奥塔的归类并没有得到这些思想家的认同。而其他众多后现代主义作家都没有直接讨论过何为后现代主义，更没有承认过自己是后现代主义者。这或许是因为，一个所有共同性都无法涵盖或根本就没有共同性的概念是令人畏惧的，但它又不得不是一个概念。

走在人类文明前列的当代西方思想家们，先知到时代的"烦躁"，因而在"非"概念的道路上一路宣泄。被称为后现代主义鼻祖的尼采曾这样警告："长期以来，我们整个欧洲文化的运动已然受着一种年复一年不断增长的张力的折磨，宛如奔向一种灾难：动荡不安、残暴凶险、仓皇不堪；宛如一条意欲奔向终点的合流，它不再沉思自己，也害怕沉思自己。"③ 尼采的预言并不准确，或许仅仅为了传统荣誉而夸大的沉思使他们内心而感到胆怯，但更多的是，这些西方世界的思想巨人不是害怕沉思，而是没有能力沉思。

2. 在家族上，后现代作者之间存在对立

后现代作家之间在反对现代性问题上众多观点并不一致，甚至是相互

---

① 杜小真、张宇主编《德里达中国演讲录》，中央编译出版社，2003，第 101~102 页。

② 利奥塔：《后现代性与公正游戏》，谈瀛洲译，上海人民出版社，1997，第 151 页。

③ 尼采：《权力意志》，孙周兴译，商务印书馆，2007，第 901 页。

对立的。利奥塔提出要对以启蒙为核心的现代性进行批判，主张重写现代性。而福柯并不这样认为："我认为，'启蒙'作为今天我们在很大程度上仍然依赖政治的、经济的、社会的、体制的、文化的事件的总体，它是一个特殊的分析领域。"① 但"这并不意味着必须支持或反对'启蒙'"②，要避免对它作出肯定的或批评的简单回答，它的根本意义在于确定了某种哲理的探讨方式。

对于权力的批判也是后现代代表人物一致的使命，但对权力的理解并不相同。鲍德里亚注意到了后现代的符号权力的新的宰制，但福柯并不这样认为，他主张的是权力的微循环系统的主宰力，边缘性的权力放大对社会更有约束力。

而现代性的拟像在鲍德里亚看来，则是一种新的本体性意义上的存在，不是传统意义上的依物而存的像或地图。但是利奥塔指出："我的看法是，这一现象值得注意的结果，不是像鲍德里亚所认为的那样形成一个巨大的影像网络。在我看来，真正令人不安的远远应当是比特，信息单位的概念所拥有的重要性。当我们和比特打交道时，就不存在任何在此时此地赋予敏感性和想象力的自由形式的问题了。"③

马克思在后现代那里，是一个难以避开的路标，但对马克思的评价就大相径庭了。德里达说："我不认为马克思主义是统一的，一元的，一致的……它只存在于各种各样的不同解释中。"④ 而鲍德里亚则认为马克思主义没有逃离资本主义的现代性模式，而且共产主义是更张狂的现代性。"这是资本主义特有的矛盾吗？不，共产主义也与政治经济学密切相关，因为它的目的也是消除死亡，它遵循相同的进步和解放的幻想，遵循相同的积累和生产力的永恒性的空想提纲。"⑤ 显然，与德里达不同的是，鲍德里亚对马克思现代性的批评是不容怀疑的。

在谈到对传统哲学的超越时，后现代思想家们也是针锋相对。德勒兹

---

① 杜小真选编《福柯集》，上海远东出版社，2003，第537页。
② 杜小真选编《福柯集》，上海远东出版社，2003，第537页。
③ 利奥塔：《后现代性与公正游戏》，谈瀛洲译，上海人民出版社，1997，第165页。
④ 杜小真、张宇主编《德里达中国演讲录》，中央编译出版社，2003，第80页。
⑤ 鲍德里亚：《象征交换与死亡》，车槿山译，凤凰出版传媒集团，2006，第228页。

说："我从不关注形而上学的超越或哲学的死亡。"① 而德里达则说："然而，差异只有超越了形而上学才能如是得以思考。"② 而且，就形而上学概念本身的理解，后现代作家们也大相径庭。

3. 在个性上，同一个后现代思想家个人之间前后矛盾

就是回到后现代作家每一个自身，前后矛盾的地方也比比皆是。知识与真理对权力的依附是福柯权力谱系学的核心思想，"在人文科学里，所有门类的知识的发展都与权力的实施密不可分"③。"我们屈服于权力来进行真理的生产，而且只能通过真理的生产来使用权力。"④ 但他又突然说："那些认为我说过知识是权力的面具的人，他们的理解力实在是太差了，根本就不值得对他们作出回答。"⑤ 并不是公众误解了他所认为的关于知识和权力是同一的，而是他自己前后矛盾。

福柯还指出："所有使用哲学话语的人都郑重其事地反思着他自己的时代，而这种郑重其事我以为是一个污点。"⑥ 但他又说："我在某一特定领域工作，我并不创造一种普遍的关于这个世界的理论。"⑦ 先不说特定领域的工作是否就有关于这个世界的普遍性，而特定领域工作难道就不是郑重其事地反思着他自己的时代？事实上，他所作出的断言，比谁都更郑重其事。

德里达在复旦大学座谈时说道："我不认为解构是摧毁，是要在摧毁之后去建构什么。"⑧ 但他几天前在北京大学哲学系还这样说："解构完全不是达到一个'建筑'然后再建立一个'新的'的运动。……如果一定要确定通过解构人们构建了什么，我要重复我说过的：那就是世界的新面貌，人、民族、国家关系的新的面貌，以及新的规律和法则。"⑨ 世界、国家、人等的新面貌是不是新的运动和新的建构呢？不过这种"新"福柯自

---

① 德勒兹：《哲学与权力的谈判》，刘汉全译，商务印书馆，2000，第 155 页。
② 德里达：《书写与差异》，张宁译，三联书店，2001，第 354 页。
③ 福柯：《权力的眼睛》，严锋译，上海人民出版社，1997，第 31 页。
④ 福柯：《必须保卫社会》，钱翰译，上海人民出版社，1999，第 23 页。
⑤ 福柯：《权力的眼睛》，严锋译，上海人民出版社，1997，第 146 页。
⑥ 杜小真选编《福柯集》，上海远东出版社，2003，第 503 页。
⑦ 福柯：《权力的眼睛》，严锋译，上海人民出版社，1997，第 33 页。
⑧ 杜小真、张宇主编《德里达中国演讲录》，中央编译出版社，2003，第 147 页。
⑨ 杜小真、张宇主编《德里达中国演讲录》，中央编译出版社，2003，第 46 页。

己也并不清楚。

德里达还指出，他之所以重视幽灵（spectre）的问题，并不因为马克思说过马克思主义是一个在欧洲游荡的幽灵，而是因为"幽灵"的概念对于分析和理解技术、交流变革的方法是必不可少的。"'幽灵'意味着既不是真实的，又不是想象物，它既不是生者，也不是死者。它制造传播、印迹、技术的形象。"① 也就是说，因为幽灵具有非生非死、非在场非缺席、非真非假的特点，"幽灵"这个概念具有价值和解构的意义，它意味着对印迹的持存。

但他接着又说："解构力图超越哲学思考，在哲学内部解构。解构不是哲学，并不是所有的思想都是哲学。"② 解构不是哲学，是因为在他看来，哲学意味着概念化，反之，解构意味着非概念化，因为任何概念都逃不过"延异"的拆解。但其在"幽灵"概念上的不遗余力和尽兴集聚，无不是一个概念化创作。而用于解构哲学的"延异"更是一个形而上学或哲学上的概念建构。

4. 在完备性上，后现代理论整体存在悖论

不但现代性内含着矛盾和危机，就是对于现代性矛盾和危机进行批判为己任的后现代主义本身，也充满着巨大的理论缺失。利奥塔说："我将'后现代'一词定义为对于宏大叙事的怀疑。"③ 似乎一个小叙事的写作方式成为后现代主义的审美。

但维特根斯坦在《哲学研究》中指出："我想象不出比'家族相似'更好的说法来表达这些相似性的特征，因为家族成员之间的各式各样的相似性就是这样盘根错节的：身材、面相、眼睛的颜色、步态、脾性，等等，等等。"④ 利奥塔所归纳的几种类型，以及维特根斯坦所说的家族相似，无不是另一种意义上的同一性概括或总体化的宏大叙事。

其实，后现代作家在制止总体化概念的时候，以及对"整体化的暴政"进行攻击，对现代性和理性不遗余力地进行批判的时候，已经违反了他们自己的"尊重差异"的宣言。他们在文本中，不自觉地提出一些与传

---

① 杜小真、张宁主编《德里达中国演讲录》，中央编译出版社，2003，第78页。
② 杜小真、张宁主编《德里达中国演讲录》，中央编译出版社，2003，第82页。
③ 利奥塔：《后现代状况》，岛子译，湖南美术出版社，1996，第29页。
④ 维特根斯坦：《哲学研究》，陈嘉映译，上海世纪出版集团，2005，第38页。

统主张完全相反的主张和立场，总是在理论上试图建立一个统一的模型或系统，以强调其普遍性和有效性。他们摧毁主体又重建主体，反对权力又主张自己的权力，反理性但又都是用理性的原则去批判和建构。德里达认为，在世界范围内的普遍自由化中，必须看到对主权所进行的必要的解构，并不是单纯意味着在国际经济力量面前，在托拉斯面前，在资本集中面前去削弱国家。"因此从解构观点出发，最困难的政治任务是作出表面看来矛盾的两种姿态：一方面是继续审慎地解构神学政治学意义上的主权意识；而另一方面是在限定的环境中继续支持某些形式的民族国家，去抵制野蛮的世界化，野蛮的自由经济。"①

至于疯癫的非理性的理性把握，则更加说明了后现代的自反。"虽然疯癫是无意义的混乱，但是当微妙考察它时，它所显示的是完全有序的分类，灵魂和肉体的严格机制，遵循某种明显逻辑而表达出来的语言。虽然疯癫本身是对理性的否定，但是它能自行表述出来的一切仅仅是一种理性。简言之，虽然疯癫是无理性，但是对疯癫的理性把握永远是可能的和必要的。"②

后现代主义对于自身的矛盾与危机始终持积极的态度，并试图在对现代性的批判过程中实现对自身的批判与否定。但是，现代性没有因为后现代主义的批判有所收敛，后现代主义也并没有在批判现代性的过程中实现自身的完备。

二　后现代坐标的漂浮

何为后现代或后现代性？这是一个时代的困惑。福柯说："我知道，人们常把现代性作为一个时代，或是作为一个时代的特征的总体来谈论。人们把现代性置于这样的日程中：现代性之前有一个或多或少幼稚的或陈旧的前现代性，而其后是一个令人迷惑不解、令人不安的'后现代性'。"③

1. 在形态上，后现代并不是一个时代

与大众普遍认识不同的是，后现代思想家们并没有把后现代并看作一

① 杜小真、张宇主编《德里达中国演讲录》，中央编译出版社，2003，第94页。
② 福柯：《疯癫与文明》，刘北成、杨远婴译，三联书店，2007，第97页。
③ 杜小真编选《福柯集》，上海远东出版社，2003，第533页。

个时间概念。利奥塔说:"后现代不是一个新的时代,而是对现代性自称拥有的一些特征的重写,首先是对现代性将其合法性建立在通过科学和技术解放整个人类的事业的基础之上的宣言的重写。"① 而且,这种重写在利奥塔看来是录入不可能画出的画中的元素,它不提供任何过去的知识。相似于后现代的非时间性,现代性在利奥塔看来也不应该被看作一个时间或某个历史阶段。"不过,现代性也不是最新的。现代性甚至也不是一个时期。从广义上讲,现代性是另一个书写状态。"②

利奥塔的观点得到了福柯的积极响应,他在研究 1784 年 12 月《柏林月刊》上康德回答何为启蒙的问题时说:"当我参考康德的这篇文章时,我自问,人们是否能够把现代性看作为一种态度而不是历史的一个时期。我说的态度是指对于现时性的一种关系方式:一些人所作的自愿选择,一种思考和感觉的方式,一种行动、行为的方式。它既标志着属性也表现为一种使命,当然,它也有一点像希腊人叫作 êthos(气质)的东西。因此,与其设法区别'现代阶段'与'前'或'后现代'时期,我觉得更值得研究的是现代性的态度自形成以来是怎样同'反现代性'的态度相对立的。"③ 即在福柯看来,现代性和后现代也都不是一个时代,仅仅是不同的写作方式。但福柯的过多"描绘",不是使我们对后现代概念的理解变得清晰了,而是更加把握不定了。

尽管普遍看来,现代性总是与理性主义和启蒙运动联系在一起,是理性主义使得资本主义获得如此的物质丰足和精神斑斓。因此,有一种观点,可以把资本主义的增长原则提炼为现代性的原则,资本主义的危机等同于现代性危机。然而,在康德看来,我们的时代是一个批判的时代,一切都必须受到批判。尽管宗教想通过它的圣洁、哲学想通过它的智慧、立法想通过它的权威、领袖想通过他的尊严来避免受到批判,但在理性旗帜下的辩解逃脱不了被批判的命运,因为理性本身必须受到批判。康德在《纯粹理性批判》第一版前言开头就提出:"人类理性在其知识的某一门类中有如下的特殊的命运:它为种种问题所烦扰,却无法摆脱这些问题,因为它们是由理性自身的本性向它提出的,但它也无法回答它们,因为它们

① 利奥塔:《后现代性与公正游戏》,谈瀛洲译,上海人民出版社,1997,第165页。
② 利奥塔:《后现代道德》,莫伟民等译,学林出版社,2000,第63页。
③ 杜小真编选《福柯集》,上海远东出版社,2003,第534页。

超越了人类理性的一切能力。"① 因此，后现代性具有对理性批判的责任，但并不能把后现代性等同于对理性主义的批判。

尽管从整体上对后现代做一个精确的界定变得几乎不可能，但事实上，历史不属于我们，而我们也不一定属于历史，只有在对成见的不断批判中，我们的思想才能从所处的历史境况中释放出来。以对现代性作出批判为己任的后现代性只有在对自己的不断否定和批判中才能体现出作为一种精神挣扎的文化力量的破坏力。

2. 在时序上，后现代并不在现代之后

既然现代和后现代不是一个时间概念，那么作为两个不同的"存在方式"是否还意味着有时序上的先后关系呢？对于人们把现代性和后现代性定义为界限明确的历史实体，以为后现代性总是在现代性"之后"到来，利奥塔说："相反我们必须说后现代总是隐含在现代性里，因为现代性，现代的暂时性，自身包含着一种超越自身，进入一种不同于自身的状态的冲动。"② 即在利奥塔看来，现代性从构成上是不间断地受孕于后现代性的，或者说在本质上是充满后现代性的，因为现代性自身包含着自我超越、改变自己的冲动力。现代性不仅能在时间中自我超越，而且还能在其中分解成某种有很大限度的稳定性，比如追求某种乌托邦的计划，或者解放事业的大叙事中包含的简单的政治计划。因此，后现代性不仅不是在现代性之后，相反，"一部作品只有首先是后现代的才是现代的。这样理解以后，后现代主义就不是穷途末路的现代主义，而是现代主义的新生状态，而这一状态是一再出现的"③。

不过，对于为何非要把"后"作为某种承接，利奥塔似乎给予了一种解释。"我对这种视野的一点想法是，后现代主义的'后'字意味着纯粹的接替，意味着一连串历时性的阶段，每个阶段都可以清楚地确定。'后'字意味着一种类似转换的东西：从以前的方向转到一个新方向。"④ 也就是说，这种接替已经不是一段固定时间的转换，而是一个新"质料"生成的方向改变。

---

① 康德：《纯粹理性批判》，李秋零译，中国人民大学出版社，2004，第3页。
② 利奥塔：《后现代性与公正游戏》，谈瀛洲译，上海人民出版社，1997，第154页。
③ 利奥塔：《后现代性与公正游戏》，谈瀛洲译，上海人民出版社，1997，第138页。
④ 利奥塔：《后现代性与公正游戏》，谈瀛洲译，上海人民出版社，1997，第146页。

那么又如何把握这种"后续"运动的方向感呢？利奥塔指出："你可以看出，如果这样理解的话，那么'后现代'的'后'字并不意味着一个恢复、闪回或反馈的运动，也就是说，不是一种重复的运动而是一种'ana-'的过程：一种分析、回忆、神秘解释、变形①的过程，以详述一种'原初的遗忘'。"② 显然，"变形"成为利奥塔"后"运动理论的内核。

就如何把现代性和后现代性置于一个共同的场景中，利奥塔下面的概括还是富于积极意义的："后现代主义是现代主义的一部分，它在表现里面召唤那不可表现的事物，它拒绝正确形式的安慰，拒绝有关品位的共识。"③ 也就是说，一种追求差异的品位应该受到极大的尊敬和宽容，这也许算是我们走进后现代丛林的一个入口。

3. 在源始上，后现代性远比后现代概念的诞生古老

尽管普遍看来，后现代并不直接指代某个时代，但也并不意味着它和时间没有关系。后现代概念最早出现是在 1870 年英国画家查普曼（John Watkins Chapman）的个人画展中，其中提出了后现代油画的概念，表示了对当时前卫的印象画派的批判和超越。以后，后现代概念在世界范围内的建筑学、文学、心理学、教育学、社会学、政治学等多个领域迅速普遍流传开来并引发全球热潮。

那么，后现代性本身究竟开始于何时呢？可以说，人类后现代性生成远比后现代性概念出现古老得多，中西方文明都在远古就有了后现代性的孕育。首先，后现代主义对现代性的批判总是以古人的生活态度为标准。鲍德里亚一直表现出对前文明社会的推崇："野蛮人没有关于死亡的生物学概念。或者更准确地说，生物学事实——出生、得病、死亡，所有这些被我们赋予必然性和客观性特权的自然事实，在他们看来根本没有意义。"④ 因为，在鲍德里亚看来，现代人正是因为经济操作的原因，让生命失去死亡，而古人却是象征操作，把生命归还死亡。而经济操作则是现代性最显著的特征。

数字化技术使得真实与虚假的对立变得不复存在，虚拟作为一种生产与

---

① 这几个词都以"ana-"开头——该书译者著。
② 利奥塔：《后现代性与公正游戏》，谈瀛洲译，上海人民出版社，1997，第 143 页。
③ 利奥塔：《后现代性与公正游戏》，谈瀛洲译，上海人民出版社，1997，第 140 页。
④ 鲍德里亚：《象征交换与死亡》，车槿山译，凤凰出版传媒集团，2006，第 203 页。

交往的新范式，成为后现代人类生存的新坐标。尼采说："具有重大意义的是，人们要废除真实的世界。真实的世界是关于我们所是的世界的一大怀疑者，是对我们所是的世界的价值贬低：它是迄今为止我们对生命最危险的谋杀。"① 而鲍德里亚的观点则更加具有颠覆性："从今以后，是地图领先于领土。"② 其实，这样的思想早在古希腊就有人察觉。柏拉图借智者泰阿泰德的话说："真实与不真实相互纠缠在一起，实在令人困惑不解。"③

至于中国古代哲学思想中可以说更是充满了后现代性，儒释道都有丰富的论述。儒家的推己及人、让他人也"成人"的思想应合了勒维纳斯的人在他的存在中依恋他人而不是依恋自己的思想。他们共同表达了他者就是一种责任。老子的柔弱胜刚强的迂回思想"强大处下，柔弱处上"④ 切合了利奥塔的看法，"久而久之，这种柔韧性被证明比稳定的等级制度中严格的角色规定更有效"⑤。对于庄子的诗意的云游思想，"乘云气，骑日月，而游乎四海之外"⑥ 无论在海德格尔的"林中路"还是德勒兹的"游牧生活"中都有强烈的回应。中国佛学中慧能的般若观照，是以顿见人的清净本性的禅门直觉思维。他在《坛经》中说："汝若不得自悟，当起般若观照，刹那间妄念俱灭，即是真正善的知识，一悟即知佛也。"⑦ 慧能认为不需要繁复的修持，直接排除妄念，顿见本性，当即自成佛道。慧能的顿见本性的直觉思维主张对各种对象不加思念、追索与现象学的身体直觉图式有着某种通息。梅洛-庞蒂说："每一种外部知觉直接就是我的身体的某种知觉，就像我的身体的每一种知觉都能用外部知觉的语言来解释。"⑧ 慧能与梅洛-庞蒂共同表达了一种身体始终和我们在一起的不言自明的知觉理论。

4. 在功能上，现代性不等于现代化

现代性受到批判的现实性场景在于现代化的冲动和欲望的不可遏止所

① 尼采：《权力意志》，孙周兴译，商务印书馆，2007，第1010页。
② 鲍德里亚：《生产之镜》，仰海峰译，中央编译出版社，2005，第185页。
③ 《柏拉图全集》第3卷，王晓朝译，人民出版社，2003，第36页。
④ 《道德经》第76章。
⑤ 利奥塔：《后现代道德》，莫伟民等译，学林出版社，2000，第59页。
⑥ 《庄子·齐物论》。
⑦ 《坛经》卷三一。
⑧ 梅洛-庞蒂：《知觉现象学》，姜志辉译，商务印书馆，2001，第265页。

伴随的现代性滋长。那么，这是否意味着现代化的过程就等于现代性的生成过程呢？

哈贝马斯在《现代性的哲学话语》中指出，"现代化"一词直到20世纪50年代才被作为一个术语广泛采用。此后，这个术语表示这样一种理论立场，即它开始讨论韦伯提出来的问题，而且还用社会学的功能主义方法对其加以发挥。现代化概念涉及一系列的过程，诸如资本积累和资本利用，生产力的发展和劳动生产率的提高，政治权力的集中和民族认同的塑造，政治参与权、城市生活方式、正规学校教育的普及，价值和规范的世俗化等。所有这些过程既相互推进，又相互转化。因此，依据哈贝马斯的立意，现代化应该具有这样一种原则，即它是一个开放的、启蒙的社会，人人享有自由权利是这一社会最根本的特征。一般而言，现代化应包括经济上的工业化、生活上的城市化、知识上的科学化、政治上的民主化、思想领域的自由化、文化上的人性化等。就现代化的功能来看，主要表现在学习机会的增加使得自我塑造和自我体验的丰富性大大增强。

但是，对于现代化与现代性的关系，哈贝马斯这样认为："现代化理论比韦伯的'现代'概念更加抽象，这主要表现在下述两个方面：首先，它把现代性从欧洲的起源中分离了出来，并把现代性描述成一种一般意义上的社会发展模式；就时空而言，这种模式是中性的。此外，它还隔断了现代性与西方理性主义和历史语境之间的内在联系，因此，我们不能把现代化过程看作是理性化过程和理性结构的历史客观化。詹姆斯·科勒曼（James Coleman）认为，这种现代化理论的长处就在于，从进化论角度归纳出来的现代化概念不再惧怕现代性终结的观念，也就是说，不再惧怕现代会有一种终结状态，而被'后现代'所取代。"① 哈贝马斯指出，不同于古典的现代化理论已不再和传统现代性相联姻，也不再和后现代性相对抗，是一种对未来自愿选择并具有普遍意义的态度。

不过，哈贝马斯或者韦伯、詹姆斯·科勒曼所说的现代化长处，并不能吸纳现代化进程中的"缺陷"。被普遍看作现代性标志的权力体系，是否属于现代化的范畴？反之，是否可以在现代化中克服？现代化的基本矛盾又是什么？现代化的内在矛盾和现代性的内在矛盾是否具有同调性，即

---

① 哈贝马斯：《现代性的哲学话语》，曹卫东等译，译林出版社，2004，第2～3页。

它们是否可以共同应对"物化"或"市场化"的力量极大增长和积累后主体权威的分散和衰落。

现代性对进步的信仰已侵入现代人的骨髓，对未来"幸福"的期待比幸福本身更重要。从进步走向"幸福"成为现代性最高的价值，也是现代化的终结目标。但尼采却说："对'进步'的信仰——在理智的低级领域里，它表现为上升的生命：但这是一种自欺；在理智的高级领域里，它表现为下降的生命。"[①] 如果尼采是对的，那么"进步"究竟是属于现代性还是属于现代化，我们可以区分吗？

三　马克思的"后现代"栖居

关于马克思和后现代性以及后现代主义的关系，也一直是学术界争论的热点。简单地说，马克思究竟是现代的还是后现代的？可以说，因为后现代概念的多元性和复杂性也影响了马克思归属的困难。

1. 在叙事方式上，马克思是现代的

马克思的理论建构和叙事方式毫无疑义属于理性主义，因为他和传统理论一样，力求建立一个体系化的理论总成。马克思的理性主义叙事风格遵循了以下一些现代性的写作原则或传统方法。

一是同一性原则，包括本质原则、整体性原则、总体性原则和统一性原则。马克思的理论架构以概念为基础，肯定事物之间共性的存在，相信共同性原则和一致性原则，当然并未排斥异质性原则。这种同一性、整体性突出地表明马克思的历史叙事采取的是全景式、整体性和宏大叙事式的写作方式。因此，主张小叙事的利奥塔对此提出强烈批评："然而值得注意的是，现代形而上学却产生了大叙事重构——基督教、启蒙、浪漫主义、德国的思辨理想主义、马克思主义——这些大叙事并不使神话感到完全陌生。"[②]

二是决定性原则，也可以说是经济优先原则。生产力作为历史发展的最终决定力量，意味着马克思相信事物存在内在的普遍联系和因果关系，

① 尼采：《权力意志》，孙周兴译，商务印书馆，2007，第337页。
② 利奥塔：《非人》，罗国祥译，商务印书馆，2000，第75页。

并且在众多影响社会发展的因素中，存在一个最原始的、最活跃的积极因素。1846 年马克思在致巴·瓦·安年柯夫的信中说道："人们在发展其生产力时，即在生活时，也发展着一定的相互关系；这些关系的形式必然随着这些生产力的改变和发展而改变。"① 尽管后来恩格斯也提出交互作用和多重因素影响的说明，但都无法回避作为一种因果决定性的历史模式的形成。马克思的经济决定论受到了众多后现代主义者的攻击。

三是规律性原则，也指必然性原则。在马克思看来，无论自然还是社会都存在不以人们意志所转移的客观规律。马克思的资本论就是在价值规律的基础上展开的。他说："不同商品的价格不管最初用什么方式来互相确定或调节，它们的变动总是受价值规律的支配。"② 1868 年马克思说道："科学的任务正是在于阐明价值规律是如何实现的。"③ 马克思在《不列颠在印度统治的未来结果》一文中谈到了文明变迁的历史规律："相继侵入印度的阿拉伯人、土耳其人、鞑靼人和莫卧儿人，不久就被印度化了——野蛮的征服者，按照一条永恒的历史规律，本身被他们所征服的臣民的较高文明所征服。"④ 显然，马克思是承认一种规律性的事实在社会历史中的存在。反之，规律性在后现代主义那里几乎是没有存在意义的。

四是主体性原则，包括主客二分原则和目的性、能动性、真理性原则。马克思的主体理论和后现代主体理论具有本质上的区别，表现为四个方面：①马克思主体理论建立主客二分的认识论基础上，这也是西方认识论的传统方法，但这是后现代主义所基本反对的；②马克思主张历史没有目的性但主体有目的性和能动性，而在后现代主义那里，"和唯物主义相反，唯心主义却把能动的方面抽象地发展了"⑤，或者说是被一种无目的的"游戏"所代替了；③马克思的真理观是主张古希腊符合论，即主体的认识与客体相一致，但在海德格尔那里，"真理就根本没有认识和对象之间

① 《马克思恩格斯文集》第 10 卷，人民出版社，2009，第 47 页。
② 《马克思恩格斯文集》第 7 卷，人民出版社，2009，第 197 页。
③ 《马克思恩格斯文集》第 10 卷，人民出版社，2009，第 290 页。
④ 《马克思恩格斯文集》第 2 卷，人民出版社，2009，第 686 页。
⑤ 《马克思恩格斯文集》第 1 卷，人民出版社，2009，第 499 页。

相符合那样一种结构"①，而是一种"自由"的绽放；④马克思对资本主义主体异化的批判具有不同的路径。福柯提出主体的解放在于紧扣自身，"人可以随意追求的唯一对象，而且不必考虑到外界的限定，这当然是自身"②，马克思则主张主体的"'解放'是一种历史活动，不是思想活动"③。

五是实践性原则，也是指坚持实践的观点是认识和改造世界首要的观点。马克思把实践看成对象性活动，是一种在主客二分前提下的主体客体化和客体主体化的互动过程。德里达对此持不同看法："共产主义的理想是为了人类的正义而奋斗，至今这种理想仍在鼓舞和引导着无数信仰共产主义的男人和女人，这种奋斗目标与纳粹的'理想'根本没有任何相似、相近、相同或可比之处。"④

六是公共性原则，包括集体性原则和牺牲性原则。公共性是与私占性相对立的有关共同主体间的一种具有共享质料的关联性。尽管有人认为马克思没有直接提出过公共性问题，但事实上马克思的唯物史观毫无疑义地还是蕴含了公共性原则。共同体概念本身并不等于公共性，但是，共同体的属性决定了共同体内部的公共性。《德意志意识形态》指出，在过去的种种冒充的共同体中，如在国家之中，个人自由只是对那些在统治阶级范围内发展的个人来说是存在的，而在被统治阶级中是不存在的。那么自由就不是这种共同体的公共性。"在真正的共同体的条件下，各个人在自己的联合中并通过这种联合获得自己的自由。"⑤ 也就是说，自由成为公共性是有条件的。显然，马克思是主张公共性的发展和公共性原则的。至于无产阶级的集体行动和共产主义运动也具有一种公共性，整体利益必然包含着一定的牺牲性。实际上，公共性本身就意味着对局部私占性的让渡。

七是终结性原则，包括圆满性原则。在《德意志意识形态》里有这样的说明："共产主义对我们来说不是应当确立的状况，不是现实应当与之

① 海德格尔：《存在与时间》，陈嘉映、王庆节译，三联书店，1999，第251页。
② 福柯：《主体解释学》，佘碧平译，上海人民出版社，2005，第143页。
③ 《马克思恩格斯文集》第1卷，人民出版社，2009，第527页。
④ 雅克·德里达、伊丽莎白·卢迪内斯库：《明天会怎样：雅克·德里达与伊丽莎白·卢迪内斯库对话录》，苏旭译，中信出版社，2002，第105页。
⑤ 《马克思恩格斯文集》第1卷，人民出版社，2009，第571页。

相适应的理想。我们所称为共产主义的是那种消灭现存状况的现实的运动。"① 但是，共产主义作为一种国家消亡后的无阶级无剥削的自由人联合体，具有人的充分发展和全面发展的特征，由于无法找到比"充分、全面发展"再发展的社会，因而共产主义一直被一些后现代主义者批判为一种终结形态和乌托邦。

八是辩证性原则，包括自然辩证法和社会辩证法。辩证法在各个思想家那里的理解并不一样，在《资本论》第 1 卷中马克思谈道："辩证法，在其合理形态上，引起资产阶级及其空论主义的代言人的恼怒和恐怖，因为辩证法在对现存事物的肯定的理解中同时包含对现存事物的否定的理解，即对现存事物的必然灭亡的理解。"② 这主要来源于黑格尔的辩证法，受到了后现代主义者的竭力攻击。鲍德里亚说："辩证进化结束了，现在支配生命的是遗传密码的间断性非决定论——目的学原则：目的性不再处于终点，不再有终点，也不再有确定性——目的性已经预先存在，已经写入代码。"③ 显然，辩证法在鲍德里亚那里被误解为一种连续性和历史目的论。

所有这一切，鲍德里亚有一个评析："实际上，马克思是理性的，他在'客观上'是理性的，但就像所有科学一样，这种理性和客观性是以误解为代价的，这是《共产党宣言》和《资本论》时代对激进乌托邦的误解。"④ 尽管鲍德里亚对马克思批判并没有任何理论上的说服力，但并没有改变马克思在写作上的总叙事方式是理性的和传统的，也可以是充满现代性的。

2. 在反思序构上，马克思是超越后现代的

在现代性问题上，人们总是把它与启蒙运动和理性主义联系在一起。在韦伯看来，理性主义的启蒙和发展标志着现代性的开始，资本主义的发展与壮大得益于理想主义的成长。"资本主义精神的发展完全可以理解为理性主义发展的一部分，而且可以从理性主义对于生活基本问题的根本立

---

① 《马克思恩格斯文集》第 1 卷，人民出版社，2009，第 539 页。
② 《马克思恩格斯文集》第 5 卷，人民出版社，2009，第 22 页。
③ 鲍德里亚：《象征交换与死亡》，车槿山译，凤凰出版传媒集团，2006，第 83 页。
④ 鲍德里亚：《生产之镜》，仰海峰译，中央编译出版社，2005，第 150 页。

场中演绎出来。"① 后来哈贝马斯这样评述道："在韦伯看来，现代与他所说的西方理性主义之间有着内在联系。"② 恩格斯在《反杜林论》中也这样说道："同启蒙学者的华美诺言比起来，由'理性的胜利'建立起来的社会制度和政治制度竟是一幅令人极度失望的讽刺画。"③

但是，对理性主义的批判并不代表对现代性的批判，反理性主义也不等于非理性主义，也都不意味着是后现代主义。因为康德、黑格尔和马克思都对理性主义都提出过严厉批判，但他们并没有离开理性主义总体系，也都不是后现代主义者；而且后现代主义者在不能把非理性贯彻到底，在批判化的叙事过程中，也不可能绕开传统的概念和逻辑。德里达在中国访问时也这样承认："为了有责任、有职业信仰、有义务，我就应该在一个特定的时刻延续一个矛盾：解救启蒙理性原则，同时'解构'今天的启蒙理性。……这也就是普遍的解构：一方面它对遗产提出质疑，而且是在遗产内部提出质疑，同时又继承遗产。"④

在回到现代性问题上，各个思想家之间的态度和批判方法表现出严重的分歧。哈贝马斯认为："黑格尔不是第一位现代性哲学家，但他是第一位意识到现代性问题的哲学家。他的理论第一次用概念把现代性、时间意识和合理性之间的格局凸显出来。"⑤ 哈贝马斯同时认为，首先黑格尔发现，主体性乃是现代的原则。并且，是"尼采打开了后现代的大门，海德格尔和巴塔耶则在尼采的基础上开辟了两条通往后现代的路线"⑥。在哈贝马斯看来，与传统反理性主义的犹豫态度不同，后现代主义是以彻底的反理性主义出场的。

可以说，因为后现代主义的登场，使得现代性问题变得日益严重，但后现代主义对现代性问题的批判并不如马克思的批判彻底和击中要害。马克思对现代性创面的凿击主要针对以下几个主要病灶而展开。

症候一：资本积累，包括其他非经济资本的增长和积累。资本主义的

---

① 马克斯·韦伯：《新教伦理与资本主义精神》，于晓、陈维纲等译，陕西师范大学出版社，2006，第31页。

② 哈贝马斯：《现代性的哲学话语》，曹卫东等译，译林出版社，2004，第1页。

③ 《马克思恩格斯文集》第9卷，人民出版社，2009，第273页。

④ 杜小真、张宁主编《德里达中国演讲录》，中央编译出版社，2003，第65页。

⑤ 哈贝马斯：《现代性的哲学话语》，曹卫东等译，译林出版社，2004，第51页。

⑥ 哈贝马斯：《现代性的哲学话语》，曹卫东等译，译林出版社，2004，第121页。

根本特征是运行资本的逻辑，增值是资本的本性。现代性把除了经济资本以外的一切都变成资本，并进行不可遏止的增值和积累，剩余价值规律在整个广义资本领域或资本场域发挥作用。积累的原因并不是因为生活本身的需要，而是增值自身的需要，交换的需要，以获得更多的资本和更大的权力。积累成为生命的基本形态，是被动的主动，成为没有意义的意义。现代性或资本的欲望把所有人推向一个离自身越来越远的境地。

症候二：价值规律，包括一切非经济商品的运作和人的关系的等价交换。价值规律或者说等价交换规律是商品运行的基本规律，也是资本主义整个庞大机器运转的基本准则。《共产党宣言》阐述了资本主义把人与人的关系变成赤裸裸的金钱关系，一切都成为商品，都被标上价格，都在运行等价交换的法则。而现代性把个人的经济资本、政治资本、文化资本、社会资本和象征资本都按照一定的兑换率进行等价交换。马克思在《资本论》中深刻地指出："有些东西本身并不是商品，例如良心、名誉等等，但是也可以被它们的占有者出卖以换取金钱，并通过它们的价格，取得商品形式。"[1] 因此，人与人的全部关系变成在等价原则掩盖下的具有价格的交换关系成为现代性的重要标志之一，也是人的物化原因之一。

症候三：政治国家，包括一切权力裁制体系和等级制度。马克思在《黑格尔法哲学批判》中说："政治国家的抽象是现代的产物。"[2] 也就是说，政治国家是现代资本主义发展的产物，是现代性的代表。《德意志意识形态》进一步指出："因为国家是统治阶级的各个人借以实现其共同利益的形式，是该时代的整个市民社会获得集中表现的形式，所以可以得出结论：一切共同的规章都是以国家为中介的，都获得了政治形式。"[3] 马克思在此揭示了国家的本性，整个现代社会的一切不平等都会在政治国家中体现出来。

症候四：意识形态，包括一切抽象的公平正义和自由的说教。马克思在《〈政治经济学批判〉序言》中指出："一种是人们借以意识到这个冲突并力求把它克服的那些法律的、政治的、宗教的、艺术的或哲学的，简

---

① 《马克思恩格斯文集》第 5 卷，人民出版社，2009，第 123 页。
② 《马克思恩格斯全集》第 3 卷，人民出版社，2002，第 42 页。
③ 《马克思恩格斯文集》第 1 卷，人民出版社，2009，第 584 页。

言之，意识形态的形式。"① 在马克思看来，意识形态是服务于经济基础的装饰，也是现代性的隐蔽形式，因此危害性和欺骗性也最大。

也就是说，在马克思看来，现代性问题的增长是伴随资本主义的发展逻辑而全面展开的，现代性的四大症候决定了资本主义的厄运，只有彻底消灭资本主义制度，现代性问题才能最终得到解决。反之，后现代主义者由于对资本主义的留恋和不舍，使得他们在现代性问题上显得犹豫和为难。从根本上说，他们并不希望在资本主义以外看到后现代性，他们对现代性问题的体悟是零散和彷徨的。因此，他们对现代性的问诊也是迂回而飘忽不定的，因而批判也难有收效，所以才会出现后现代主义发展几十年，还不知道所批判的对象现代性究竟是什么。

3. 在行动策略上，马克思既批判现代理念主义，也批判后现代虚无主义

马克思以历史唯物主义和辩证法为基本方法，使批判从理念王国降临到现实的地面上，赋予批判以实践活动的根本属性，对历史上以观念批判为中心的精神批判进行再批判，特别强调了现实批判的社会历史性、革命实践性和主体能动性。

由于后现代主义和马克思主义在现代性问题的起源方面有分歧，马克思认为现代性的膨胀主要起源于资本的发酵，是资本的积累推动了现代性的裂变；反之，后现代主义则把现代性问题看作理性主义的泛滥，对现代性的批判可以归结为对理性主义彻底决裂。因此，在针对现代性批判的策略上走出了两条根本不同的路线。后现代主义的诊治策略不同于马克思主义主要体现在以下方面。

进路一：游戏专注，即运用游戏的自由度，把将来的命运抛入一种随机过程之中。尽管还没有一个大家公认的游戏定义，但后现代主义者不约而同地热衷于游戏活动，并且认为游戏具有大范围的无目的的自由旨趣。布尔迪厄说："参与并醉心于游戏者被卷入将来，专注于将来，而且放弃会随时中止那种将其抛入可能将来的着迷状态的可能性，使自己与世界的将来同一，从而设定时间的连续性。"② 也就是说，游戏是对未来不确定性的一种冒险，是一种对未来投资预期的诱惑。实际上，游戏性并不是后现

---

① 《马克思恩格斯文集》第 2 卷，人民出版社，2009，第 592 页。
② 布尔迪厄：《实践感》，蒋梓骅译，译林出版社，2003，第 126 页。

代性才有的，现代性的权力和统治的规则就具有很大的游戏性，即权力场中的游戏规则一直徘徊在理性与非理性的倾轧之中。后现代人类对游戏的专注一方面反映了人类自身生存意义的散失，进入一种虚无境地；另一方面也说明了孤立化人类对未来命运的难以自控。

进路二：微分权力，即通过全社会的权力再分配，使得每人拥有一部分微弱的权力，促进社会平衡。在福柯看来，传统的权力理论错误地估计了国家中枢权力系统的重要性，而事实上，每个社会组织的边缘末梢都拥有一定的权力，应该扩大这种权力的循环流动，来抵制中心权力的控制。鲍德里亚对此从另一个侧面提出了他的秘方。他认为虚拟世界的逼真性和符号背后的无意义是人类走向真正民主的出路。一种没有任何内涵、本质的象征性序列号才是我们真正的自己，"这是对真实事物的提升，对生活经验的提升，这是事物形象的复活，在这种复活中，物体和本质已经消失了"①。即在这种扰乱意义世界和权力体系的过程中，主张在一种没有任何意义负载的符号世界中展开平等自由对话。这是一种和大革命运动截然相反的分享权力的方法。马克思对现代性问题的批判走出了一条不同于康德、黑格尔的路线，也不同于后现代主义的批判路线。马克思没有把现代性问题仅仅归结到理性主义，也没有试图在对理性主义自身的批判中获得"生活的新画面"。

不难看出，后现代主义的主张如果不是虚无主义的翻版，就是在反对旧意识形态的布展中，陷入新的布道和意识形态或乌托邦之中，不过是另一种理念主义。

4. 在理论观照上，后现代主义对马克思的接驳是大面积的

尽管存在部分后现代主义者对马克思的诘难和质疑，但仍有部分后现代主义者直接表示是马克思主义者或受到马克思的启发，就是那些公开谴责马克思的后现代主义作家也不自觉地存在对马克思的接驳和借用。

德里达在《马克思的幽灵》中公开自己对马克思的敬仰："在我现在不得不加以抵制的所有各种诱惑中，有一种诱惑就是记忆的诱惑，即去叙述我以及我这一代人在我们的整个一生中所共同享有的东西：马克思主义

---

① 鲍德里亚：《生产之镜》，仰海峰译，中央编译出版社，2005，第193页。

的经历，马克思在我们心目中慈父般的形象，以及我们用来和其他的理论分支、其他的阅读文本和阐释世界方式作斗争的方法，这一方法作为马克思主义的遗产曾经是——而且仍然是并因此永远是——绝对地和整个地确定的。"① 而德勒兹则谈道："我认为费利克斯·伽塔里和我一直都是马克思主义者，也许方式不同，但是我们俩都是。我们不相信那种不以分析资本主义及其发展为中心的政治哲学。"②

　　既不同于德里达对马克思的充分肯定，也不同于鲍德里亚的完全反对，福柯在对马克思的看法上，显得很犹豫。他相信马克思的历史分析，尤其分析资本主义形成的方式，但在他看来，这个方式和分析巴黎公社或在《路易·波拿巴的雾月十八日》中具有不同的分析类型。"从来都存在这样的可能性，把马克思看成一个作者，在局部性的分析中呈现出独特的话语特征，具有独创性和内在的连贯性。无论如何，我们有权利把马克思'学术化'。但这样就会误解他所带来的断裂。"③ 显然，在对马克思的学术评判上，福柯并没有比德里达了解更多。正如德里达所说："在重读《共产党宣言》和马克思的其他几部伟大著作之后，我得承认，我对哲学传统中的文本所知甚少，甚至可以说是一无所知……"④

　　在场域理论方面作出一定贡献的后现代作家布尔迪厄，可以说是借鉴马克思最多的后现代主义者。他在考察现代性社会时所使用的基本方法就是马克思的社会关系理论。在《实践与反思》中布尔迪厄指出："根据场域概念进行思考就是从关系的角度进行思考。"⑤ 因此他的分析方法也称为方法论上的关系主义。他强调理论与实践相结合的重要性，"而今天，我们所面对的主要威胁，就是理论与经验研究的日益脱节"⑥。这也是依据马克思理论来源于现实的思想原则。正如《共产党宣言》所说："共产党人的理论原理，决不是以这个或那个世界改革家所发明或发现的思想、原则为根据的。"⑦ 布尔迪厄重新阐释的实践逻辑，更是参照和比对马克思的实

---

① 德里达：《马克思的幽灵》，何一译，中国人民大学出版社，1999，第 21～22 页。
② 德勒兹：《哲学与权力的谈判》，刘汉全译，商务印书馆，2000，第 195 页。
③ 福柯：《权力的眼睛》，严锋译，上海人民出版社，1997，第 212 页。
④ 德里达：《马克思的幽灵》，何一译，中国人民大学出版社，1999，第 20 页。
⑤ 布尔迪厄、华康德：《实践与反思》，李猛、李康译，中央编译出版社，1998，第 133 页。
⑥ 布尔迪厄、华康德：《实践与反思》，李猛、李康译，中央编译出版社，1998，第 230 页。
⑦ 《马克思恩格斯文集》第 2 卷，人民出版社，2009，第 44 页。

践首要性原则。而他的小世界自身逻辑的不可通约性思想也是来自马克思主义的矛盾特殊性原理。布尔迪厄最有思想价值的资本场域理论，即社会空间中的各个市场的竞争不是只有经济资本，还有其他丰富的文化资本、社会资本和象征性资本，这些资本同样运行着价值规律和资本的逻辑，都是在马克思《资本论》里获得了启示。

就是一直反对马克思的鲍德里亚，也没有完全偏离马克思的理论界限。其积累下的死亡理论不过是马克思经济危机理论的普遍化，消费社会理论也是马克思关于资本主义产品理论的翻版。

进路三：疯癫矫正，即通过疯人的非常行为扰乱我们所谓理性的、正常的人的真正的疯狂，以催化一种原始精神的回归。在福柯和鲍德里亚等后现代主义者看来，我们今天看到的疯人其实并没有疯，是因为我们社会本身出了问题。鲍德里亚在《象征交换与死亡》里直接表明："任何监禁疯子的社会都是一个被疯病深深浸透的社会。"[①] 在《疯癫与文明》里，福柯在批判现代社会对疯人的排斥和追赶时指出："在古典时期，它所表现出这样一个事实，即疯人不是病人。"[②] 而且，福柯认为，疯癫的知识和智慧是我们正常人所无法达到的特殊领域，在他们的眼中充满了隐形的知识。因此，在后现代主义者看来，克服我们正常人的疯狂只有在疯癫中寻找解决的办法，疯人的眼光才是真正澄明的希望。

进路四：生态智慧，即创建重新个性化、生态责任、机制创造的价值。伽塔里说："提出生态智慧学这一观点，绝不是要重建昔日的宗教或马克思主义那样的意识形态。"[③] 要用我们的集体能力去重新建立价值体系，以摆脱由单一经济利润为轴心的资本主义的增值所造成的道德、心理和社会的压轧。

意义是人对自然或社会事物的认识，是人给对象事物赋予的含义。人类把传播活动中发生的一切精神内容，包括意向、意指、意图、想象、认识、知识、价值、观念等都纳入意义的范畴之中。意义的发生主要是以符号为中介进行传递和交流，因此，符号的繁殖带来了意义的增生。

后现代概念的谱系学悬疑注定了后现代性的不可归纳和不可通约，但

---

① 鲍德里亚：《象征交换与死亡》，车槿山译，凤凰出版传媒集团，2006，第 197 页。
② 福柯：《疯癫与文明》，刘北成、杨远婴译，三联书店，2007，第 67 页。
③ 伽塔里：《重建社会实践》，关宝艳译，《世界哲学》2006 年第 4 期，第 31 页。

却流露了其逼近现实的自然本性。福柯说："谱系意味着我的分析是从现实的问题出发的。"① 现实的逻辑蕴含了后现代谱系的"非"谱系，因为现实的逻辑都是"非"逻辑。后现代概念的迷散性，使其逃逸出传统的意义之网。那么，后现代性的意义之刃就在于对一切现有的公理、习惯、真理和人类文明的普遍法则重新进行冲凿。

马克思主义与后现代主义具有根本不同的运思理路和问诊方案。马克思主义的后现代谱系溯源本身也许并不重要，因为，它对历史的审思所激发出来的思想创造力是任何现代性和后现代性的作品所不能涵盖的。但是，马克思的"后现代栖息"所表现出来的散播力和切合性将会使后现代概念更加扑朔迷离，同时也使在后现代概念之网中生息的后现代人类对自我的批判更加执着。

---

① 福柯：《权力的眼睛》，严锋译，上海人民出版社，1997，第 144 页。

· 第二章 ·
现代性原则

第一节　现代性原则

现代性批判的繁荣并没有带来现代性概念的同一。在后现代主义代表人物利奥塔看来，后现代的首要任务是向总体开战，向原叙事告别，激活纷争，开启人类历史上的小叙事时代。然而，现代性的发展伴随着同一性与民主性的双重滋长。在统一性和差异性的争辩还没有见分晓的时候，现代性在广义资本的激流下，出乎意料地向新保守时代奔泻，历史进入了新的迂回。

一　积累原则

资本的不断积累是资本主义走向繁荣的根，但这个根今天已经穿越了经济学的犁沟而触向更多的土梁。一切关涉人的物质和精神方面都被赋予资本的属性，运行着资本的逻辑。资本积累已成为全社会巨大的磁场，成为自由民物质活动和精神活动的主轴。生活演变为一种投资，增值和未来美好生活的诱惑鼓舞着人们积累的热望。不断积累的目的已不是经济上的扩大再生产，而已成为生命的全部意义，或者说，积累本身已成为积累的目的。马克思在《资本论》里指出："资本主义生产的真正限制是资本自身，这就是说：资本及其自行增殖，表现为生产的起点和终点，表现为生产的动机和目的；生产只是为资本而生产，而不是反过来生产资料只是生产者社会的生活过程不断扩大的手段。"① 今天来看，马克思的资本生产理论可以被推广到社会生活的全部领域。

韦伯在《新教伦理与资本主义精神》中指出，人们把物质的积累、劳动、生产、投资和利润的神圣化等称为资本主义精神，尘世间的苦行渐渐退让，让位给了世俗的生产积累。韦伯的警觉引起了后现代思想家们的共鸣。鲍德里亚在《象征交换与死亡》里提出："死亡的困扰以及通过积累来消除死亡的意志就成为政治经济学合理性的基本动力。价值的积累，尤其是作为价值的时间的积累，幻想把死亡推迟到无限远的线性的价值终点。"② 这就是说，这种时间的积累强行建立了进步的观念，如同科学的积累强行建立了真理的观念。现代性想通过积累来消除死亡，但积累的时间正是死亡的时间。只有一种可逆性的交换，即象征性交换，才是解决避免死亡的历史之困。因为积累是没有终点的螺旋式上升，只有象征交换才能获得一场终点意义上的辩证革命。鲍德里亚对政治经济学的反动，述说了现代性终结的"密码"。

德勒兹与伽塔里在《反俄狄浦斯》里则进一步揭示了积累的秘密："作为市场经济的一种功能，故意创造出匮乏是统治阶级的艺术。这包括在生产的丰富性里面故意筹划出需求，使所有欲望躁动不安，进而陷入难以满足之需求的巨大恐惧。"③ 尽管制造供应的匮乏并不是市场经济的功能，但却是推动市场经济的手段。经济衰退引起需求的匮乏，使得生产者及其代表人总是在物质的丰富性里故意制造出供应匮乏的假象，诱惑人们积累的欲望和对未来供应不确定的忧虑和紧张，达到生产的不断扩大和资本的增值。

在经济上追逐剩余价值，被推广为在政治上、文化上和社会关系上追逐剩余价值。资本的传导性使得人类普遍感觉匮乏，这不仅是物质的匮乏，精神的匮乏，更在于生命自身意义的匮乏。对其根本原因，马克思恩格斯在《德意志意识形态》里早就指出："大工业通过普遍的竞争迫使所

---

① 《马克思恩格斯文集》第 7 卷，人民出版社，2009，第 278 页。

② 鲍德里亚：《象征交换与死亡》，车槿山译，凤凰出版传媒集团，2006，第 227～228 页。

③ Gilles Deleuze and Felix Guattari, *Anti-Oedipus*：*Capitalism and Schizophrenia*, New York：The Viking Press, 1977. p. 28.

有个人的全部精力处于高度紧张状态。"① 也就是说，积累无论在拥有社会资本的"资本家"还是在对社会资本匮乏的"劳动者"之中，都是一种应对危机的最有效的保值，或者说是一种生存艺术。这种艺术已成为一种本体论意义上的生存美学。

可以这样说，积累和增长是资本酵母的本性和现代性社会运作的基本范式，也是当代人类精神抹不去的苦恋。

二 等价原则

现代性膨胀的结果是，一切价值归于交换价值。同样也远远不止于马克思的经济领域，已经扩展到人的基本关系领域，即人的交往是建立在一种基于等价交换的社会资本的总兑换，总资本量决定了其社会关系的总构成和社会影响力。基于等价原则的人的关系使得人的原初自然关系生态系统被全面破坏，价值规律成为人的基本关系的主导，信仰、道德和社会伦理被彻底粉碎。实际上，基于等价原则的全面交换关系比金钱关系具有更加明显的赤裸性，比马克思指出的经济资本撕开资本主义人类温情脉脉的面纱更加彻底。

各种物质资本、文化资本和社会资本等资本之间的交换都在等价原则的所谓合理性的前提下进行交换，交换遵循着一种类似于经济资本的兑换率。布尔迪厄认为："能够介入这些斗争的力量，以及对这些力量进行保守性的，还是破坏性的引导，都取决于人们所说的不同类别的资本之间的'交换率'。"② 婚姻关系就是一种典型的等价原则的交换关系，尽管可能存在非经济成因的资本或象征资本相互间的交换，但并不妨碍其价值规律的原则性。

生活成为一种算计，筹划资本的保值和增值。交往变成一种清算，即在等价性上追讨或偿还。那是一种因果联系的逻辑，一种理性的逻辑，因为不追讨和不偿还都有一种必然性的"后果"。这是人类理性启蒙的结果。法国人类学家布留尔观察到，原始人的原逻辑并不像现代人那样去关心事

---

① 《马克思恩格斯文集》第 1 卷，人民出版社，2009，第 566 页。
② 布尔迪厄：《国家精英》，杨亚平译，商务印书馆，2004，第 457 页。

物的因果联系，他们从来没有超出过对事物的简单记录，他们不懂得现象之间的联系与事物的内在关联，他们没有"后果"与"动机"的概念。不过，原始人"因为缺乏理性的求知欲，所以随之而来的是他对一切使他震惊的事物的出现的极端敏感"①。而这正是现代人所缺乏的，现代人的盘算耗尽了对自然力量惊奇的直感。

马克思恩格斯早已在《共产党宣言》里指出，资本已无情地斩断了把人们束缚于天然尊长的形形色色的封建羁绊，它使人和人之间除了赤裸裸的利害关系，除了冷酷无情的"现金交易"，就再也没有任何别的联系了。人的尊严也变成了交换价值。人的自由成为没有良心的交易的自由，人与人的全部关系变成在等价原则掩盖下的具有价格的交换关系。对此，马克思在《资本论》中做了进一步的分析："有些东西本身并不是商品，例如良心、名誉等等，但是也可以被它们的占有者出卖以换取金钱，并通过它们的价格，取得商品形式。"②

更为重要的是，人们厌恶这种等价性的交换关系但又无法摆脱它的钳制。人们在试图挣破这种关系之网的时候，又在不断地建构它和维护它。它已成为现代人交往的无法摆脱的梦魇。以交换关系为原则的现代性运行着资本的逻辑，而资本具有追求剩余价值的内在动力和竞争的外在压力。这种双重力量使得交换双方既不能低值交换也难以溢值交换。这已不是任何个人的意愿，而是集体的动因。因此，马克思恩格斯指出："而且占有一种社会的地位。资本是集体的产物，它只有通过社会许多成员的共同活动，而且归根到底只有通过社会全体成员的共同活动，才能运动起来。"③

三 依附原则

人类的历史是征服的历史，也是崇拜的历史。进入现代性发达的社会，权力崇拜具有更加广泛的普遍性。权力成为全社会的价值中心，一切社会意识、知识体系、真理原则失去了自我的独立性，成为权力的附属品。科学、艺术、灵魂、尊严、身体和死亡等都在权力场域中舞蹈，历史

---

① 列维·布留尔：《原始思维》，丁由译，商务印书馆，1997，第 373 页。
② 《马克思恩格斯文集》第 5 卷，人民出版社，2009，第 123 页。
③ 《马克思恩格斯文集》第 2 卷，人民出版社，2009，第 46 页。

上从未有过像今天这样对权力的全民和全方位膜拜。其中，政治权力具有对全社会一切资源的统率力和支配权，被称为元权力。

最严重的是，知识和真理失去了往日的尊严。福柯说："哲学家，甚至知识分子们总是努力划一条不可逾越的界线，把象征真理和自由的知识领域与权力的运作领域分隔开来，以此来确立和抬高自己的身份。可是我惊讶地发现，在人文科学里，所有门类的知识发展都与权力的实施密不可分。"[①] 进一步来说，科学话语体系中的你，如果不想被人认为持有谬见或甚至被人认作骗子的话，你就必须按照权力的话语程序说什么和不说什么。因为科学本身已经被制度化为权力，大学的专业划分、学位设置、成果鉴定、身份认定等无不是在权力场中运作。而且，在福柯看来，我们不应再把真理当作谬误的对立面去寻找，而要研究尼采的问题，即在我们的社会中，"真理"是如何被赋予价值，以至于把我们置于它的绝对控制之下。

霍克海默和阿多诺在《启蒙辩证法》里已经做过这样的论述："那些高高在上的人不再有意地回避垄断：暴力变得越来越公开化，权力也开始膨胀起来。电影和广播不再需要装扮成艺术了，它们已经变成公平的交易，为了对他们所精心生产出来的废品进行评价，真理被转化成了意识形态。"[②] 对此，利奥塔持类似的观点，他认为自柏拉图以来，科学合法化就与立法者合法化有密切的关联。"什么是真的"和"什么是公正的"这两种权力是不可分的，科学的语言和政治语言之间有一种紧密的联系。"我们检视目前科学知识的局域——就会发现，有时候科学似乎比从前更受制于统治力量。"[③] 换句话说，在现代性大肆挥发的时代里，科学问题已经愈来愈是一个有关统治者施政的问题了。

德勒兹就更加直接了："如果人们倾听时势权贵的声音，那就根本不再需要概念了。"[④] 而那些正在创作的哲学家，他们的工作处境非常艰难，因为他们面前耸立着发达国家特有的反创造体系。对此，布尔迪厄持有同

① 《福柯访谈录——权力的眼睛》，严锋译，上海人民出版社，1997，第31页。
② 霍克海默、阿多诺：《启蒙辩证法》，渠敬东、曹卫东译，上海世纪出版集团，2005，第108页。
③ 利奥塔：《后现代状况》，岛子译，湖南美术出版社，1996，第47页。
④ 德勒兹：《哲学与权力的谈判》，刘汉全译，商务印书馆，2000，第30页。

样的看法。他说："如果教师群体不牺牲与他们的实际职务相对应的价值标准，他们就不可能实现他们所认同和赞美的作家和艺术家的价值标准。"①

实际上，马克思和恩格斯早就发现，不仅社会科学，就连自然科学在资本的权威下也失去了独立性。马克思和恩格斯在《德意志意识形态》中指出："它②使自然科学从属于资本，并使分工丧失了自己自然形成的性质的最后一点假象。"③ 也就是说，在现代性意义下，科学就是一种意识形态，是资本的奴婢。

四　符码原则

毫无疑问，数字技术的日新使得后工业时代成为一个编码或符号的时代。然而，数字的漫游并不仅仅停留在技术构成、生产方式和生活方式的层面，而是快速地侵入人的关系和精神世界。启蒙时代的主体呼唤仅仅是一个闪电，接着的并不是霞光，而是持久的阴霾。主体已经被依附在主体上的符码所代替，或者更准确地说，主体只有依附符码才能成活，即主体失去了独立成活的意义。

但是，人们对符号的迷恋，并不是符号本身，乃是符号背后的经济资本和社会资本的总量。也就是说，主体的真正依附还在于主体关涉的符号所承载的现实性的支配力。这是关于主体的秘密，也是主体不想说出的秘密。福柯曾经提出过："通过什么代价主体说出关于自我的真实?"④

鲍德里亚认为，符号的统治本质上是物质性的："和那些躲在人人皆知的唯物主义背后，一听到人们谈论符号或其他处于手工的、生产劳动之外的事情就惊呼唯心主义的人相反，和那些谈论肉体和能量的剥削的人相反，我们认为，如果'唯物主义'这个术语还有意义的话（它是批判的，而不是宗教式的），我们才是唯物主义者。"⑤ 即在鲍德里亚看来，符码的

---

① 布尔迪厄：《国家精英》，杨亚平译，商务印书馆，2004，第88页。
② 大工业。
③ 《马克思恩格斯文集》第1卷，人民出版社，2009，第566页。
④ 杜小真编选《福柯集》，上海远东出版社，2003，第496页。
⑤ 鲍德里亚：《生产之镜》，仰海峰译，中央编译出版社，2005，第109页。

普遍化已经使得政治经济学的理论基础发生根本性动摇，以劳动为基础的政治经济学已让位于符号政治经济学。"这种利用符码象形文字的新意识形态结构，与利用生产能力的旧意识形态结构相比，更加难以辨认。这种操控，利用了符号能生产出意义和差异的能力，比起利用劳动力来更为根本。"① 也就是说，从政治角度看，代码的集中正是权力的集中。"因此，今天必须对这种符号统治、对如下这种新的价值规律形式展开攻击：各个成分在功能整体中完全可以互换，每个成分作为根据代码而变化的结构词项才有意义。"② 同时，鲍德里亚认为，商品经济的价值规律是一种等价法则，这一法则在所有领域都起作用，它同样也指称符号形态，不过在这种符号形态中，能指和所指的等价关系使得参照内容可以进行受到调节的交换。

对此，福柯的观点更能说明真相："从前，符号是认识的工具和知识的钥匙；而现在，它们是与表象，即整个思想共存的；它们处于表象内部，但又贯穿表象的整个范围。"③ 即在福柯看来，符号成为事物的形象，尽管意义本身完全在符号一方，但它的功能却完全在所指物的一方。布尔迪厄则试图寻找出符号的超意愿本性："符号暴力是通过一种既是认识，又是误识的行为完成的，这种认识和误识的行为超出了意识和意愿的控制，或者说是隐藏在意识和意愿的深处。"④ 而今天的传媒则被布尔迪厄看作通过符号来主导权力文化的恐怖主义。

符号或符码的施虐，本质上来自符码的解释能力，这种解释力是一种现实的力量。符码的攫夺，不过是其所指对象的意义之争。如果剥夺了所指的意义，符码也就失去了意义。因此，符码原则也是意义原则。符码的意义原则指证了占有符码的主体的死亡事实，即拥有符号的主体从来没有过自由自觉的主体性。这种死亡主体总是尽一切力量挽救其符号的存在，因为主体本身并没有存在意义，如果非要给主体施加某种意义，则也是符号意义的意义。因此，主体失去符号就是失去一切，拥有意义的符号才是回到"事物"本身。同样，如果符码所指物的价值崩析，自会带来主体的

---

① 鲍德里亚：《生产之镜》，仰海峰译，中央编译出版社，2005，第108页。

② 鲍德里亚：《象征交换与死亡》，车槿山译，凤凰出版传媒集团，2006，第114页。

③ 福柯：《词与物》，莫伟民译，上海三联书店，2002，第87页。

④ 布尔迪厄、华康德：《实践与反思》，李猛、李康译，中央编译出版社，1998，第227页。

恐慌。主体听命于符号指令的困局，再一次回到了马克思的异化理论："人的自我异化的神圣形象被揭穿以后，揭露具有非神圣形象的自我异化，就成了为历史服务的哲学的迫切任务。"①

五 普遍原则

德里达说："这样一种延异，比存在本身更为古老，它在我们的语言中没有名字。"② 如果非要说人类话语中延异最古老的词项，当属道德。因为，古老的"道德"从诞生那天起就一直进行着剧烈的延异。在德里达看来，延异也是一种解构，而"解构总是和'自己固有'相联系"③。如果寻找道德延异古老和剧烈的原因，则是因为它始终与延异者固有反道德紧密联系在一起。道德延异的动力就是反道德，或者说道德概念的出现本身就是因为反道德的需要。道德被反道德所普遍利用，成为现代性最显著的特征之一。

对于道德的批判，尽管历史上并没有停止过，但没有像后现代开拓者尼采如此独断。他说道："道德乃骗术。"④ 对于道德对人类思想的危害，他的批判更加恣意和武断："由于道德怀有不可告人的目的，所以迄今哲学进程几乎停滞不前。"⑤ 在他看来，道德根本就是对个性的践踏，是一种同一性的奴役。"一个有道德的人就是低贱的种类，因为他不是'有个性的人'，而是按照一劳永逸的人的模式获得自身价值的。"⑥ 尼采的思想可以被解释为，批判道德，则意味着更高水平的"道德"。当然，哲学更不是道德学，而在于对概念的一种焦虑。

在哈贝马斯看来，为了打碎那些以普遍化原则为名义，但却是有选择

---

① 《马克思恩格斯文集》第 1 卷，人民出版社，2009，第 4 页。
② 德里达：《延异》，《外国文学》2000 年第 1 期，第 83 页。
③ 杜小真、张宁主编《德里达中国演讲录》，中央编译出版社，2003，第 84 页。
④ 尼采：《权力意志——重估一切价值的尝试》，张念东、凌素心译，商务印书馆，1991，第 246 页。
⑤ 尼采：《权力意志——重估一切价值的尝试》，张念东、凌素心译，商务印书馆，1991，第 614 页。
⑥ 尼采：《权力意志——重估一切价值的尝试》，张念东、凌素心译，商务印书馆，1991，第 338 页。

性的、虚伪的、纯粹妄称出来的普遍性枷锁，就必须通过社会运动和政治
力量，使得受辱者、受伤者在无法愈合的伤痛中学会坚决抵制以道德普遍
主义来排斥任何一个无特权的阶级、受剥削的国家、受指使的妇女以及被
社会遗弃的在社会边缘的少数人群。也就是应该要认清："谁要是以普遍
主义的名义来排斥拥有局外人之权利的异己，他也就背叛了普遍主义本身
的理念。"① 对此，利奥塔认为，罗尔斯的正义论并非要讨论保证个人或集
体之间公平分配财富的方法，即使采用仁爱原则，也不等于可以说服对方
接受什么是美丽的。"人们猜想有一种普遍的理性言语存在。之所以能够
讨论，全是因为每一种观点都能用这种言语表达，而且它能让每一种观点
特有的谬误显露出来。"② 也就是说，真正的普遍性的理性原则或公正尺度
不过是人类的幻觉。

恩格斯在《反杜林论》中指出："我们的意识形态家可以随心所欲地
耍花招，他从大门扔出去的历史现实，又从窗户进来了，而当他以为自己
制定了适用于一切世界和一切时代的伦理学说和法的学说的时候，他实际
上是为他那个时代的保守潮流或革命潮流制作了一幅因脱离现实基础而扭
曲的、像在凹面镜上反映出来的头足倒置的画像。"③ 应该说，马克思和恩
格斯自始至终都在蔑视一种普遍性的"爱"或"正义"。

然而，马克思的昭示并没有致使"正义者们"退却，总有一大批怀有
"可以告人"目的的人呼吁人们遵从道德条文，而真正受压迫的社会底层
的劳动者在真正实践着道德的未来。令人窘迫的是，他们并没有"道德"
意识。

数字化的迅猛，带来了全球文化认同的倾轧；经济增长方式的跳跃，
带来了身体主义的自贱；社会的不稳定，动摇了大众的信心；神圣理想的
破灭，瓦解了社会精英的优越感；真理对权力的依附，摧毁了哲学的尊
严。一个全面资本化但没有共同意义承载的文化地理描写了时代精神的贫
瘠。现代性泛滥的知识与知识分子在争夺权力的斗争中被权力吞噬。

启蒙的复折证明了人类在理性道路上的病变。然而，历史的年轮并没
有停止转动，现代性不可遏止的欲望会在膨胀中走向毁灭。"回到马克思"

---

① 中国社会科学院哲学所编《哈贝马斯在华讲演集》，人民出版社，2002，第45页。

② 利奥塔：《后现代道德》，莫伟民译，学林出版社，2000，第81页。

③ 《马克思恩格斯文集》第9卷，人民出版社，2009，第102页。

不仅是指回到对历史的批判原则上，更是指回到对历史的辩证原则上。

第二节　现代性变频之殇

亚稳态（meta-stability）是指社会共同体的权力结构中的中央指令无法在某个规定时间、按照某种指定要求达到一个可预知的状态。当一个社会进入亚稳态时，既无法预测该社会结构力量平衡的临界点，也无法预测何时才能稳定在某个弱秩序的水平上。在这一时期，反社会体系的各种力量一旦输入一些微弱外力，立即可能使社会处于震荡状态，而这种反常规的力量粒子或力量流可以沿着各种媒介通道上的各个暗藏触发器级联式地迅速传播下去。在树状社会控制系统中，如果反动荡的社会部件无法按时到位和发出有效信号，以及根茎式的稳定点的固持力不充足，亚稳态就会随即产生。

一　虚拟与"权力"的不可消止

霍布斯把追求权力看作人的行为的基本动机。"财富、荣誉、统治权或其他权势的竞争，使人倾向于争斗、敌对和战争。"[1] 法西斯主义的逞能表达了渴求权力和信奉权力万能达到了登峰造极的地步，也印证了霍布斯的判断。而权力究竟意味着什么？弗洛姆在《逃避自由》中说："'权力'这个词包含两重意义，其一是指拥有统治他人的力量，即具有统治他人的权势；其二是具有干事情的力量，即干事情的能力。后者不含统治的意义。如果一定要说后者也含统治的意义那只是指能力意义而已。"[2] 即"权力"具有统治与潜力的双重意义，而且这两种力量不但不相同，而且还有相互排斥的影响。"权力欲并非根源于力量而是来自懦弱。一个人去追求权力，则说明此人无法摆脱个人自我的孤独，无法依赖自己生存下去。由于丧失了自己真正的力量，就铤而走险地追求第二种力量。"[3]

---

[1] 霍布斯：《利维坦》，黎思复、黎廷弼译，商务印书馆，1985，第73页。

[2] 弗洛姆：《逃避自由》，陈学明译，工人出版社，1987，第214页。

[3] 弗洛姆：《逃避自由》，陈学明译，工人出版社，1987，第214页。

霍布斯认为每个人先天都有一种自然权利。"一个人放弃或让出自己的权利时，并不是给予任何其他人以他原先本来没有的权利，因为每一个人对任何事物没有一件不具有自然权利的。"① 而且，当每个人以个人的身份对共同的代表授权时，他们便要承认他在权限范围内的行为。"一个人不论在哪一种方式之下捐弃或出让其权利之后，就谓之有义务或受约束不得妨害受他捐弃或允诺让出的权利的人享有该项权益。"② 对此，福柯也认为："权力具体的是每个个人拥有的，他将它全部或部分让渡出来从而建立一个政治权力，政治统治权。……因此，权力与财产、权力与财富的类比明显地表现出来，贯穿这些理论的始终。"③

尽管对于霍布斯和福柯的权利或权力的让渡理论的争议一直没有停止过，但基本的共识是社会中的一部分人掌握着权力，一部分人没有掌握权力，并且为权力的斗争一刻也没有停止过。尼采的话说得很直接："'人'，乃是原始森林植物界，他始终出现在长期争夺权的场所。伟大的人。"④ 对于权力的分配，就更没有余地了："人就像蛆虫一样，被蔑视、被消灭、被践踏，人没有进行任何选择的权利：要么治人——要么治于人。人们为了成为暴君即变得自由，就要成为自身的暴君。"⑤ 也就是说，权力是不可否定之物，权力在人的近处。

霍布斯尽管认为权力欲是懦弱的表现，但也意味着懦弱通过权力获得力量，即权力在现实性上是强大的。而且，霍布斯还认为："人的价值或身价正像所有其他东西的价值一样就是他的价格；也就是使用他的力量时，将付给他多少。因此，身价便不是绝对的，而要取决于旁人的需要与评价。"⑥ 也就是说，因为权力被其他人所使用，人自身的价值才体现出来。这样，无论从尼采的生存论来说，还是从霍布斯的价值论来说，争夺并拥有权力是人作为人的基本需要。

① 霍布斯：《利维坦》，黎思复、黎廷弼译，商务印书馆，1985，第 99 页。
② 霍布斯：《利维坦》，黎思复、黎廷弼译，商务印书馆，1985，第 99 页。
③ 福柯：《必须保卫社会》，钱翰译，上海人民出版社，1999，第 12 页。
④ 尼采：《权力意志——重估一切价值的尝试》，张念东、凌素心译，商务印书馆，1991，第 161 页。
⑤ 尼采：《权力意志——重估一切价值的尝试》，张念东、凌素心译，商务印书馆，1991，第 560 页。
⑥ 霍布斯：《利维坦》，黎思复、黎廷弼译，商务印书馆，1985，第 64 页。

　　但是，沿着霍布斯与尼采的权力谱系，接着的问题则来自权力的稀缺、非授权与超出授权。因为，在大多数情况下，霍布斯所说的权力的自愿让渡是不存在的，权力不是自愿让渡的，而是被剥夺的，或者说，掌权者拥有了超出自身应拥有的权力。权力的争夺也由此而产生。社会的稳定性从本质上讲是由权力斗争的激烈程度所决定的，而亚稳态则意味着权力斗争的亚激烈。亚激烈实则反映了拥有与非拥有权力双方力量的悬殊，其结果一种是较弱一方被消灭，亚稳态趋于稳态；另一种是较弱一方不断壮大走向力量接近的激烈性争夺，亚稳态则走向震荡。当然，亚稳态既可以是一种过渡，也可以是一种常态，因为在旧的亚稳态因子消失后，可能新的亚稳态因子又形成了。

　　需要指出的是，无论是对他人权力的代表、剥夺、占有、滥用过程，还是对授权意义下应负职责的玩忽职守，都是一种虚拟行为。自我的权力自愿让渡给他人代表或他人抢占自我的权力，他人按契约行使职权，或者滥用权力，他人的权力操作都是自我的权力虚拟。正如霍布斯所说："言语和行为被认为发自其本身的个人就称为自然人，被认为代表他人的言语与行为时就是拟人或虚拟人。"① 权力的代表或占有会延伸到另外两个方向的典型虚拟。一个方向是占有他人的权力并应行使与权力相匹配的职责的疏忽职守。这是一种对责任占有的虚空，即以实在的形式虚假地存在。这种虚拟也是权力占有虚拟中滥用形式的转化与变异。另一个方向的典型虚拟是失去权力的一方在被迫让渡或被霸占时，如果向占有方夺回权力并不能实现，这也是一种虚拟作为。作为弱势群族或权力边缘化人群面对强权压境时的一种精神抵抗，无论是向权力体系挑战还是对公共领域的破坏，都是一种假想获得真正占有权力的"自己构成自己"。只不过这种虚拟是在承认现实性意指丧失的基础上一种对新现实的意境重构。由于权力的客观存在性与传递性，无论现时占有或拟占有，其现实化过程实际上都是一种虚拟行为。其最终表现为生存论意义的附载过程，更是一种虚拟。

　　权力虚拟的意义在于暴露了稳态、非稳态与亚稳态社会结构的运作机制。在稳定性社会形态中，权力虚拟表现为授权的约定行为与权力的高效与节制；在极不稳态的社会中，虚拟意味着权力的无度或废止，是对现存

①　霍布斯：《利维坦》，黎思复、黎廷弼译，商务印书馆，1985，第122页。

统治关系的权力结构与社会秩序的极大破坏；在亚稳态结构中，虚拟反观
为一种挑战固有权力体系的危险行为，无论是统治方权力运作的滥用与失
职，还是被统治方行为的冒险与移位，都是为了获得更大虚拟以及更大现
实的对现实性权力范畴的越界。权力虚拟的恣意与暴力化是亚稳态结构向
震荡态社会转移的危险信号。

不过，虚拟既是对现实的否定，也是对现实的延伸。由于虚拟的本质
是规则的构成，因此稳定态社会需要虚拟，亚稳态的操作更离不开虚拟。
但虚拟与现实从远古以来就没有分离过，只不过虚拟的形式与中介系统不
断发生变化与升级。而且，在进入新的符码时代后，虚拟的创设形式既是
对现实的决断，也是对原始行为的回归。也许尼采的话暗示了我们一些思
路："在这个本质是虚假的世界上，真实性也许是一种反自然的倾向。因
为这种真实性只有当它作为达到特殊的、更高级的虚假势能的手段时，才
有意义。"①

二　差异与反常规正义

差异的缺失是作为现代性问题进入我们的理论批评的，对现代性的批
判更多的是对同一性的讨伐。在后现代主义看来，逃脱形而上学的最好办
法就是承认"差异"。利奥塔说："后现代主义是现代主义的一部分，它在
表现里面召唤那不可表现的事物，它拒绝正确形式的安慰，拒绝有关品位
的共识。"② 但现代性社会有统一，更有差异。差异作为一种隐居的社会破
坏力量，是以同一性作为作用的合力点的。财产、权力、知识的分布不
均，即社会资本占有的差异化引起群体的同一化要求。在同一化要求过程
中，必须通过差异化行动达到目的。自杀、恶性刑事案件、破坏公共利
益、分裂倾向、抗拒主流意识形态等各种个体或局部集群行动，都是在差
异化形式中，祈求获得集体的文化认同。正如霍布斯所说："受压迫的恐
惧使人先下手或结群以相助。因为除此之外，人们就没有保全性命与自由

---

① 尼采：《权力意志——重估一切价值的尝试》，张念东、凌素心译，商务印书馆，1991，
第 421 页。

② 利奥塔：《后现代性与公正游戏》，谈瀛洲译，上海人民出版社，1997，第 140 页。

的方法了。"① 不难看出，无论个体或集群的行为都是以差异化为表现形式的同一化行为。

权力体系的文化主导，作为现代性的代表，一直被认为是同一性的文化模式。然而，统治集团在追求差异化的特权时，却运用"意识形态"的同一性来掩盖事实的差异性。康德说："为了成为一个道德上善的人，仅仅让我们的族类所蕴含的善的种子不受阻碍地发展是不够的，而且还必须同在我们里面起反作用的恶的原因进行斗争。"② 康德的"善"正是权力体系的意识形态的思想来源，统治集团把一切反对统治的思想与行动都看作一种"恶"。因此，扬长道德的"善"成为一切统治形式的政治秘密。但是，反统治的个体或社群却是通过反对"道德"的虚伪同一性，来实现文化身份的真正同一性。尼采指出："道德乃骗术。"③ 因此，在尼采看来，揭露道德的虚伪同一性是走向独立性的前提。"一个有道德的人就是低贱的种类，因为他不是'有个性的人'，而是按照一劳永逸的人的模式获得自身价值的。他不具备独立的价值：他可以用来比较，他有自己的种类，他不应单独存在。"④ 也就是说，独立性应成为同一性的敌人。不过，需要指出的是，对于被统治群体来说，只有获得实质意义上的同一性才会有独立性意义上的差异性。也就是说，与后现代主义创设者们理解不同的是，独立性并不意味着差异性而是趋于同一性。

差异与同一性的辩解、统治与被统治的敌视，都是回到"正义"与"非正义"的自觉上。正义的规定性也是文化主体自身利益的规定性。随着统治文化的不断"进步"与发达，被统治阶层的正义感的合法性得到大大加强，正义化的力量更加积聚，正义化媒介更为活跃。即在主导意识形态下的政治诉求的合法性范围大大拓宽，"常规性"正义空前普遍化。常规性的规定在于，只要关于公共分歧或反抗的正义性话语还是在主流意识形态的代谢范围内，是稳定性地扩展主流意识形态的广度与深度，这种关

---

① 霍布斯：《利维坦》，黎思复、黎廷弼译，商务印书馆，1985，第74页。
② 《康德全集》第6卷，李秋零译，中国人民大学出版社，2007，第56页。
③ 尼采：《权力意志——重估一切价值的尝试》，张念东、凌素心译，商务印书馆，1991，第246页。
④ 尼采：《权力意志——重估一切价值的尝试》，张念东、凌素心译，商务印书馆，1991，第338页。

于正义性的阅读与阐释就是常规性的。

尽管常规性正义的面积在扩大，但是非正义的范围也在扩大，或者说种植的速度超过了土地开垦的速度。这样常规正义的行为效果与范式受到了滞阻与变形，一种反常规的正义的草种在成熟土地的四周的荒地里迅速开始发芽。犹如库恩所说："现在规则的失效，正是寻找新规则的前奏。"①作为反常规正义的力量的崛起，既是关于正义力量的积聚的结果，也是主流正义话语不能完全包容的结果，更是非主流面孔还没有聚集足够的力量来消解主流正义话语的过渡物。这种规范话语中非规范的保留是亚稳态社会结构存在的基础。

从精神政治的历史来看，中西方有着不同的统治谋略。中国传统官僚体系，是以权力作为政治价值核心，以规范性的等级规划，把反统治的力量积聚到权力的诱惑上，来回避政治、遮蔽政治。西方基督教的发达，则是通过心灵的许诺，克服思想的追求，在信仰的重复宣传下，丧失了政治的敏觉。尽管中西方有着不同的统治伎俩，也都是朝着稳定态社会目标而去，但是，"善"的社会或"恶"的社会，并不以稳定为尺度，而且，稳定态社会或非稳定态社会也并不是统治集团的自愿与自弃。

从社会矛盾的结构上看，中西方的权力话语有着相同的规范性。统治话语下"善"的种子的生长、开花和结果是常规性正义的，而同"恶"的斗争就会出现常规与反常规的分歧。因为，真正的"恶"或"恶"的原因正来自统治集团，这样与"恶"的斗争就成为对统治政治本身秘密的揭示，也意味着反常规正义的开始。反常规正义在常规正义话语下，总是以"犯罪"的形式出现。

需要指出的是，反常规正义并非现代性发展的结果，而是古老的文化遗存。但在现代性发育的畸形下，其获得了更加多样化的特点。尤其是，以未来的角度，反常规正义中蕴含了非正义的因素。应该看到，我们的历史与现在一直是一个正义与非正义纠葛的时代，也是常规性正义与反常规正义并合的时代。一旦正义与非正义开始分明，常规与反常规正义走向复合，历史领域内的矛盾也将由此终结。

---

① 托马斯·库恩：《科学革命的结构》，金吾伦、胡新和译，北京大学出版社，2003，第62页。

三　非逻辑与"知"的解体

苏格拉底认为，没有见过光明的人，必然对光是一无所知的。恶人背离善，是因为他没有知识。也就是说，"知"在苏格拉底那里不仅是一种"知"本身的知，更是一种"行为"的知。而且，"知"的过程意味着理性的立足与苦行。人类的"知"在经历了多次启蒙演绎以后，理性被认定为人类精神或"知"的杰作。然而，在尼采看来，人类本身并不能越过命运和神圣意志，以理性知识主宰自我的时代应该终结。对苏格拉底的激烈批判，开始了尼采的意志学之旅。在尼采看来，以逻辑线为基本方法的理性原则是人类对"知"的简单化和线性化，仅仅是人的一种先验。"我们主观信仰逻辑学的必需仅仅表明，我们早在逻辑学本身到达意识之前所做的事情，无非是把逻辑学的要求植入现象。因为，现在我们在现象中发现了逻辑学——，另外，我们不能错误地认为，这种必需会担保某种物是'真理'。在我们长期推行了同一化、粗糙简单化之后，我们就成了创造了'物'、'同一物'、主体、谓语、行为、客体、实体、形式的人了。在我们看来，世界表现出了逻辑性，因为我们事前使世界逻辑化了。"① 换句话说，世界本来是非逻辑的，或逻辑是非逻辑世界的特例。结论是，以"逻辑"作为内核的"知"必须解体。对人类的逻辑之思的否定，是对人类几千年来以"统一""秩序"和"逻辑"为基础的"知"的建构的坍塌。逻辑学本身，作为人类智慧的结晶，似乎已经走到了生命的尽头。受尼采之思的启发，我们不难看到，随着现代性的怒吼与终结，"知"的崩析呈现多条轨迹。与此同时，亚稳态社会结构相应形成。

一是人类的认识能力与大自然的破坏力量相比，"知"的力量是十分有限的。尽管传统哲学在可知论与不可知论的争论中，由于强大的理性主义，可知论占据了上风，但今天同样在理性主义主导下，人类对不可知的恐惧，重新占据了人类的基本生活。地震、流行性疾病等大规模自然灾害以及突发性事故的不可预知性已成为悬置在人类头顶上的一把利剑，人类

① 尼采：《权力意志——重估一切价值的尝试》，张念东、凌素心译，商务印书馆，1991，第240页。

生存的心理安全受到了前所未有的威胁。大自然对人类生命摧毁的不可预知与不可避免孕育了人类生存的无能为力。生命本身安全心理的不稳态与灾难发生后的社会动荡将共同引起社会长期处于亚稳定状态。这些灾害在很大程度上是社会发展进步的结果，工业文明的发达与人类交往频率的加快，使得原始人类生存意义上的逸致成为人类今天的烦躁。

二是由于理性的局限性，理性、逻辑失去了认识的有效性。传统的理性之光暗淡了，非逻辑、非系统、非秩序的荒诞，成为越出传统认知领域的新光源。如果说逻辑是人类自身为了秩序化世界的创造物，那么非逻辑作为人生命本身所蕴含的不能推理、不能证明、不能辩论的一种"智慧"，则是一种潜伏在人类认知世界里，具有巨大爆发性的裂变力量。逻辑中隐含着非逻辑，只有非逻辑和逻辑的暗合与触发才能把握人与自我、人与世界的深刻矛盾。高度科学化的核威胁就是在逻辑中生成的非逻辑。非逻辑和逻辑一样既有"知"的一面，也有非"知"的一面；既有通向稳定的一面，也有震荡的一面。亚稳态是非逻辑传播的滞留与盈溢。

三是由于现代性的意识形态的统治，使得人类丧失了基本的善恶判断。黑格尔说："人类绝对的和崇高的使命，就在于他知道什么是善和什么是恶，他的使命便是他的鉴别善恶的能力。"[1] 古希腊哲学认为，是无知丧失了善，今天却是"知"带来了恶。知识与权力的勾结虽然具有悠久的历史，但在现代性下则呈现了新的面目。无恐权力、黑色权力、交错权力，既是中央集权向权力枝叶和末梢的布控预见，反过来也是对中央权力的削凿，成为中央权力的敌人。中心权力与非中心权力矛盾的尖锐化，削弱了意识形态的润饰功能，破坏了中心权力的"知"的纵深计划与合法性堆积。非中心权力的越位与张狂成为亚稳态社会结构形成的直接动因。

四是由于经济虚假繁荣、就业困难与收入的不稳定引起人们对基本生存产生了不安全心理，于是人们通过非理性消费、透支生命、反生命行为来"丰富"生活，生活失去了原发性的"知"的意义。自从"增长""积累"与"发展"成为现代性的演绎逻辑，矛盾的积聚与延时已成为现代性挥不去的阴影。消费膨胀、恶性刑事案件、吸毒等严重摧毁社会稳定根基的反生命"逆"行，伴随着现代性的增长不断集中与繁殖，不断向未来开

---

① 黑格尔：《历史哲学》，王造时译，上海世纪出版集团，2005，第31页。

放与延伸。反文化的滋生与身体文化的放纵成为文化多样性与生活丰富性的标注。代表着稳定社会基础的身体之恋与精神之恋之间的平衡受到了破坏，一种反自我生命与反他人生命的"知"的偏移开始动摇稳定态社会的重心。

五是由于现代性的压力，传统"知"的逻辑难以解开现实之"苦"，于是一种试图通过宗教和占卜回避现实的磷火被重新点燃。等级压抑、教育危机、身份悬置、死亡威胁等现实性旗袍，总是包裹不住精神的冤屈，一个撕破主流意识形态的岔口沿着自由的旗杆顺延而下，在最低的水面上浮起宗教的灵光。古老的宗教与占卜早已被中西方的哲人与愚民所剔骨，但匪夷所思的是，一个布满灰尘的信仰浪潮重新席卷而来。尽管有着某种恐怖与恍惚，但顿悟的祈盼还是让信民们冒着冷清的露水去吟唱。黏合生命与死亡界限的非逻辑之思，试图在磷火中纵情舞蹈。但是，这种反主流意识形态的逃避还是一种意识形态，而且是没有拂晓轮回的日落。大地的臣民因为没有晨光而与死神紧紧拥抱。也许死亡之恋也是一种稳定态，但更应该是亚稳态。

卢梭在《论人类不平等的起源和基础》中早就说过："最不幸的是，人类所有的进步，不断地使人类和它的原始状态背道而驰，我们越积累新的知识，便越失掉获得最重要的知识的途径。这样，在某种意义上说，正因为我们努力研究人类，反而更不能认识人类了。"① 亚稳态是人类"知"的充分积累的衍生物，是逻辑与非逻辑不断变换的异步现象，反映了"知"建构与解构的深刻矛盾。只要统治力的传递过程中有异步脉冲，亚稳态就是无法避免的。因此对于统治集团来说，要减少亚稳态的发生，首先要克服自身的统治错误。正如柏拉图在《政治家》里引用异邦人与苏格拉底的对话所说："异邦人：智慧的统治者在任何事情上都不会犯错误，只要他们坚持这一大体——只要他们总是能够以其心智与技艺，将正义布施于城邦中的民众，能够使他们得到平安，尽可能使他们越来越好。苏格拉底：对你现在所讲的，要想反驳是不可能的。"② 其次要使被统治体产生对统治失误的钝觉。对于被统治阶层来说，要运用亚稳态中的"反抗"高

---

① 卢梭：《论人类不平等的起源和基础》，李常山译，商务印书馆，1962，第63页。
② 柏拉图：《政治家》，洪涛译，上海世纪出版集团，2006，第80页。

频、统治者"知"中的不知，以获得非逻辑中的逻辑、"非正义"后的正义。

宇宙之外没有物体，也没有空间，完全的虚空也没有，是绝对的"无"。如果常规正义填满了人类精神的小宇宙，小宇宙之外也就没有反常规正义膨胀的空间。这样的社会结构也就失去了稳态与亚稳态的区分，现代性也就没有向后现代性变频的必要。

·第三章·
现代性话语

第一节　现代性话语三相

　　现代性成就的一路高歌，引来了形而上学之光的褪色。因为真理具有确定性，人们偏爱语言的不确定性。作为现代性话语的三种面相，吹捧、扯淡和沉默记载着理性精神的不朽。这是一个思想贫瘠的时代，但也是一个哲学家辈出的时代，一个属于真理彼岸的面纱哲学家的时代。

　　话语范式的转换，让我们看到知识的飞跃，但对于人性来说，则是堕落性的。现代性的增长，引发了"明哲社会"① 被人们普遍接受，一种与攻击完全相反的话语修辞策略，正在不断推动着人类对"智慧"的热爱。今天的众生都是古希腊卓越的"智者"②。

一　吹捧

　　吹捧（flattery）或奉承、恭维已成为现代社会一种人们熟知的语言、社会、心理、道德和时代精神的文化现象，但吹捧或奉承的真实图像和运

---

① 亚里士多德在《政治学》中指出，明哲是一种善德，是统治者的专备品德。被统治者是制笛者；统治者为笛师，他用制笛者所制的笛演奏。

② 智者（σοφόζ/sophist），在希腊文里最初形容有智慧的人，后来专指传授智慧职业的人，智慧成为他们达到实用目的的手段。柏拉图在《普罗泰戈拉篇》中斥智者为商人。

作机制并不为人们所熟知。对于何为奉承，福柯这样说道："奉承是用来从上级那里得到自己想要的东西的语言。但是，他是通过上级的优越感来感化它的。"① 他做了这样的解释：如果愤怒是上级对下级的滥用权力，那么就不难明白奉承从下级这边来看会是一种获得上级才有的这种过多权力的方式，一种获得上级支持和好意等的方式。那么，下级如何才能获得上级的支持和好意呢？他怎样才能得到上级的这种权力，并为己所用？他可以利用的唯一要素、唯一手段、唯一技术，就是逻各斯。他说话，而且正是通过说话，下级才能上溯上级的过多权力，直到从他那里得到自己想要的东西。

在福柯看来，吹捧者是通过说谎话来得到上级的权力的。吹捧就是不让吹捧对象真实地认识自己，因为上级听到吹捧后就会对自己产生错误的印象或错觉，以为自己真的如吹捧所说的那样具有优良的能力和品质。而实际上，这样就会使得吹捧对象软弱和盲目。这是一种弱者制胜强者或在强者手中获得更多权力的手段。因此，大家都很了解吹捧的修辞术，它是一门技术或艺术，其目的不是去确立一种真理，而是让一种谎言、假象成为"真理"。对此，霍布斯在《利维坦》中早就注意到："有口才而又善于逢迎，就会使人相信这人，因为前者是假象的智慧，而后者则是假象的仁爱。"② 即假象成为吹捧的秘术。

吹捧本质上不过是现代性原则的一种表现形式，它反映了社会关系在价值规律的运作中，社会总资本缺失的一方运用尊严作为一种特殊资本的交换形式，尽管这种交换并不是时时获得成功。吹捧的机制可以说是，使用夸大、美化的语言，利用人性的弱点和权威的需要，使可交换者失去警觉，造成对交换关系和交换价格的误读，从而使自己处于更加有利的位置，可顺利交换到或超额交换到对自己有用的资本。交换到的超额资本既可以说是交往过程中产生的剩余价值，也可以说是尊严的交换物。马克思在《共产党宣言》中已经注意到资本主义撕开温情脉脉的面纱，"它把人的尊严变成了交换价值"③。当然，尊严变成交换价值不只是通过吹捧对方来实现的。

---

① 福柯：《主体解释学》，佘碧平译，上海人民出版社，2005，第391页。
② 霍布斯：《利维坦》，黎思复、黎廷弼译，商务印书馆，1985，第75页。
③ 《马克思恩格斯文集》第2卷，人民出版社，2009，第34页。

福柯对下级向上级通过吹捧来获得权力的增加以及吹捧使得上级变得虚弱的观点应该说是准确的，不过福柯并没有注意到，这种吹捧机制并不仅仅出现在下级针对上级，而且出现在上级针对下级以及同级之间，或者说，在各种社会关系的普遍交往中存在。拥有权力的上级经常一反常态，并不表现出拥有权力资本的权威，反而在下级面前显得十分柔弱，吹捧被统治者的主人地位，欺骗性地说自己是仆人，同样也是使得被吹捧者失去对自我的准确判断，丧失与统治者相对立的自觉，从而使得统治者在被统治者这里获得更多的顺从，使得统治状态更持久、更稳定。这种机制仍然是在现代性交换法则下，统治者通过自己的"谦虚"来换取更多的剩余价值。

同样，自我吹嘘或吹捧自己阶级、集团内部的现象也是十分广泛的。马克思在《1848 年至 1850 年法兰西阶级斗争》中指出："报刊方面也帮助吹捧尚加尔涅这个人。秩序党由于根本没有什么杰出人物，而不得不把整个阶级所缺乏的力量凭空移到一个人身上，以这种办法使他膨胀为一个巨人。"[①] 这个"巨人"很快就降为庸人，马克思在此批判了惊恐的资产阶级怎样把妄自尊大的神话变态到极端渺小的怪物的可耻表演。马克思在此进一步揭示了，吹捧实质上是一种自我力量匮乏的表现。可以说，随着现代性的发展，吹捧策略使用的范围会更加普遍，因为现代性的特征之一就是资本的匮乏和资本膨胀要求的矛盾。学术界的相互吹捧就是典型的场景。

在对吹捧批判的应对策略上，福柯显得无比的肤浅和暧昧。他主张回到古希腊时代人们坦诚、直率的氛围中，拒绝修辞。修辞是话语技巧的体现，话语是现实世界矛盾的反映，只有克服现实中的现代性生成的元素，即只有打破资本逻辑的链条，才能有吹捧的消止。停留在一种文化品位或道德的批判不可能消除吹捧的甚嚣尘上。

不过，对于吹捧的反映，尼采有不一样的看法。他注意到："在我们同其交往中想要用恭维来麻痹我们戒心的人，是在使用一种危险的手段，几乎就像是使用一种安眠药水，这种药水，当它不能使你入睡的时候，只会让你格外清醒。"[②] 也就是说，吹捧并不是一种绝对安全可靠的施政与攻

---

① 《马克思恩格斯文集》第 2 卷，人民出版社，2009，第 185 页。
② 尼采：《人性的，太人性的》，杨恒达译，中国人民大学出版社，2005，第 202 页。

心策略，被吹捧者的察觉意味着吹捧者计划的失算。不过，尼采并没有看到，被警觉的吹捧同样在流行。这是因为吹捧已经超出感化心理的初始功能，吹捧双方已形成一种权力再生产的共谋。权力产生吹捧，吹捧也生成权力。可以相信"一切基于意图的事件都可以还原到权力之增殖的意图"①。

二 扯淡

扯淡（bullshit）是现代性文化最显著的特征之一。每一个人都无法逃脱扯淡的话语存在，即自觉不自觉地参与扯淡或受制于他者的扯淡。对于何为扯淡，至今并没有一个统一的规定。很多人为此作出努力，都没有成功，但这并不意味着扯淡就不可捉摸和没有边界。有人把扯淡与琐碎的、言不由衷的、虚伪的、胡说八道的、没有必要的、漫无目的的、例行公事的、被迫的、缺乏意义的、欺骗的、与事实相反的、不够庄重的、无稽之谈的、纠缠不清的等联系起来，这些特征都可以说是扯淡的表现之一，但可以说又不是扯淡的共相。

不能说扯淡不够庄重，因为政客们、学者们以肃穆的表情没完没了地进行"庄严""神圣"的胡扯，以毫无意义的、毫无结果的弱智式争论冒充关系到全人类未来命运的高尚事业和精神追求。扯淡似乎具有胡扯或瞎扯的含义。恩格斯在《德国的革命和反革命》中指出："这个可鄙的议会②早就丧失了它的贞操，它尽管还年轻，但已白发苍苍，已经熟练地掌握了各种胡扯瞎诌和娼妓式的八面玲珑的伎俩。"③ 恩格斯在这里斥责的胡扯，就是一种典型的丧失立场的议会式扯淡。

但扯淡并不完全等同于胡扯或瞎扯，更不等于胡说。英国分析学派的马克思主义研究者柯亨在 2000 年这样定义胡说："胡说，就其一种形式而言，是一种理智上不诚实的态度的结果，更详细地讲，是包括不愿意以诚实的方式回应批评在内的不诚实的态度的结果。"④ 尽管胡说接近扯淡，但

---

① 尼采:《权力意志》，孙周兴译，商务印书馆，2007，第 125 页。

② 1948 年柏林三月革命以来的法兰克福议会。

③ 《马克思恩格斯文集》第 2 卷，人民出版社，2009，第 421 页。

④ G. A. 柯亨:《卡尔·马克思的历史理论——一种辩护》，段忠桥译，高等教育出版社，2008，第 11 页。

扯淡比"不愿意以诚实的方式"有更确切的含义。扯淡产生的情况是，被要求说而且也说了，因为说者代表一种资本方，但没有说出事实的真相，因为为了自身资本的积累和增长；也有被要求说而且也说了，但是不知道如何说，因为他不知道问题的答案；也有可能不知道问题的答案，但自己主动要说，试图通过话语权来增加自己的社会影响力，最后常常演变为一种夸夸其谈和自我吹嘘式表演。显然，扯淡比胡说的边界要小。

扯淡已经渗入政治、学术、法律、娱乐、国际关系等一切公共场域，成为伴随现代性成长的普遍现象。扯淡的不着边际、模棱两可、左右逢源等属性是现代性滋长下，人类文化生态的景观。

扯淡并不是今天才有的，古代人就学会了扯淡，不过并没有今天这样盛行和普遍。对于其中的原因，美国学者哈里·G. 法兰克福在其著作《论扯淡》中说："当形势需要人们去讲他自己都不知所云的话的时候，扯淡即不可避免。因此，当一个人有责任或有机会，针对某些话题去发表超过了他对该话题的了解时，他就开始扯淡。"[①] 法兰克福还指出了目前各类怀疑主义是扯淡现象产生的更深层次原因，因为怀疑主义否认我们对事实真相掌握的可能性，因此无休止地质疑促使了扯淡的泛滥。

法兰克福还认为，扯淡接近于嘲弄，并不接近于说谎。"扯淡的本质不在于它的'假'，而在于它是'骗人的东西'（phony）。"[②] 也就是说，扯淡不是说谎，说谎是真理的反面，而扯淡者没有骗人的意图，只是无视真理，无意于真实，"他唯一不可缺少的特征是在某种程度上歪曲了他想说的"[③]。尽管扯淡比起说谎的创作模式，具有更大的自由、独立和更开阔的渲染和想象，无须过多分析、深思熟虑，但"就影响效力而言，扯淡远比说谎更严重，是'真实'的更大敌人"[④]。它蚕食了我们对真实的信心。依据法兰克福的线索，有学者进一步指出，扯淡具有反价值行为，它消磨了人类业已建立起来的价值大厦，这是扯淡的最大危害。

扯淡显然不能等同于说谎，现代性的本性是等价交换，说谎面临着被揭穿的风险，不但无法实现资本交换和增值，而且还会带来个人资本的损

---

① 哈里·G. 法兰克福：《论扯淡》，南方朔译，凤凰出版传媒集团，2008，第 77 页。
② 哈里·G. 法兰克福：《论扯淡》，南方朔译，凤凰出版传媒集团，2008，第 61 页。
③ 哈里·G. 法兰克福：《论扯淡》，南方朔译，凤凰出版传媒集团，2008，第 68～69 页。
④ 哈里·G. 法兰克福：《论扯淡》，南方朔译，凤凰出版传媒集团，2008，第 75 页。

失。尽管法兰克福对扯淡的辨析是有积极意义的，但他及其追随者并没有触到扯淡的核心。法兰克福说扯淡没有骗人的意图显然是不准确的，很多时候，扯淡者是通过不切要点的周旋，来回避公众对此问题的追问和对公众隐瞒他的真实想法。这就是一种以欺骗为目的的谋术，这在外交方面和经济领域十分明显。

扯淡的唯一特征也并不是"歪曲了他想说的"。因为，很多时候他并不想说，因此也不存在歪曲他想说的；即使他想说，也并不意味着他歪曲了他想说的。扯淡也不是无视真理，不在意真实，而是扯淡者知道真实，因为扯淡者并没有无所顾忌，他知道真实的领域。人类学家列维－斯特劳斯在《结构人类学》中指出，现代文明看似在语言的运用上肆无忌惮，其实人们并不是不分时机和话题地讲话。"话语只限于表现在某些确定的场合里，超出这些场合，人们便谨言慎词。"① 因此，扯淡的普遍化是一种现代性从萌芽向成熟过渡期人类的一种生存形态，是资本化人类处于资本贬值与资本扩张对立和奴役他人与受他人奴役对立的双重矛盾中，是一种亚智慧的话语优化策略。扯淡作为一种没有任何直击问题意图的话语技巧，目的在于回答难以回答的问题。因此，扯淡就是一种应对现代性成长的话语游戏。

三　沉默

沉默（reticence）也叫缄口，是排斥话语陈述的一种语言沉寂或停滞状态。沉默也不完全是缄默不语，也指言不尽意、话语保留，是畅所欲言、坦率的对立面。

沉默在以下情况下可能出现：一是沉默者对话语对象的评判是反对的或负面的，顾忌到话语对象的持有者的不悦；二是尽管沉默者的观点是肯定和支持的，但支持的表达会带来第三方的敌视；三是为了遏止对手的影响力，采取一种遮蔽的办法。沉默和扯淡本质上是一致的，扯淡虽然说了，但等于什么也没说；沉默是什么也没说，但等于什么都说了，即不好说、不能说或不想说，但立场是明显的。也许还会存在极个别的情况，即

---

① 列维－斯特劳斯：《结构人类学》，张祖建译，中国人民大学出版社，2006，第73页。

某种观点尚未成熟而难以表达的沉默。

　　沉默意味着对现代性本质的掌握。话语是一种权力、一种资本，是一种可以进行交换的产品。话语的表达是一种生产，是参与到现代性资源再分配的生产过程。沉默是一种现代性策略，是一种避免话语交换过程中没有交换到他类资本但自我资本减少的策略，或者说是一种止损或保全资本的手段。当然，沉默也是一种投机和风险，因为可能因为判断失误而失去了带来资本增值的机会。

　　恩格斯在《家庭、私有制和国家的起源》1891 年第四版序言中说道："摩尔根的发现，如今也为英国所有的史前史学家所承认，或者更确切些说，所窃取了。但是，他们几乎没有一个人肯公开承认，这一观点上的革命恰恰应该归功于摩尔根。在英国，人们对他的书尽可能保持沉默，而对他本人则只是以宽大地称赞他以前的成绩来敷衍一下；对他的叙述中的细节尽力吹毛求疵，而对他的真正伟大的发现却顽固地闭口不提。"① 这就是一种典型的通过沉默来冷淡、排斥和压制对手的办法。同样，马克思在《资本论》第一卷 1872 年版跋中指出："德国资产阶级的博学的和不学无术的代言人，最初企图像他们在对付我以前的著作时曾经得逞那样，用沉默置《资本论》于死地。"② 也就是说，沉默是一种计谋，是一种掩藏的筹划，一种试图消解敌对者话语影响力的策略，从而强化自己的话语权的占有性和控制力。

　　现代性最集中的表现形式就是意识形态。人们一般都认识到，强化意识形态的普遍方法是通过理念的散播。然而，散播一种理念则意味着对其他思想观念的轻视和掩埋，而沉默就是一种最有效的方法，它比批判具有更大的效力。批判常常会诱起反对者对抗的因子，而会失去控制走向预期的反面。

　　现代性的政治场、学术场、娱乐场都是一种自在而非自为的游戏，破坏游戏规则就会受到惩罚，而这种规则是无须争辩的、与生俱来的原始信念。在这个魔法圈子中，每个加入的人都是一个集体投资的一部分，集体资本的增长是自我资本增长的一部分。布尔迪厄这样分析道："群体中的

---

① 《马克思恩格斯文集》第 4 卷，人民出版社，2009，第 28 页。
② 《马克思恩格斯文集》第 5 卷，人民出版社，2009，第 18 页。

每一成员的价值都取决于所有其他成员为群体带来的资本，同时也取决于他在实践中调动如此积累起来的资本的可能性，也就是说，每一个成员的价值都取决于所有群体成员之间的实际连带关系。"① 因此，一旦发生意见冲突，人们首先考虑的是对自己和对自己参与的投资集团的有形资本和象征资本的影响，如果话语表达的任何形式都存在对投资事业的损害，沉默就是最好的处置方式。因此，经常出现一种社会事件的集体失语或集体不知情。

这种集体失语是一种具有公共社会责任或享受所谓社会智库地位的社会群体的义务逃避，本质上来说也是合乎他们的实践理性的，因为现代性使得公共利益的维护者转化为自我群体利益的守护者。与之相反，马克思在《哥达纲领批判》中指出："我的义务也不容许我哪怕用外交式的沉默来承认一个我认为极其糟糕的、会使党精神堕落的纲领。"② 马克思与外交式话语姿态的对峙，揭发了现代性社会的虚伪本质。

现代性的一个显著特征是逻各斯中心主义，即话语优先，话语在场的优越性。人们有理由相信，语言不可能在话语之外被感知，需要被感知是现代性的基本动力，而背离话语或放弃话语权的沉默则产生了现代性的悖论。沉默是对抗话语而又没有远离话语的一种象征性在场，是一种积累、酝酿和猝发的话语前奏。因此，沉默也是一种话语，一种没有言语的话语权，是隐蔽的逻各斯。

语言是社会规则的全部。作为现代性意义上的语言，"吹捧""扯淡"和"沉默"诉说了一个时代的话语窘境，它们的表现超越了语言自身的内在要求，已经成为人类运筹社会力量的载体。它也许受到诘难和围攻，但它代表了不同群体的精神哀鸣，它尽管不被彰扬，但它具有特殊的衍射力和繁殖力。

吹捧、扯淡和沉默尽管表现形式不一样，或者说是相反的，但本质上属于一个群岛，贯通着一种暗流，都追寻着一个目标，就是获得最大化的社会资本，而对于真相或真理是不屑的。这正是现代性资本逻辑的典型特征。

---

① 布尔迪厄：《国家精英》，杨亚平译，商务印书馆，2004，第497页。

② 《马克思恩格斯文集》第3卷，人民出版社，2009，第426页。

吹捧、扯淡和沉默向我们演示了一个文明社会人类的"进步"表演，这个进步就是从自在的行动向"游戏"升级。而走近现代的游戏不是与严肃对立，而是一种集体化的合唱性暗算。正如荷兰文化史学家约翰·赫伊津哈所说："游戏的秘密性和'不同'最鲜明地表现在'装扮'上。在此，游戏'非同寻常'的本性暴露无遗。"① 而吹捧、扯淡和沉默的共同装扮就是为了个人利益和资本的目的，对自我本性、观点、态度的伪装。这是现代性成长中最具有策动力的"恶"。

也许人们会在一些场合遇到这三种面相不同的场景，比如没有沉默、没有扯淡、没有吹捧，而是争论不休，还相互攻击。假如不是扯淡的争论，并引起相互真正的攻讦，那也是如尼采所说："一个人攻击别人不仅是为了伤害别人、战胜别人，而且也许是为了意识到自己的力量。"② 意识自己的力量并不是为了自我觉醒，而是让自我价值获得市场化，具有交换价值意义上的可兑换性。

为了克服吹捧、扯淡、沉默对真理与真实的背叛，后现代的"圣人"试图在人性上主张一种回归古朴的话语坦诚，这是幼稚的想法。早在现代性还不发达的 1762 年，卢梭就在《社会契约论》中指出："我们脆弱的情操之出于我们的天性，远远不如出于我们的贪婪。"③ 现代性社会是一个贪婪的社会，它以把每个人培养成巨人为目标，但却把每个人变成渺小的奴隶，精神世界受到不断腐蚀与践踏的爬虫。与古代奴隶不同的是，现代性奴隶还具有奴役别人的冲动与志向。

第二节　现代性话语四绎

现代性亦已成为世界历史性概念，现代性话语的"共识"是在价值规律普遍性基础上的约定。然而，一个传统话语在场的显暴力时代逐步走向话语"退场"的隐暴力时代。话语程式的反常扰乱了语言考古学家，但映现了现代人类物质活动和精神竭虑的"智"相。作为历史存在的中介，话

① 约翰·赫伊津哈：《游戏的人》，多人译，中国美术出版社，1996，第 15 页。
② 尼采：《人性的太人性的》，杨恒达译，中国人民大学出版社，2005，第 202 页。
③ 卢梭：《社会契约论》，何兆武译，商务印书馆，2003，第 185 页。

语重新编排了人类的生存结构，"集体性失语"演绎了人类精神挥之不去的"难言"之隐。

话语（discourse）既是语言（language），也表示词语（words）。莱布尼茨在《人类理智新论》中指出，话语是人类结成社会的纽带。"词语就正是由此产生的，它们是用来代表也用来说明观念的。"[①] 即人是在语言的基础上，结成天然的社会。德国语言学家洪堡特说："语言是构成思想的器官（das bildende Organ des Gedankens）。"[②] 在洪堡特看来，应从最广泛的领域对语言的运作进行考察，最主要应关注语言如何从精神出发，再反作用于精神的全部过程。马克思和恩格斯在《德意志意识形态》中则指出："光是思想力求成为现实是不够的。"[③] 语言是既为他人存在也为自己存在的意识，语言的历史乃是思想的历史。

一 "不在场"的在场

语言研究早已进入人类学、心理学、生物学、物理学以及哲学领域。在一般意义上，语言是人类的意识表现，也是人类活动的虚拟规则。语言进入哲学领域与逻各斯紧密相关。

逻各斯最早出现在赫拉克利特那里，是指内在的本原，也用它来表示"说出的道理"，即"话语"。就"话语"而言，逻各斯被理解为话语的"理性"或"理由"；就世界的本原而言，它被理解为"原则""规律"。赫拉克利特把"火"作为世界的本原，世界的秩序，过去、现在和未来是在一定分寸上燃烧的永恒的火。火就是本原，火就是秩序、就是原则。赫拉克利特把火和逻各斯看成同一本原的内外两个方面。火的运动，即万物的生灭是可感的，但支配可感运动的内在本性（逻各斯）却是看不见的。

不难看出，逻各斯从一开始就具有多个方面的含义，而且赫拉克利特对逻各斯的理解也是不确定的。赫拉克利特这样说道："但于此恒久

---

① 莱布尼茨：《人类理智新论》，陈修斋译，商务印书馆，1982，第297页。
② 威廉·冯·洪堡特：《论人类语言结构的差异及其对人类精神发展的影响》，姚小平译，商务印书馆，1999，第65页。
③ 《马克思恩格斯文集》第1卷，人民出版社，2009，第13页。

有效的逻各斯，人们总证明其不解，无论在听到之前，还是闻及之后。因为万物的发生与逻各斯吻合，人们在体验我所提供的言行——〈像我所做的那样〉按〈其〉实际构成来辨识每一物，亦即指明该物何以成其所是——之时，仍然一如毫无经验者。"① 尽管如此，从"火"到"本原"、"本原"的原则，再到"话语的道理"，最后直接指"理性的原则"，这应该是赫拉克利特对逻各斯的狭义与广义的统一理解。黑格尔在《哲学史讲演录》中做了这样的理解：逻各斯"是尺度、是贯穿宇宙的实体的韵律"②。

　　到了近代，对逻各斯的阐释更为广泛，但逻各斯中心主义则是指一种话语在场而获得意义最大化的理念。可以说，逻各斯中心主义是伴随现代性成长而日益明显的文化现象，它通过话语霸权和话语暴力实现权力的持存和恒久。后现代主义著名代表人物德里达认为，逻各斯中心主义通过语言中心论，强调话语的直接性、在场、同一，突出共时性，排斥历时性。"我们已经预感到，言语中心主义与作为在场的一般存在意义的历史规定相融合，与取决于这种一般形式并在其中组成它们的体系和历史系列的所有次要规定相融合。因此，逻各斯中心主义支持将在者的存在规定为在场。"③ 德里达认为，我们应该提出质疑，在对在场含义的撼动中，质疑在场中作为意义的意识。他提出用差异性代替中心，语言不存在中心和本原，不是一个稳定结构。他进一步认为，传统语言中心主义是代表着统治阶级的权力和道德系统的运作逻辑，在形而上学的根系下，隐藏着复杂的诡秘性和淤积物。

　　随着现代性的发展成熟，或现代性的后期，逻各斯中心主义开始从话语在场向不在场转变，通过沉默或失语运作更大的权力在场。这是一种更具有危险性的"在场"，或者说是更大的权力伸展和增殖技艺。这种强调话语不在场的技法，老子早有独见："知者不言，言者不知。塞其兑，闭其门；挫其锐，解其纷；和其光，同其尘。是谓玄同。"④ 其意是虽有独见之明，也当应挫其耀眩，使之暗昧，以适于藏玄。不过，现代性后期或后

---

① 《赫拉克利特著作残篇》，楚荷译，广西师范大学出版社，2007，第 11 页。
② 黑格尔：《哲学史讲演录》第 1 卷，贺麟、王太庆译，商务印书馆，1959，第 313 页。
③ 德里达：《论文字学》，汪堂家译，上海译文出版社，2005，第 16 页。
④ 《道德经》第 56 章。

现代性更善于藏匿。

二 "反价值"的价值

现代性使得资本成为唯一的逻辑，促使逻各斯中心主义向资本中心主义转向。资本增殖成为一切动机的出发点，价值规律成为社会的基本法则。资本作为社会价值中心后，社会必然划分为两大对立的阶级：资本家阶级和无产阶级。不过这里的资本已不是仅代表物质财产，尤其马克思所指的劳动生产资料，而是更广泛地表现为社会资本、政治资本和各种象征资本。贫困也不再是物质的贫乏，而是社会总资源相对的"无"。

资产者一方面在发挥强大的意识形态功能，积极创造话语的"在场"，采取自我吹嘘或吹捧自己阶级、集团内部的基本策略。但同时，他们诡秘地采取"话语在场"的反策略"沉默"，达到"话语在场"达不到的目的和功效。在传统的现代性中，话语者会抢占话语主导权，显在性地强化自我的存在性、影响力和独特性，而具有后现代性元素的现代性逆向而行，在话语方面发出更加微弱的声音以及与才华横溢相背离的平庸，这种去强大化的弱话语会变得更加强大。话语在场表达了逻各斯中心主义的价值兑现，而沉默和话语退让、话语边缘、话语失色、话语祛魅和话语平庸等，似乎是与资本增殖和价值实现相对立，违背了价值规律，但实际上是价值的储存、延期兑现。这是一种现代性的反向策动，目的是获得更大的利益。

康德在《实用人类学》中说道："人们也谈到平庸的面孔，以与讲究的面孔相对立。后者无非指与谄媚的优雅风度相结合的那种自以为是的装腔作势。这种装腔作势唯有在大城市里才泛滥开来，在这里人们相互摩擦，把自己的棱角都磨光了。因此，那些在农村出身和受教育的官员，当他们带着家眷被提升到城市的显赫位置上来，哪怕只是与地位相符地取得这方面的资格，都不仅在他们的风度上，而且在面部表情上表现出某种平庸的东西。"① 由此可以看出，自以为是、趾高气扬的表情和话语，在康德时期就受到了人们的排斥，与城市相对的农村，才会出现一种自然化的平

---

① 《康德著作全集》第 7 卷，李秋零译，中国人民大学出版社，2008，第 295～296 页。

庸。然而，在今天，来自农村和受教育更多的官员和学者在城市里都易于自以为是，同时也更会伪装平庸。

在传统的价值论中，话语者会向资产者通过献媚、颂扬等方法确立自己的社会存在和价值构成；反之，在现代性的后期，话语者会采取批评、建议等否定性方法，质疑话语对象，同时也意味着否定自己的价值，因为话语者的价值是由话语对象来确立的。然而，资产者的经验表明，献媚者给资产者带来的更多的是一种坑害，因而为了资本增殖的考虑，资产者更需要一种建设性意义上的否定和批评。这样，否定性话语者会获得更多的价值收益。

目前，无论是在国际性的伤害事件中，还是在国内的灾难性突发事故中，以及大众生活世界冲突中，一个反价值化的技巧得到了广泛运用。那就是在各种失误、错误发生后，无论是有责还是无责，当事者和更高层面的掌权者，都会向公众或受害方道歉，而不是进行辩解。韩国沉船事故发生后，船长、总理、总统一个接一个道歉。明星吸毒、酒驾、出轨、淫乱等被发现后，也是道歉。道歉成为一种程序，与情感无关。先犯错，后道歉，已经成为一种习性。特别需要注意的是，公众也会把道歉作为事件娱乐化的终极目标。这样，道歉就成为一种信仰或拜物教，道歉者更多的是以伪装的价值消退，达到转移视线、消解公众情绪的目的。

三　"无共识"的共识

我们容易注意到，在更多的时候，无产者的沉默，或"失语"状态，不是主动的沉默，而是被剥夺了话语权，处于"有语失说"的状态。马克思在《法兰西内战》中指出，凡尔赛政府刚刚恢复了一点元气，便采取最残暴的手段对付公社。焚毁一切在巴黎出版的报纸，检查一切来自巴黎和寄往巴黎的信件，"它在全法国压制言论自由，甚至禁止来自各大城市的代表举行集会"[1]。因此，无产者的无语，是资本逻辑运作下现代性的暴力的最集中体现。

---

[1]　《马克思恩格斯文集》第 3 卷，人民出版社，2009，第 163 页。

当然，我们也注意到，资产者作为社会责任的承担者应该出场的时候，也会为了自身利益而选择沉默。反之，无产者在表达对强势权力体系反抗的时候，不再选择传统的大声抗议，也选择了沉默。因为，在资产者权力体系的严密掌控下，无产者的"说"是微弱的说、"无效"的说、会带来危险的"说"。因此，无产者选择"沉默"是克服冒险主义的机智行动。无产者的这种"沉默"是孕育革命暴力的前奏。可以说，无产者的话语沉默和资产者的话语沉默一样，是现代性发展到一定时刻的话语形态。像资产者一样，无产者的无声既是被迫的，也是主动的。它是在资本强大力量下的被迫选择，但也是一种主动的选择。它不是迷失和惘然，而是一种对抗现代性的筹划。资产者和无产者共同无声地对峙，一种比有声更猛烈的"暴力"正在集聚。

同时，无语，作为一种话语交换障碍，在现代性成长中变得更为普遍。它是话语主体一方认为基于利益根本冲突或失去基本共识而丧失基本交流基础的一种主动选择，对话语的社会功能具有极大的抑制作用。后现代主义代表利奥塔曾这样提醒人们："语言不是一个'交流的工具'，它是一个极其复杂的由用语的领域形成的群岛，这些用语来源于如此不同的体系，以致我们不能把一个体系里的用语翻译成另一体系里的用语。"[1] 话语的这种不可通约性，正是现代性固执的一面。现代性把社会分化为不同的资本群，为了资本的急剧增值，话语并不在意表现手法的不可统摄和不可通识。所以奥古斯丁在《论自由意志》中这样说道："我们正独自同我们自己说话，所以我选择了'独语'这个名字，它肯定很新鲜，也许还很笨拙，但颇为适当地指明了它的目的。"[2] 在奥古斯丁看来，追求真理没有比自问自答更好的形式，因为不会有人在争论中失败。"无语"的话语形态与其说是对"对话"操作失败的惧怕，不如说是对"共识"基础的彻底失望和反抗。

这种没有争论的"失语""无语"或"独语"，是逻各斯中心主义的彻底反转，是理性主义的一次再"启蒙"，是人类精神的又一次"狡计"。对于其危害性，密尔在《论自由》里这样说道："只要哪里存在着凡原则

---

① 利奥塔：《后现代性与公正游戏》，谈瀛洲译，上海人民出版社，1997，第151页。
② 奥古斯丁：《论自由意志》，成官泯译，上海世纪出版集团，2010，第43页。

概不得争辩的暗契，只要哪里认为凡有关能够占据人心的最大问题的讨论已告截止，我们就不能希望看到那种曾使某些历史时期特别突出的一般精神活跃的高度水平。"① 在密尔看来，在精神奴役的气氛中，不会有精神活跃的人民。只要争论是避开那些大而重要的问题，人民的心灵就不会从基础上被搅动起来，也永远不会推动具有普遍智力的人们到思想动物的高度。

四 "非典型"的典型

语言是一种秩序化建构，语言、逻辑是理性的表达。没有语言、逻辑，传统话语体系就无法叙述，无法传达。

对于语言的局限性，海德格尔在《语言的本质》中说道："无论是'存在（ist）'还是'词语'，都没有获得物之本质（Dingwesen），即存在。"② 即语言并不能完全接近事物的质。维特根斯坦在《哲学研究》第109 节中说："哲学是针对借助我们的语言来蛊惑我们的智性所做的斗争。"③ 可以说，对语言的深度曲解带来了对思想的摧毁。哲学就是消解话语上的误判，揭示我们的理解与语言的界限的冲突。

类似于维特根斯坦的观点，利奥塔主张通过对语言差异性的激活，保持思想的流动性和鲜活性。在《后现代状况》中他指出，在任何范围的社会交往中，我们都不仅需要一种交换理论，还需要一种反规则的"杂乱"话语。"在话语的日常应用中，例如在两个朋友的辩论中，交谈者千方百计地交换游戏，从一个陈述到另一个陈述：提问、请求、断言、叙事等都是杂乱无章地投入战斗。这场战斗并非没有规则，但它的规则允许鼓励陈述的最大灵活性。"④ 即在利奥塔看来，思想的自由度在于语言的去规则，即语言的矛盾、分裂或者"乱"，因此产生新的语言。

利奥塔的看法，在哈贝马斯那里得到了回应。他在《现代性的哲学话

---

① 约翰·密尔：《论自由》，许宝骙译，商务印书馆，1959，第 39 页。
② 孙周兴选编《海德格尔选集》，上海三联书店，1996，第 1096 页。
③ 维特根斯坦：《哲学研究》，陈嘉映译，上海世纪出版集团，2005，第 55 页。
④ 利奥塔：《后现代状况》，车槿山译，三联书店，1997，第 35~36 页。

语》中指出："通过追溯话语的构成原则，考古学家弄清了各种不同话语领域的界限；也就是说，话语领域的形式是由无意中被当作异质因素而排斥了的成分来加以界定的——由此看来，话语的构成原则也发挥一种排斥机制的功能。"[1] 在哈贝马斯看来，历史空间充满了新的话语形态，它们来无影，去无踪，非常偶然，无规律可循。

尼采远比利奥塔和哈贝马斯看得深邃。在尼采看来，正是我们对语言的依赖限制了我们的思想的自由，应该与语言彻底决裂。他在《权力意志》中说道："如果我们不愿意在语言的强制下进行思维，那我们就会停止思维，我们恰恰还会达到那种怀疑，即在这里把一种界限看作界限。"[2] 思想的自由乃是对语言中心主义的摧毁，非语言的思想需要起义。应以非语言的暴力对抗语言对我们思想限制的暴力。

事实上，古老的中国对语言的局限性早有发现。庄子说："可以言论者，物之粗也；可以致意者，物之精也。言之所不能论，意之所不能察致者，不期精粗焉。"[3] 因此，言不尽意、言不达意是人类语言限度的普遍观念。也就是说，作为人类理性的语言，揭示了人类秘密的一角。人类的大部分秘密还处于匿伏和沉默之中，也意味着，隐言和沉默才是至今人类语言的主要形态。

准确地说，沉默是语言的一种非典型形态，但它却是人类之思对语言暴力的反暴力。沉默是语言帝国废墟上的一枝花。沉默才是思想真正的家。

话语从"逻各斯中心主义"向"沉默"的反转，记载了现代性向现代性后期和后现代性的变轨意图，它向我们演示了一个文明社会人类的"进步"表演，这个进步就是从自在的行动向"策划"升级。话语霸权向"沉默"让位，在于克服资本逻辑和等级化身份的显露，是资本本性、利益最大化者观点和态度的掩伏。这种"智慧"的安排是现代性成长中最具有策动力的"恶"。

不同于康德的先天综合判断，尼采认为："人类取得的最伟大进步在

---

① 哈贝马斯：《现代性的哲学话语》，曹卫东译，译林出版社，2004，第 298 页。
② 尼采：《权力意志》，孙周兴译，商务印书馆，2007，第 225 页。
③ 《庄子·秋水》。

于他们学会了正确判断。"① 在现代性加速增长的时代，无产者只能以"沉默"诉说对权力结构的"敬畏"。这是唯一"正确"的判断。具有普遍意义的是，不同场域的话语体系的不可通约造就了语言的孤立与滞留，形成了语言的死寂。同时，人类语言规则的先天缺陷加剧了语言表达的窘境。

第三节 话语演进的现代性镜像

语言是人类身体的功能，也是人类思想的秘密。对语言形式的追求使得一个民族在语言中实现其思维和感知活动。现代性作为一种不断增长的"进步"信念，是通过语言的"异动"创作，追赶存量（既是实践上的也是思想上的）的不断再生产过程。现代性浸濡的历史空间充盈了踪影无定的新话语形态，映现出人类思想历程进入一种既定向规制但却离散破碎并具有无限裁制、繁殖与避让能力的镜像对峙时代。

德国语言学家洪堡特说："语言是构成思想的器官。"② 思想如果可以比作一道闪电或一声霹雳，它在爆发的瞬间将全部想象力聚于一点，语言则具备一种能够渗透和震撼所有神经的力量。正如最合乎人性的思维在黑暗中渴慕光明，于囹圄中向往无限自由。

一 虚张

虚张（magnification）是用虚幻和扩张的语言描述与语言本身所蕴含的"实体"不一致的表达形式。这是现代性最为显著的话语现象。在现代性等价交换原则下，对话者的一方或双方通过吹捧性语言所具有的象征资本增加交换价值。"美女"不再专门指称美丽女人的个性，而是女人的共性；副职被称为正职，职员被称为领导，领导被称为首长；县被改为市（县级市），镇也计划被改为市（镇级市），乡全部改为镇；学院被改为大学；学者、艺者被称为大师。一种不可遏止的虚构、张狂和夸大的强烈意识在全

---

① 尼采：《人性的，太人性的》，杨恒达译，中国人民大学出版社，2005，第187页。
② 威廉·冯·洪堡特：《论人类语言结构的差异及其对人类精神发展的影响》，姚小平译，商务印书馆，1999，第65页。

社会蔓延。与其说语言的膨胀是符号的膨胀，不如说资本的膨胀欲望带来了符号的膨胀和语言的膨胀。现代性既是社会结构，也是一种文化和社会心理。在现代性社会心理作用下，个人从不适应到适应、从自觉到不自觉、从参与到推动，促进了语言的虚张、散播和移植。

尽管语言从它诞生的那天起，就不是一个普通的事件，但从未像今天这样渗透到全球性领域的各个方面。德里达在《论文字学》开头指出，语言不由自主地表明，一个形而上学时代的历史将整个难以确定的全部领域划定为语言。一方面是因为试图在语言游戏中实现的欲望又被这场游戏所击退，同时由于语言本身的生命受到了威胁，它在超越自身的限制和超越它的无限所指似乎消失之时，却被抛回到自己的有限性，因此，它只能在无穷无尽的恐惧中茫然无措。

莱布尼茨在《人类理智新论》中指出，上帝在使人成为一种社会生物时，不仅启发了他的欲望并使他置于共同生活的必然性之下，而且还给他说话的功能，这是社会共同生活的纽带。尽管人类的语言基础在于有先天的发言器官，但动物也有发言器官，却没有语言。这是因为语言是用来代表和说明观念的，而动物则没有观念。"只有人处于这样的状态，能够用这些声音作为内心概念的记号，以便借此使这些概念能向别人表明。"① 不同于莱布尼茨，洪堡特证明了语言在概念形成中的先在性和绝对性："没有语言，就不会有任何概念，同样，没有语言，我们的心灵就不会有任何对象。"② 因为对心灵来说，每一个外在的对象唯有借助概念才会获得完整的存在。此外，对事物的全部主观知觉都必然在语言的构造和运用上得到体现。语言不仅从自然界中提取数量不定的物质要素植入我们的心灵，而且也把作为一个整体呈现出来的形式赋予了这些要素。

对此，马克思恩格斯在《德意志意识形态》做了更加深刻的揭示："思想、观念、意识的生产最初是直接与人们的物质活动，与人们的物质交往，与现实生活的语言交织在一起的。"③ 马克思启示我们，观念、意识和概念作为人类的精神特产，是在语言的基础上并和语言相互作用而发展

---

① 莱布尼茨：《人类理智新论》，陈修斋译，商务印书馆，1982，第 299 页。
② 威廉·冯·洪堡特：《论人类语言结构的差异及其对人类精神发展的影响》，姚小平译，商务印书馆，1999，第 71~72 页。
③ 《马克思恩格斯文集》第 1 卷，人民出版社，2009，第 524 页。

的。而人类物质生活的演进则是语言演进的真正源泉。语言的虚张深刻反映了现代性资本扩张的根本属性，是资本主义精神和意识的直接表现。

二　错位

语言的错位（dislocation）是语言失去了原有的字面释义或传统意义，而让位于一种与原意指差异较大的话语表述，异化表达了一种分裂和转让的文化现象，实质上反映了主体和客体、形式和内容的分界和对立。广场、山庄、花园不再是自然景观，而是大厦和居民小区。"城"不是城市，而是商业活动场所或居所。"同志"也不再是志同道合者。利奥塔说："语言的每一个对手在受到'打击'时，都会产生一种'移位'，一种变动，不论其性质如何，也不论他是受话者或指谓，还是发话者。"[①] 这些"打击"必然带来"反击"，因为此时它们只是对手在策略中预计的结果，它们实现的是对手的策略，与改变各自力量对比这一目标背道而驰。由此可见，重要的是必须加剧移位，甚至应该让这种移位迷失方向，以便给予对手一次出人意料的打击。

利奥塔把语言的错位或移位归结为受到外部的打击的防御性策略，是语言自身的修葺功能，是在退防中的主动出击。然而，不同于利奥塔的看法，哈贝马斯认为，语言的变形实则为实践活动的变形和扭曲。在《现代性的哲学话语》中他做了这样的考察："十八世纪以来，现代性话语虽然不断翻新，但主题只有一个：社会约束的削弱、私人化和分裂——一句话，片面合理化的日常实践的变形，这种日常实践唤起了人们对宗教一体化力量的替代物的需要。"[②] 在哈贝马斯看来，有些人把希望寄托在理性的反思力量身上，或至少是寄托在理性的神话身上，而现代性的首要特征在于主体自由，这种自由体现在受司法保护，合理追逐自己的利益，并在国家范围内原则上每个人都有自我实现的权利，最终在与私人领域密切相关的公共领域里表现为反思文化的展开过程。这样，社会约束的放开使得语言自由发生变动，文化成为经济文化而不受限制，国家对于这种文化变种

---

① 利奥塔：《后现代状况》，车槿山译，三联书店，1997，第34～35页。

② 哈贝马斯：《现代性的哲学话语》，曹卫东等译，译林出版社，2004，第161页。

采取了默认和纵容的态度。这样，经济变形开始转化为语言变形，并通过语言变形强化经济变形的合理性。

语言的错位表达和书写，反映了语言随着社会关系的变革从低级向高级进化的历史过程中一种差异化运动的"智慧"。马克思在《〈政治经济学批判〉导言》中说："如果说最发达的语言和最不发达的语言共同具有一些规律和规定，那么，构成语言发展的恰恰是有别于这个一般和共同点的差别。"① 而那些证明现存社会关系永存与和谐的现代经济学家的全部智慧，就在于忘记这种差别。马克思深刻地揭示了语言差异化进程中历史"和谐"的暂时性。

错位是话语者的主动意识，它既是现实生活的一种存在，也是现实存在的一种反映。错位的本质是通过虚假的语言掩盖不愿被揭示的真相，转移视线、迷惑语言接收者，达到对语义导向的暗示，最终实现话语者的真实目的。它和虚张一样都是现代性扩张的一种手段，是利益者的一种暗算，也是公共性危机的主要病灶之一。对此，尼采深刻地指出："人类长期以来把事物的概念和名称作为永远真实的东西来相信，同样也养成了他们借以居于动物之上的那种骄傲，他们真的认为在语言中掌握了关于世界的知识。"② 语言的创造者认为，他所给予事物的只是一些符号，他是在用语言表达关于事物的最高知识，而不是真正的知识。语言的演变意义，使人类错误地相信，用语言改变世界就可以成为自己的主人。

三　禁忌

禁忌（taboo）作为一个古老的文化现象，随着科学的昌明，不但没有消止，今天反而愈加弥盛。现代的禁忌和古代禁忌的不同仅仅体现在形式的变换，一种更具有社会化群体效应的文化焦虑被时代精神的辐射所遮蔽。

现代人对某些与"死亡"发音有关联的电话号码、门牌号、车牌号等的禁忌以及对吉祥号的推崇，似乎远不能在对科学的不够普及的话语体系

---

① 《马克思恩格斯文集》第 8 卷，人民出版社，2009，第 7 页。

② 尼采：《人性的，太人性的》，杨恒达译，中国人民大学出版社，2005，第 21 页。

中进行解释。人们避免谈论"死亡""疾病",同样避免谈论"下台""破产",对死亡和失落的恐惧使得现代人变得更加脆弱。但是,禁忌是不是现代人才有的呢?布留尔在《原始思维》中也考察了马来群岛上人们语言的禁忌:"在狩猎中,必须细心地避免说出想要捕到的鱼的名称……因而必须保持沉默不语或使用手势语言,或者使用特殊语来代替被禁止(禁忌)的词。"① 还有帝王的起居有专门的词,即使他死了也不能说出他的名字。

然而,对死亡概念的认识和禁忌的普遍社会化是伴随资本主义精神的出现而流行的。随着反改革运动和巴罗克风格葬礼,尤其是伴随新教在 16 世纪的普及,新教面临意识的个体化,集体仪式减少,加速了对死亡的个体焦虑过程。尘世内部的苦行逐渐隐退让位于世俗的生产积累,但目的没有变:防止死亡。对此,鲍德里亚在《象征交换与死亡》中对现代人的潜意识和原始秩序进行比较后发现,我们以忧郁的形式隔离死人、逃避死人、驱逐死人、禁忌死人和不去谈论死人,原始人则在仪式和节目的庇护下与他们的死人共同生活,原因在于,原始人的"这种生与死的相互性(生与死不是按照生物学的线性或幻想的重复相互分离,而是在社会循环中相互交换),这种禁忌的消除(禁忌隔离活人和死人,并且以极其粗暴的方式影响活人)——所有这一切都对潜意识的先设本身提出了质疑"②。即在鲍德里亚看来,现代人的潜意识中对死亡的禁忌反映了现代人的文化狂想,即废除死亡,在宗教方面就是对死后生存和永恒的幻想,在科学方面就是对真理的幻想,在经济方面就是对生产和积累的幻想。直接地说,对死亡的话语禁忌表现了现代性对不间断的投资、积累、利润和无限增长的神圣崇拜。

语言的禁忌现象不仅在死亡领域存在,福柯就曾提醒关注我们性史中的奇特现象。令人难以理解的是,一个如此专注于庞大的物质生产和政治斗争的文明竟有时间和无限的耐心费尽心机地去追问什么是性,难道性真理和地球、宇宙、健康以及纯粹意识形式的真理同等珍贵?更令人费解的是,在谈论性的时候,一种语言的避让和隐晦的话语形式成为主流。福柯

---

① 布留尔:《原始思维》,丁由译,商务印书馆,1997,第 172 页。

② 鲍德里亚:《象征交换与死亡》,车槿山译,凤凰出版传媒集团,2006,第 210 页。

在《性经验史》中谈道："在语言被小心净化和大家不再直接谈性的情况下，性落入了话语的掌握之中，话语不断地捕捉它，不让它有丝毫躲藏和喘息的机会。"① 也许，这是西方人第一次被迫接受这样一种如此特别的、以普遍禁忌形式出现的命令。这种语言禁忌的社会心理深刻印证了现代性潜化后，人类的虚伪本质和亚文化的顽强生殖能力。

实际上，语言作为一种意识存在，时刻都映现着现实生活的生存困境。马克思和恩格斯指出："意识［das Bewu■sein］在任何时候都只能是被意识到了的存在［das bewu■eSein］，而人们的存在就是他们的现实生活过程。"② 语言禁忌与其说是话语的禁忌，不如说是现代性叙事中对人类命运多舛的叹息。

四　异码

异码（abnormal code）是通过符号和字句编码的"乱"排即以反传统的方式重新裁剪和组合，产生一个或一组新的词语或叙事语言，实现反常规指称和意义传达的新要求。日本地震导致核泄漏以后，引发了中国食盐抢购潮。有人对此评价道："日本是大核民族，中国是盐荒子孙，无盐以对。""无盐以对"的异码叙事，也许解释形式是后现代的，但解释的行为是完全现代性的。还有更多的异码语，如"情流感""驴友""月光族""白骨精（白领＋骨干＋精英）"、"蛋白质（笨蛋＋白痴＋神经质）"等。布留尔曾指出："即使在有史时期，一个社会集体也常常采用另一个征服了它的或者被它征服的社会集体的语言。"③ 在现代性社会中，草根智慧亦常被上层所效仿。有通达官员如是说："和政府作对就是恶，你们有 RPWT（人品问题）。"

语言成为游戏，意义在游戏中。这种异码新语言通过语感的颠覆性解释给予一种感性上的直击力和一种反常的观念生产。休谟在《人类理解研究》中谈道："我如果用哲学的语言来表示自己，那我可以说，我们的一

---

① 福柯：《性经验史》，余碧平译，上海世纪出版集团，2005，第 13 页。
② 《马克思恩格斯文集》第 1 卷，人民出版社，2009，第 525 页。
③ 布留尔：《原始思维》，丁由译，商务印书馆，1997，第 131 页。

切观念或较微弱的知觉都是印象或是较活跃的知觉的摹本。"① 也就是说，异码创造了一种知觉的活性，是对原始语言的解构所爆发出来的能量。布龙菲尔德则认为："把语言分析为词，这对我们是熟悉的，因为在我们书写和印刷的习惯中，我们向来就是在词与词之间留下空隙的。"② 这种空隙则意味着字词之间的可导入性和可介入性，即语言异码的可能。

语言的异码呈现具有三重目的：一是用偏离现实内涵的歧义语言，形成奇异体验，表达一种虚拟承诺，避让话语受众者的追问；二是用表面的浅显意境诱惑人们对意义的追加和附载，达到为潜在进行注解和匿藏，以肤浅的"无意"替代深潜的有意；三是异码语言表达了现代性新人类的一种游戏生存形态，通过语言的游戏规则掩盖语言意义和现实结构的游戏法则。需要特别指出的是，语言的游戏性被很多后现代主义作家看作后现代主义特征。其实，语言游戏作为后现代主义文化编码发轫于现代性，但其游戏规则并不相同。现代性语言的游戏性是通过人对语言的直觉性特征进行一种意识形态上的渗入，在受众的无意识回避中产生一层薄膜，对其他社会意识产生一种绝缘层，从而实现话语者从话语统治到精神控制的目的。对此，鲍德里亚指出："在这个层面上，各种符号的问题，例如它们的理性用途、它们的真实和想象、它们的压抑、它们的转向、它们呈现的幻觉、它们的沉默或它们的平行意指——所有这一切都被抹去了。"③ 即数字性编码和异象对接是语言新形态的形而上学原则。这种操控，利用了符号能生产出意义和差异的能力，比起利用劳动力更为根本。"这种利用符码象形文字的新意识形态结构，与利用生产能力的旧意识形态结构相比，更加难以辨认。"④

海德格尔在《语言的本质》中研究格奥尔格的《词语》中诗句"词语破碎处，无物存在"时提出："我们所说的语言始终在我们之先了。我们只是一味地跟随语言而说。"⑤ 从而，我们不断地滞后于那个必定先行超过和占领我们的东西，才能对它有所说。海德格尔的"语言在我们之先"

① 休谟：《人类理解研究》，关文运译，商务印书馆，1957，第21页。
② 布龙菲尔德：《语言论》，袁家骅等译，商务印书馆，1980，第218页。
③ 鲍德里亚：《象征交换与死亡》，车槿山译，凤凰出版传媒集团，2006，第81页。
④ 鲍德里亚：《生产之镜》，仰海峰译，中央编译出版社，2005，第108页。
⑤ 孙周兴选编《海德格尔选集》，上海三联书店，1996，第1082页。

不过是现实在我们的意识之先，语言作为一种现实与意识之间的中介，词语破碎，物的意识不复存在。而马克思指出："语言是一种实践的、既为别人存在因而也为我自身而存在的、现实的意识。"① 即语言形式的演进和意识形式一样，是随着和他人的交往而变化的。可以说，异码法则是资本扩大再生产和反抗者精神起义需要的产物，它是在人们交往过程中，按照资本理性和实践理性不断重排的结果，是"异"而不乱。

任何话语都是某种意义诱惑者，也是意义解释策略的同盟者。如果一个话语没有起到这种作用，其他的话语将会取代这一地位。不管是有意还是无意，异码语言体现了现代性语言游戏规则的任意性，即将压抑的意义任意化，这比掌握意义更加危险，更具有迷幻性和藏匿性。

五　反相

反相（opposite phase）是语言最具现代性的典型症候。相本来是指面相和面貌，反相则被说成从面貌上具有反叛的迹象。唐玄宗召见安禄山后，张九龄执意不肯放过安禄山。九龄固争曰："禄山失律丧师，于法不可不诛。且臣观其貌有反相，不杀必为后患。"上曰："卿勿以王夷甫识石勒，枉害忠良。"竟赦之②。然而，语言中的反相是通过语言指称的表面性，诱惑接收者思想在话语的表面停滞，达到与语言表面指称意义完全相反的目的。有些商家宣传"顾客就是上帝"，有些腐败者大肆宣传当"人民的公仆"，实则是通过语言的游戏和表面性诱惑实现与表面释义根本相反的愿望。鲍德里亚在《论诱惑》中注意到，正是显在话语（话语最"肤浅"的方面），诱惑了听者，"以便使潜在话语无效并以外表的魅力和陷进来替代潜在说话"③。其实，外表根本就不肤浅，它是游戏和强烈情感产生转变的场所。在这里，符号的引诱比任何真理的显现更为重要。任何话语都是意义的诱惑，现代性通过语言游戏实现了自己对社会的解释学功能。

权力控制者对语言进行颠覆性和正面性"修正"，分散听话人的注意力，实现自己利益最大化和意识形态功能。对此，福柯在《知识考古学》

---

① 《马克思恩格斯文集》第 1 卷，人民出版社，2009，第 533 页。
② 《资治通鉴》卷二一四。
③ 鲍德里亚：《生产之镜》，仰海峰译，中央编译出版社，2005，第 156 页。

里谈道："一个话语在进行自我修正、纠正错误、加速自身形式化时，并不必然同意识形态脱离关系，而意识形态的作用也不随着严密性的增长和差错的消失而减少。"① 也就是说，语言的概念、逻辑结构的修正痕迹正反映了政治经济学的认识结构与其意识形态的关系。美国语言学家布龙菲尔德在《语言论》里则指出："说话人的处境和听话人的反应是相互紧密地配合的，这是因为我们每一个人既会做一个说话的人，又会做一个听话的人。"② 语言的反相正是通过奢华的语言引起听者的"积极"反应，达到一个隐藏反向的话语内核，来实现意义转让，达到避险的目的。同时，反相说话者在听的过程中，为下一步反相创造了机会。

　　作为一种文化乱象，我们将能够理解那些看起来相距较远的社会生活的各种表现，例如语言、艺术、法律和宗教之间的一些根本的类似之处。于是人类最终有希望克服存在于集体性质的文化和体现它的个人之间的二律背反现象。话语反相似是现代社会集体和个人关系统一性的二律背反，实则是人的政治本质的最高体现。对此，马克思指出："人是最名副其实的政治动物，不仅是一种合群的动物，而且是只有在社会中才能独立的动物。"③ 在马克思看来，孤立的个人在社会之外进行生产，这是罕见的事。正像经济法则保障商品和服务的流通，语言学法则保障信息的流通。列维－斯特劳斯做了这样的评价："正是马克思本人鼓励我们去揭示语言背后以及人与世界的关系背后的象征体系：生产的社会关系采取了一种客体的形式，只有日常生活的习惯才使我们以为这是稀松平常的事情。"④ 因此，历史上受到某种形而上学历史观的束缚，或者是服务于某种神秘主义的人们，是无法解开语言的密码，亦无法知晓社会秘密的。即使不把社会或文化归结为语言，我们也能够启动一场"哥白尼式"革命，即依据有关沟通的理论从整体上解读社会。

　　或许原始最初的语言并不表示概念，而是表达要求和欲望。然而，这种原始语言我们究竟保存了多少？任何语言都是有时空限度的语言。瑞士语言学家索绪尔在研究语言进化史后发现："如果认为有些永恒的特征是

---

① 福柯：《知识考古学》，谢强、马月译，三联书店，2007，第 207 页。

② 布龙菲尔德：《语言论》，袁家骅等译，商务印书馆，1980，第 166 页。

③ 《马克思恩格斯文集》第 8 卷，人民出版社，2009，第 6 页。

④ 列维－斯特劳斯：《结构人类学》，张祖建译，中国人民大学出版社，2006，第 101 页。

时间和空间无法改变的，那就会跟演化语言学的基本原理发生冲突。"① 任何特征都不应是永远不变的，它只是出于偶然才保存下来。我们不能确定现代性是偶然的，但作为一个事件对语言的影响是偶然的。现代性催化语言的迷离，同样随着现代性的死寂，语言尽管难以回到原始民族行动呈现的原则上，但具有环绕价值汇兑的镜像意义的现代性语言生成法则抑或会匿迹。

布留尔观察到，原始民族的语言永远是精确地按照事物和行动呈现在眼睛里和耳朵里的那种形式来表现关于它们的观念。这些语言有一个共同的倾向：它们不去描写主体所获得的印象，而去描写客体在空间中的形状、轮廓、位置、运动、动作方式。"一句话，描写那种能够感知和描绘的东西。"② 布留尔的分析也许并不深刻，然而，他却暗示了现代性人类的语言构境理路正好相反。现代性语言的演进过程无论是何种形态，其实质都是从真实到虚伪的资本增殖技艺，是理性的副产品，映照了晚期资本主义内在矛盾在文化和社会心态上的困顿，它是权力主导者和被主导者的"自由"选择。所不同的是，一种是伪造话语所指主动，另一种是避险的权衡考略。

第四节　现代性话语的亢奋

概念的虚构、延异、贬值和悖论共同演绎了现代性滋长的不归路。高频的灼痛没有停顿其"亢奋"的脚步。击碎现代性的梦想与永恒批判的姿态，后现代不断竖立开拓自由的超越路标，但却和现代性一起走向了历史的沉沦。

概念是采用抽象化的方式，提取于一群事物并反映这些事物之共同特性的思维单位。它是反映事物本质属性的思维形式。在古希腊，概念就是抽象。到中世纪，概念被定义为"事物的一切"。康德则认为，概念是对多个事物的共同点的一种规则。"概念就其形式而言在任何时候都是某种普遍的东西，是用做规则的东西。"③ 黑格尔则把概念的规定性看作特殊

① 索绪尔：《普通语言学教程》，高名凯译，商务印书馆，1980，第319页。
② 布留尔：《原始思维》，丁由译，商务印书馆，1997，第150页。
③ 康德：《纯粹理性批判》，李秋零译，中国人民大学出版社，2004，第145页。

性："抽象普遍的东西诚然是概念，但却是作为无概念的东西，作为本身不曾建立起来的概念。"①

术语则是概念的表达形式，但术语、符号、名称或词语并不等同于它们所称谓的概念。一个单一的概念可以用任何数目的语言、符号或术语来表达。术语、概念、事实因子、意义共同构造了概念之网。概念是意义的载体，不是意义的主动者，但符号、术语可以对概念进行扰动。

一 虚构

概念由于受到自身的客观因素及其意义的影响，也会受到指称它的符号、术语的影响。因为符号和术语都是人类虚拟的产物，随着符号和术语与概念的复合，必然蕴含着一定的意义和价值指向。符号与客观因子之间的错位特征带来了概念虚构的可能。

概念的虚构是概念局部主体通过对客体变换与其不相符合的称谓来实现对局部主体有利的计划。在商业世界里，商家虚构"上帝"的称谓来对应顾客，欺骗、麻痹和利用顾客，实现商品销售的增长。事实上，顾客并不是"上帝"，只是他们利用的对象。封建社会的统治者通过虚伪的手段把自己称为公仆，欺骗民众以关心、服务和体贴为责任。实际上，公仆概念的虚构是掩盖统治者是主人的统治事实。因为，只要是统治者，从概念上就永远不会有公仆的因子。这是一种用正当名义行使不正当权力的阴谋。亚里士多德在《政治学》里说："要求取得对其他一切人们的统治权力的，没有一个可以作为正当的原则（标准）。"②

现代性启蒙后主体概念的张扬，激发了人类精神的自我觉醒和创造意识。但是，现代性的急剧膨胀，使得主体被其所拥有的符号背后的意义所代替，主体自身失去了意义。个体人的意义被其所担任的职务的意义所占有，人自身丧失了应有的主体意义。但是，现代性在没有主体或主体已死的前提下，仍在制造虚假的主体概念，或虚构主体概念的存在，目的在于掩盖主体丧失的事实，促使民众产生错觉从而有利于统治者对其稳定而持久的控制。

---

① 黑格尔：《逻辑学》（下卷），杨一之译，商务印书馆，2004，第 277 页。
② 亚里士多德：《政治学》，吴寿彭译，商务印书馆，1965，第 156 页。

德勒兹说："尼采坚持不懈地暴露'主体'的虚构性和作为语法功能的特性。一切主体——无论是伊壁鸠鲁的原子，笛卡尔的实体，还是康德的物自体——无一例外都是'微不足道的和想象的梦魇'的投影。"①

灵魂的善是过去一切有道德的哲学家的梦想和追逐。然而，现代性把善化作市场原则的香料和"遮羞布"。道德成为普遍没有道德的现代性策略，伪造的道德概念应时而生。因此，尼采认为"道德作为人类最大的危险"②，既保护了成功者的"正当性"，使之不受侵犯，因为道德教人顺从、谦恭等，也保护了失败者，使之免于虚无主义，因为道德赋予每个人一种无限的价值，一种形而上学的价值，并且把它列入一种与世俗权力和等级制度不相配的秩序之中。但是，道德之伪的后果，并不总是按照现代性的意图。道德已经教人最深刻地仇恨和蔑视统治者的权力意志。

一直不同意马克思历史观的鲍德里亚这样认为："马克思主义拒绝了启蒙哲学中素朴的、情感的一面，以及启蒙哲学中过于痴迷的宗教性，即自然的道德幻象必须打破。"③ 在反对道德概念之伪的一致性上，后现代作家和马克思面临着同样的境遇。

虚构是一种与概念因子分离的力，不仅与概念对立，而且还要成为更高等的力。重要的是，这种虚构的过程是怎样获得强大的感染力，致使能动力变成对事实真正的反动。梦幻世界反映现实，虚构概念则篡改和否定事实。虚构需要一个能够从机会中获利、能够指引投影方向并完成颠覆的能手。概念之伪不为哲学家所约束，而是被哲学家所驱动。笛卡尔 1629 年在《致梅塞内的一封信》中说："与哲学家现在所做的相比，农民能更好地判断物之真理。"④ 随着现代性的失落和枯萎，概念的虚构会回到概念的自身。

二　延异

"延异"（differance）这个概念来自德里达。尽管他曾指出，只有在任

---

① 德勒兹：《尼采与哲学》，周颖、刘玉宇译，社会科学文献出版社，2001，第 182～183 页。
② 尼采：《权力意志》，孙周兴译，商务印书馆，2008，第 235 页。
③ 鲍德里亚：《生产之镜》，仰海峰译，中央编译出版社，2005，第 41 页。
④ 福柯：《词与物》，莫伟民译，上海三联书店，2002，第 271 页。

何目的论和末世学的视阈外才能获得对"延异"进行规定的可能，即延异是不可捕捉的。它既不属于通常意义上的声音，也不属于通常意义上的文字，它位于声音和文字之间。它超越了使我们和他人联结为一体的亲密。它不能被暴露，不是任何形式的在场或存在者。它什么都不是，它既没有存在也没有本质。它就是一种游戏，不再简单的是一种概念、一个词，仅具有概念化的可能性，或者说一般概念过程或系统的可能性。

延异作为不是概念、不是词的概念和词的出现，在德里达看来，主要是因为在事实与权利、存在与意义之间存在一种"原始的差异"。它不是传统意义的可削平的差异。它是古老的、原始的和不可克服的。因为它不是一种现象与现象、现象与本质、现在与自身的显差异，它是一种现在存在与向未来存在的现在存在的隐差异。这种隐差异表达的是纯粹的差异，是情境差异、环节差异、定位差异，是比那些支撑了结构的项更为重要的那种结构关系差异。

德里达在《哲学的边缘》中说道："如果在延异的踪迹中有某种漫游的话，这种漫游不再遵循哲学的逻辑话语线索，也不遵循一种对称和内在的反向的经验—逻辑话语线索。"① 踪迹意味着差异，漫游也意味着差异，差异是概念生存的根。

书写文字在德里达看来是最具有延异潜质的地方，书写文字差异化结构中潜伏着再生的无限差异化可能。这种可能不是舔尽文本作者的思想剩余物，而是激发书写文字中错位裂变而迸发的思想溢出。它对读者的个性链接作用在于向解放人心和精神重建发力。德里达特别赋予书写文字以重新创造生命力的思想点，就在于在文本结构中找出突破文本本身约束的创意基础。如果依此意义理解，延异不是概念，却是概念的本性。

概念产生延异，"延异"产生概念。影响现代性概念生存与延异具有三个方面的共同作用。

1. 经济的非线非匀

政治、文化、心理、社会结构都是经济的函数，经济的非线性图式，带来其他一切领域的非线性、非连续、非均匀、非同调。这种与时空紧密结合的一切"物"的变化使得概念的抽象质不断流转与变态，使得概念不

---

① 德里达：《延异》，汪民安译，《外国文学》2000 年第 1 期，第 72 页。

再是具有共性的抽象，仅仅是一种家族相似，但随着时空的多维变换，同一概念或名称下的相似点越来越少。零相似的概念，或不同概念的同一概念成为现代性的概念之维或"概念之危"。领袖、教授、大学生、博士、干部、大师、精英、明星、知识分子、工人、农民、城市、经典等一切现代性概念失去了质感的同一性和一贯性。现代性概念的最大的异就是概念是没有共同点的同一。

2. 符号的无限繁殖

符号功能的扩大，不仅在于符号数量的急剧增加，还在于符号的指代能力的升级。虚拟技术增强了符号的复合、拼接与变异能力，从而概念与概念的表称变得异常繁杂和模糊。而且，与其他符号和表达形式复合、接驳以及不同语言间的渗透与增殖也扩大了语言的表征功能。同时，媒体的泛滥为符号的繁殖提供了强大的载体，更多的私密性转化为公共性，概念被赋予更多的注解、质疑和意义。因此，在符号的大量繁殖下，现代性概念的又一奇点就是符号就是本质、符号就是概念，或者说没有质的概念之舞成为符号之舞。符号的力量成为意义的力量、思想的力量，最终化为概念的力量和实现的力量。

3. 哲学的死而复生

哲学的死而复生，也是生而复死。马克思指出了资本主义时代哲学的贫困，在《〈黑格尔法哲学批判〉导言》中提出要消灭哲学，并把对哲学的消灭前置于人类解放，就在于哲学失去对概念的责任，哲学成为意识形态的变量和帮凶。没有质的概念是概念的死亡，也是以创造概念为生的哲学的死亡。黑格尔、尼采、海德格尔都曾提到过哲学自死，就是因为我们已用生命实在肯定自身，并不需要意义之死的形而上学空吟。但现代性原则是死不能死，资本、财富、生产力的增长需要与之对应的概念的增长。概念自身、哲学自身运行资本的逻辑，也需要增长、需要永恒。没有意义的概念制造成为现代性概念的又一异象。

德里达在《论文字学》中说："在某种意义上，'思想'意味着虚无。"① 文字、思想、概念、意义、实在，总是在有无之间滑行，滑行的轨迹、痕迹、印图都在于冲破在场的思想禁锢与认识界限。古老的延异成为

---

① 德里达：《论文字学》，汪家堂译，上海译文出版社，2005，第139页。

打开现代性膨胀与泛滥的密钥。

三　贬值

概念的贬值是延异的一种，是现代性最显著的特征。贬值是在名称、术语或符号没有变化的前提下，其基本特征因子发生了变化，而促使这种因子的变异对主体所形成的价值和意义发生减弱和丧失。除货币之外的正义、尊严、权威、荣誉、经典、学位、职位、级别、忠诚、信仰、承诺、话语，一切有价值的非经济学概念，都在运行经济学上的贬值机制。从现代性意义上看，一切概念所承载的意义和价值都是广义资本或商品，因此必然执行着资本的逻辑。

经济学上的货币贬值是指货币投放量增大或超过其总产品价值总值。促使货币贬值的原因来自多方面，但主要是资本需要增值的本性。为了保持增长的持续，必须投放更多的资金和信贷。而在大多数情况下，这种投放超出物质量价值水平，就必然引起总货币量超额上升和物价上涨。由于赤字的扩大，国家经常通过投放货币抹平财政的亏空，引起物价攀升。而且，不同行业、部门、地区中总是有个别利益集团首先设法提高本集团的利益而增加收入，而其他利益集团也会紧紧跟上。由于这种差异是永远存在的，因此总是少的不断向多的靠拢，引起总收入增加，总物价上涨，而这种增长很多时候超出了实际部门的经济增长水平和幅度。同时，国家为了缓解不同福利部门和阶层为了获得自身利益给稳定带来的不安，促使国家超出物质总量投放更多的货币，进行安抚。这样无休止地相互攀比，造成不断增加货币量，引起物价不断抬高。除此以外，更多的社会事故、灾难性事件也增加了超计划的货币投放量。

现代性的标志就是经济学逻辑已经渗透到一切广义资本之中，概念贬值已成为现代社会赖以发展的必然。一种类型是为了扩大生产，这种生产已远不是物质生产，而遍及人的智力生产、人的能力生产。这种生产的工业化和普及化是市场的需要、生产的需要、经济增长的需要。然而，规模化和批量的生产，带来产品质量的下降和低劣，但产品的名称并没有发生改变，从而引起概念和称谓的不对应。这种不对应就是一种概念的贬值，是概念中原初所含的抽象因子数的下降。在高校学生培养和学术论文、学术专著等科研成果等方面具有类似现象。另一种类型是通过更换名称,让本产品加入另一产品群中,随之造成强加性概念变化。这样,概念本身的特征因子和新的名称所指代的概念应具有的特征因子发生冲突,或者说,不具有新的特征因子。在这种把非充足概念的产品强行概念化过程中,就发生了概念的贬值,如在大学更名、单位级别升格以及带来领导级别整体升格等行为之中。至于升格的目的,在于获得更高级别和更多的利益、权力和影响力。现代性需要不断进行资本的交换,而且是执行着等价交换的原则,不同利益集团总是为了使本集团利益最大化以及可交换更多的利益。这样就必然牢牢控制自身集团的核心利益并加以挖掘。现代社会学历在社会构成和人的发展中成为极为重要的指标,发放学历证书的机构的重要程度自然不言而喻。高等学校在这方面的垄断地位,使其为了自身的交换能力增加,必然谋划增加自身的影响力以便带来交换能力的增强,而试图通过更名来增加影响力就不可阻挡了。

现代性的根本问题在于这种增加级别获取利益最大化的欲望扩散是全社会的和不可遏制的。因为,不是没有部门在制止,而是制止的部门也在为自己的利益最大化而奔走。因此,制止是无效的,而且也不能制止,一旦制止,社会的动力也就失去了,将会带来更大的灾难。

马克思在《1844 年经济学哲学手稿》中阐述了资本主义社会"人"的概念的贬值机制:"工人生产的财富越多,他的生产的影响和规模越大,他就越贫穷。工人创造的商品越多,他就越变成廉价的商品。物的世界的增值同人的世界的贬值成正比。"[1] 马克思所指的人的世界的贬值是指"工人"概念和整个"人"的概念相对于人的生存价值和意义的丧失。

四 悖论

"悖论"(paradox)一词源于希腊文"Παραδοξο",意为"无路可走"。尽管悖论的历史源远流长,它的起源可以一直追溯到古希腊和我国先秦时代,但直到 20 世纪初,人们才真正开始专门研究悖论的本质。在此之前,悖论只能引起人们的惊恐与不安。悖论是一种导致逻辑矛盾的命

---

① 《马克思恩格斯文集》第 1 卷,人民出版社,2009,第 156 页。

题，这种命题，如果承认它是真的，那么它又是假的；如果承认它是假的，那么它又是真的。它的本质是一种在已有科学规范中无法解决的认识矛盾，它既包括逻辑矛盾、语义矛盾，也包括思想方法上的矛盾。

悖论起源于理性，但又在背叛理性。它是理性的隐性杀手。作为人类理性产物的概念，在执行着理性的逻辑，也意味着必然潜藏着无法回避的反理性的悖论。现代性的增长，是以悖论的普遍化为标志的。概念的悖论意味着概念的名称与概念的因子的根本对立。

现代性的概念充满了建构性意义，生物学、遗传学、医学、进化论和优生学等现代性知识，都在为资本主义精神服务，无论资本主义的生产规律、科学理论还是哲学神话，都首先要服务于统治者的生命和身体能够高效地满足生产增长的需要。这就意味着生命本身和概念创作应遵循资本主义生产的规模、程序、管理、技术、生产频率和消费指针。但是，批判的、政治的和自由的力量，总是在运行着"反"的逻辑，促使概念的"质"不断流失，破坏概念的成立。

而且，就统治者自身而言，也时刻在背对着概念的"是"，向"非"不断衍化。庄子《去箧》中说："彼窃钩者诛，窃国者为诸侯，诸侯之门而仁义存焉，则是非窃仁义圣知邪？"偷窃腰带、环钩者受刑戮，而盗窃国家者则为诸侯，诸侯之门方有仁义，这不是盗窃了仁义和圣智吗？诸侯的"仁义"乃是虚假的仁义或概念"仁义"的反面"不仁"，即仁义的悖论。同样，"知"也成了不知，"稳定"成为保守，"进步"走向堕落，生等于死。至于"史前文明""排名不分先后"等悖论式概念化术语则比比皆是。

概念的悖论展开了现代性之困，但悖论并没有止于现代性。概念本身或许永远就是悖论。后现代主义作家德勒兹的看法应予以重视："概念就是这样的一种东西：它阻止思想成为一种单纯的观点，一种见解，一种议论，一种闲话。概念都是悖论，必定如此。"① 尽管众多后现思想家不承认自己的概念是概念，但这并不妨碍反现代性的后现代性继续演绎着概念的逻辑。

德里达的解构首先就是一个悖论。他说，解构首先是对占统治地位的

① 德勒兹：《哲学与权力的谈判》，刘汉全译，商务印书馆，2000，第155页。

西方哲学传统进行解构，但"解构不是摧毁、不是批判。解构是一种思想的工作，正在进行的、通过来临的东西进行的工作。解构完全不是达到一个'建筑'然后再进立一个'新的'运动。每一个解构的运动、解构的'建筑'都不同，而这两者不是对立的。解构不是否定的，而是肯定的，就是对'不可能'的肯定"[①]。而且，这个"不可能的肯定"被德里达理解为世界的，人、民族、国家之间关系的新面貌，以及通过解构寻求新的规定和原则，并在古老的哲学解构中，在世界范围内建立新的"人类"概念。我们看到，德里达解构传统但又不是批判、不是摧毁、不是否定，而是肯定，对不可能的肯定，那不意味着建构？但他又说不是建筑，"解构"不是建立一个"新"，却又说"解构"是寻求新的面貌，这其中存在多重悖论。不仅如此，如果真如德里达所表白，"解构"是将"建构"一个新的世界面貌的话，那么，他的后现代迂回，或从解构传统哲学到建立新世界的解构过程还不过是遵循传统哲学的原则，即"扬弃"。这更是一个悖论，因为解构传统的"解构"还是传统。因此，作为后现代概念的"解构"仍不过是一个现代性概念。祈求解脱现代性概念之困的后现代之作，无法逃脱现代性之网。现代性概念的悖论之吟在后现代性的序曲里继续咏叹。

我们在反现代性过程中陷入新的现代性，在主张后现代性的原则下破坏后现代性。在拒斥同一性过程中不自觉地或不可抗拒地又回到同一性，反对等级、反对不平等、反对特权，就是反对差异。激活差异的动机，还是回到同一性，民主就是最普及的同一性。反对中心主义不是寻求差异而是为了达到均衡，只不过又是一种同一，一种分布的同一。对个性的极大推崇，差异化的最高荣誉，最终还是一种平等归还的普遍审美。在反对交换和等价原则的现代性声讨中，又在进行等价交换。只不过物质的、权力的、显性的交换转化为一种精神的、良心的、隐性的交换或支配，还是一种控制，还是一种权力。鲍德里亚的象征交换还是归结为一种交换，还是一种等价交换。换句话说，象征交换根本就是一个乌托邦，一种虚构，更是一个悖论。后现代的悖论演说了现代性之困与后现代之困的共同悲鸣。

《理想国》认为，最好的人类生活是哲学家的生活，一种献身于对真

[①] 杜小真、张宁主编《德里达中国讲演录》，中央编译出版社，2003，第 46 页。

理沉思的生活。但是，作为哲学本质的概念创造，并不守候在哲学家的身旁，更倾向于对权力的献媚。概念不仅要使统治者获得对权力的永久性和最大化持存，更在于制造一种信念，一种权力的正义与不衰的信念。尼采说："对真理来说，信念是比谎言更危险的敌人。"① 现代性也许是一种普照光意义的承载，但更是一种对发展信念的偏执。

黑格尔说："本质的运动总是成为概念的变。"② 现代性的浮肿，与其说是发展概念的张扬，不如说是权力的扩张。

---

① 尼采：《人性的，太人性的》，杨恒达译，中国人民大学出版社，2009，第 261 页。

② 黑格尔：《逻辑学》（下卷），杨一之译，商务印书馆，2004，第 173 页。

· 第四章 ·

现代性知识

第一节 知识的现代性丕变

认知主体的公共性叙述了现代性社会的"公正"。知识从独立性认识对象经过模块符号化、意识形态化、定制商品化、象征资本化、媒体角力化和游戏竞技化流转为一种象征性意义结构的符号系统。知识的象征性丕变再现了不在场的在场。知识再生产演化为政治策略抑或"特殊理性"的再生产,知识亦成为精英阶层巩固其既得利益的防护工具。

亚里士多德认为,知识就是善。他在《尼各马可伦理学》开篇说道:"每种技艺与研究,同样地,人的每种实践与选择,都以某种善为目的。"[1]而在莱布尼茨看来:"知识无非是对我们两个观念之间的联系与符合或对立与不符合的知觉。"[2] 在知识经济时代,知识除了是一个表征符号,更是一个象征符号。象征符号是通过一种既模糊,又清晰的行为完成的,这种潜在和显在的行为超出了意识和意愿的控制,或者说是隐藏在意识和意愿的深处。尽管象征存在隐藏性,但还是可以找到其流变的踪迹。

一 符号:从创生到程序

自从人类社会进入后工业时代,文化进入了现代性后期,知识的结构

---

[1] 亚里士多德:《尼各马可伦理学》,廖申白译注,商务印书馆,2003,第3页。
[2] 莱布尼茨:《人类理智新论》,陈修斋译,商务印书馆,1982,第415页。

和形态发生了根本性变化。只有知识体系中那些可以翻译成计算机语言的要素，才能在这个新世界中存活下来。为了适应新的研究方式和传播方式，知识具有了可操作性并可被翻译成信息量。不能被翻译成信息量的知识将会被抛弃，新的研究将以它的最终结果是否能翻译成计算机语言为导向。一个判断是否能作为知识判断也取决于它是否符合计算机语言的有关规定。认知心理学家发现，通过计算机在模拟智能认知加工中的努力，大量知识被程序性表征和使用。"计算机之所以能够表征和组织程序性知识，是在于它以成套的规则来对产生式（production）（程序的产生和输出）进行管理。"① 因此，无论是知识的生产还是知识的传播，都必须使得知识机械化、模块化、数字化、符号化、程序化等以获得知识的成活率和增长率的提高。

在传统知识学看来，知识的发现与接受是一个依赖创造性和想象力的工作，想象力的自由发挥才是掌握知识的幸运之神。费希特在《全部知识学的基础》中指出："知识学属于只可意会不可言说的科学。它是决不能单凭字面，而是通过精神才能得其真谛的。因为它的基本观念必须依靠创造性的想象力本身从研究它的人的身上诱发出来。"② 因此，如果人的这种精神天赋被扼杀了，那他永远也不可能深入理解这门科学。然而，这种知识的学术传统已经让位于信息的机械化储存，教师的传统角色将被计算机储存库所替代。教师的授课内容也不再是精神的质量，而是记忆的容量。图书馆、资料库和信息中心将是学生的主要学习场所。信息中心的储存量超过了所有聆听者的接受容量和能力，资料库成了未来学生的知识本源。在巨大信息量的掩没下，学生过去对老师提出辩驳的机会逐渐消失。运用计算机的熟练程度、灵活拼接资料的能力，成为制定学习规划、未来一切行动策划的唯一标准。即使脱离计算机，人们也会使用与之相同或相近的计算机模式来组织知识。

因此，知识的再生产演化为机械化的大生产，似乎知识对人的主观依存度大为降低，然而，知识的模块化、符号化并没有削弱知识本身所隐藏的价值意义。由于知识是一种被确认的信念，在知识的持有

---

① 斯滕伯格：《认知心理学》（第三版），杨炳钧等译，中国轻工业出版社，2006，第209页。

② 费希特：《全部知识学的基础》，王玖兴译，商务印书馆，1986，第208页。

者和接收者之间会形成一定的信念模式。这种模块化的符号模式既约束和规范知识的创造、组织和传递，也规定知识交互者之间的价值形态。知识形态上是数据、材料、程序，而图式、符号、语言、背景等蕴含着深厚的文化暗示和价值选择。这些编排与操作具有强烈的主体导向和意义意识。知识逻辑运行着文化逻辑，文化逻辑运行着意义逻辑。意义则是权力的意义。利奥塔敏锐地指出："在信息时代，知识的问题比过去任何时候都更是统治的问题。"[①] 也就是说，知识早已成为政治力量的一部分或政治力量的工具。

显然，知识以正当性面目出场，政治在场演化为知识在场。权力通过符号系统的复杂性和隐秘性呈现其渗透性功能和系统性意义。社会以合谋的约定，赋予数字化符号以支配力的内涵，即通过去暴力手段，符号共识遮蔽真实权力。符号暴力的产生既是权力系统在遭遇集体抵抗时的退让策略，也是一种保持权力繁衍和进化的出击。在布尔迪厄看来："社会行动者对那些施加在他们身上的暴力，恰恰并不领会那是一种暴力，反而认可了这种暴力，我将这种现象称为误识（misrecognition）。"[②] 即符号暴力是在通过对知识的再加工，赋予知识以误识的意愿，达到附加知识的特定意义，而使权力得到横行。同时，符号自己通过自身的变换和再生，制造出新的权力。

对此，鲍德里亚在《生产之镜》中谈道："权力有时也只生产与自身相似的符号。同时，权力的另一种形象开始发生作用，即对权力符号的集体要求——那是围绕着权力消失的神圣联盟。"[③] 在其看来，只有在生产之镜和历史之镜中，在生产无限积累和历史辩证连续性的双重原则下，在符码的独断下，西方的文化才能在普遍性中认为自己处于真理（科学）或革命（历史唯物主义）的特殊时刻。即在符号真理下，符码的战略要素是理论与现实、"批判"理论和"真正"矛盾的统一。没有这种数字化、符号化对知识生产的模拟，我们的时代就会失去全部特权，我们也就不会自认为接近知识和社会真理。

---

① 利奥塔：《后现代状况》，车槿山译，三联书店，1997，第 14 页。
② 布尔迪厄、华康德：《实践与反思》，李猛、李康译，中央编译出版社，1998，第 222 页。
③ 鲍德里亚：《生产之镜》，仰海峰译，中央编译出版社，2005，第 210 页。

二　语用：从程序到规制

通过对大脑训练的传统知识方法已经过时，知识的现代性丕变更为显著的在于它日益成为一种商品，一种为了销售而生产的定制物。利奥塔说："知识的传播，不再是有计划地培育领导民族解放精英的才能，而是以语用学为目的，为社会体系供应所需要的一定职位的成员。"[①] 社会对大学和高等学术机构的要求是技术的发明创造，绝不是创造某种思想，比如成就大批工程师、医生、专业管理人员、营销人员等。高等学校不再是培育民族解放和追求个人自由的思想者的机构，而是根据市场的需要而定制产品。除却对专业知识分子和技术知识分子的复制，其余在大学受教育的青年，都可以说是"失学者"。不管他们是理工科学生还是艺术和人文科学方面的学生，不管他们年龄大小，实际上仍然都是所谓知识时代的"无知者"。知识和认识者的关系是一种外在的关系，知识的获得与心灵的培养和个人的教化密不可分的观点已经过时。现在政府人员、高等学术机构提出的问题不再是"这是真理吗"，而是"这有用吗"。知识的生产者与知识的使用者对于知识的关系，如同商品的生产者与商品的消费者关系一样，采取了价格的形式。在知识商品化的社会里，一切问题总是围绕"这是否能够扩大市场？"

如何理解销售成为知识生产的直接动机？在恩格斯看来："支配着生产和交换的一个个资本家所能关心的，只是他们的行为的最直接的效益。不仅如此，甚至连这种效益——就所制造的或交换的产品的效用而言——也完全退居次要地位了；销售时可获得的利润成了唯一的动力。"[②] 但在康德看来，人的动机来自他的道德法则。道德法则是纯粹意志的唯一规定的根据。善良意志不在于行为所达到的效果和利益，而在于它遵循普遍必然的道德法则即"绝对命令"。他在《实践理性批判》中说："在纯粹思辨理性与纯粹实践理性结合成为一种知识时，后者占有优先地位，因为已经预设的是，这种结合绝不是偶然的和随意的，而是先天地基于理性本身

---

①　利奥塔：《后现代状况》，岛子译，湖南美术出版社，1996，第149页。
②　《马克思恩格斯文集》第9卷，人民出版社，2009，第562页。

的，因而是必然的。"① 康德注意到实践理性的优先性意义，但销售理性的"绝对命令"既不道德也不必然。

由于销售乃是资本实现的直接动力和必然环节，因此知识资本化过程必然是知识的销售过程。但是，知识的交换对象远不仅限于经济资本的传统资本形态，而是具有广泛意义的象征资本形态。所谓象征资本乃是通过声誉、威望等潜在的、无形的影响力对现实的、直接的资本发挥作用和进行交换。象征资本是一种比有形的和看得见的方式更有效的正当化目的的"魔术般"手段和奇特的竞争力量。各类资本转化为象征资本过程，就是各种资本在象征化实践中被赋予象征结构的过程，也就是各类资本通过隐秘的形式汇聚到社会精英和统治阶级手中的过程。在转化象征资本的类型中，文化资本最具有象征化潜力和依存度。所谓文化资本，乃是同经济资本一起，构成一切社会分化的两大基本区分原则。现代社会的特点，就是文化资本同经济资本一样，在进行社会区分的过程中，发挥了极其重要的作用。现代社会中的个人或群体，其社会地位和势力，不能单靠其手中掌握的经济资本，而要掌握更多的政治资本和文化资本。只有将经济资本、政治资本和文化资本紧密结合起来，并使得其各个方面的数量和质量的总值，在"通用汇率"的兑换下，总量大幅提高，才能促使其在现代社会中占据较好的社会地位，并增加社会声望与影响力。在文化资本的分配与再生产中，因而也是在社会结构的再组合过程中，教育背景、教育机会、知识类型、知识界限、知识深度是文化资本构成的决定性因素。

象征资本策略并不是今天才有，很久以前统治者就已经掌握了知识的现代性意义。商代第十九任国王盘庚在迁都到殷时，对下臣说："古我先王，亦惟图任旧人共政。王播告之修，不匿厥指，王用丕钦。罔有逸言，民用丕变。今汝聒聒，起信险肤，予弗知乃所讼。"② 盘庚是说：从前先王也是任用旧臣共政。先王发布修治之政令，执行者不隐匿其指示，先王由此而大为钦佩。因为没有过失的言论，民众由此变得更加顺从。现今你们争吵不休自以为是，散布邪恶虚浮之言，真不知你们究竟在说些什么。

盘庚在这里所说的"告之修""不匿厥指""罔有逸言""聒聒""起

---

① 李秋零主编《康德全集》第 5 卷，中国人民大学出版社，2007，第 129 页。
② 《尚书·盘庚上》。

信险肤"乃是对知识的规制，既反映了统治阶级精神政治运作知识的秘密，也印证了不同等级的统治者对知识资本的不同筹划方式。盘庚指令的执行即对知识的贯彻是其政治资本的保证。反之，下层执行者的阳奉阴违并不意味着持不同政见，而是由于资本增殖的方式、通道和速率并不相同，最高统治者和下级统治者的资政策略就会不同。最高统治者选择训令和下层统治者选择避让，都不过是把知识规划为对自己最为有利的资本理财方式。从一定意义上说，权力冲突和资本冲突也就是知识冲突，反之亦然。

知识之所以成为今天的资本化和权力化运作逻辑，最根本的在于现代性的成熟与膨胀。知识的销售是为了在新的生产中获取更大的价值，因此，知识的交换价值成为价值本身。知识不仅成为资本的内容，更成为资本运作的环节。如果现代性的衰亡是从反理性、反科学开始的，那么现代性的终结一定也是以知识的去价值规律而最终实现的。现代性启蒙如果是人类解放的一个误读，那么人类真正解放必然是从知识的回归独立那天才正式开始。

三 媒介：从规制到裁剪

随着资产阶级掌握政权，他们所说的"知者"，并不是知识的真正掌握者，而是"科学知识的操作者"及其抽象的叙述主体，已被教育机构也就是国家机器所宰制和窒息，失去了主体作为主体的真正功能。对此，《共产党宣言》指出："资产者唯恐失去的那种教育，对绝大多数人来说是把人训练成机器。"[1] 准确地说，国家可能以"人民""民族"或"全人类"的名义在知识形成和正当化过程中，干预知识的认识活动和立法活动。正如福柯所说："为了简单地指出权力、法律和真理之间关系的强烈程度和稳定性，而不是它们之间的关系机制，应当承认：我们被权力强迫着生产真理，权力为了运转而需要这种真理；我们必须说出真理，我们被迫、被罚去承认真理或寻找真理。"[2] 即在资本化的社会里，知识的客观性

---

① 《马克思恩格斯文集》第 2 卷，人民出版社，2009，第 48 页。
② 福柯：《必须保卫社会》，钱翰译，上海人民出版社，1999，第 23 页。

和独立性像缺损性一样令人困惑。

尽管人类区别与动物之处在于其思想空间的旷野，然而，人类思想发展历程的悖论并没有让这样的空间无限放大，某种意义上而愈来愈狭小。因为发展进程中的中断、停止、倒退、循环和迷离等事件使得思想进化变得曲折和缓慢。其中资本作为思想进化中最活跃的因素，干预着人类物质活动和精神活动的进度和形态。因此，资本作为一个经济概念，也是一个政治观念和知识观念。经济资本、政治资本和象征资本的总和构成对科学知识和一般生活知识的占有权和解释权。

知识在合法化的教育、生产与传播系统中运行，意味着知识被主导化的社会结构所垄断。这种运作过程通过文化专断推进知识的统治，强化知识的合法性和再生功能，最终确立占主导地位的权力系统的合法性和正当性。其中，整个社会系统的知识化过程是同当代媒体系统的蓬勃发展及其无所不在的渗透能力紧密相关的。由媒体形成的网络系统及其活动所构成的媒体文化，是知识化社会中最活跃和最有效的构件。

自从资本主义社会进入晚期阶段之后，科学技术和商业在文化领域投资量的蓬勃发展、知识与文化的信息化过程，都大大地促进了媒体事业在整个社会中的渗透，使它成为资本主义文化整体的一个最重要的部分。媒体几乎取代或贯穿整个文化活动，成为社会和文化得以生存和活跃的最主要载体。以报纸为核心的传统印刷媒体，同以互联网为核心的现代电子信息系统相结合，不但改变了原来印刷媒体的功能、性质及其效果，而且也进一步加强了现代整个媒体系统及其文化的影响力。更重要的是，印刷媒体与电子媒体的现代结合，使一向对社会生活发生重要影响的知识的生产与传播，也发生了根本的变化。整个社会领域的心理结构及其功能，都随之而改变。电子媒体的横行表明了知识一旦被技术化之后究竟可以在多大程度上控制人的思想和社会秩序。

媒体功能强大，控制了人的基本知识结构和生存意义。对此，尼采发现："如果我们考虑一下甚至现在所有那些伟大的政治事件如何婉转地暗地里悄悄登上舞台，它们如何被毫无意义的事情所掩盖，在其旁边显得微不足道，它们如何在事件发生以后很久才显示出它们的深刻影响，让大地跟着颤抖——那么像现在这样的新闻界，每天用尽力气来喊叫，来压倒别人的声音，来让人激动，来使人惊恐，我们会认为它有什么意义呢?"① 媒体本身并没有独立的意志，媒体不过是权力意志的附属物。权力借助媒体的介质功能对知识进行剪裁和选择，达到对权力的正当化解释。马克思曾谈道:"报刊、教堂讲坛、滑稽小报，总之，统治阶级所掌握的一切工具都人为地保持和加深这种对立。这种对立就是英国工人阶级虽有自己的组织但没有力量的秘密所在。这就是资本家阶级能够保持它的权力的秘密所在。这一点资本家阶级自己是非常清楚的。"② 因为媒体的介入，知识不但在生产和建构的时刻，同时也在传播的过程中，不断改变其形态，转换知识论的价值标准。

现代性由于运行资本的逻辑，必然把媒体载入资本运行的环节之中。失去资本力量的无产者因为没有媒体的话语权，必然失去对知识的表达权，从而走向资产者的对立面。反之，权力精英对媒体的控制，一方面是直接对媒体集中垄断和干预，另一方面是因为拥有对各级媒体人的指挥权和管理权而获得对媒体的间接控制，从而走到了社会资本的中心。在现代性催化的时代，知识已经是利益争夺的最重要砝码。过去那种在世界范围内争夺领土、原材料和廉价劳动力的时代一去不复返了，取而代之的是为了信息的控制而形成媒体角力战。新媒体的诞生，既是现代化的一次跃进和知识的再一次重构，也是新一轮权力争锋的开始。

不过需要指出的是，尽管各种政治力量的角逐都会在新媒体上反映出来，但媒体的主导性并不显性地显示出政治力量的对比。政治理性的狡计远比媒体的显感性要复杂得多。权力精英对知识和媒体的掌控力，因对隐显布控的变化策略或者说权力同盟的内部矛盾而具有交错性。

四 游戏:从裁剪到竞技

知识是一个流动的混合体，随着刺激和学习随时改变、更新。知识的传输、接收过程，也是再生和不断触发的过程。知识不仅仅存在于文件与知识库中，还会与接收者的心智、经验、价值观和专业洞察力发生作用。

---

① 尼采:《人性的，太人性的》，杨恒达译，中国人民大学出版社，2005，第416页。
② 《马克思恩格斯文集》第10卷，人民出版社，2009，第328页。

接收者对知识进行重新加工和组织，并在流动的情景信息和文化环境中进行碰撞和竞技，形成新的知识结构。

传统的知识传输中心已经消失，概念是符号的概念和游戏的概念。德里达在《书写与差异》中说道："中心并不存在，中心也不能以在场者的形式去被思考，中心并无自然的场所，中心并非一个固定的地点而是一种功能、一种非场所，而且在这个非场所中符号替换无止境地相互游戏着。"① 即先验所指的缺席无限地伸向意谓的场域和游戏。然而，今天人们始终无法界定何为游戏，因为人们一直以为游戏是严肃和神圣的对立物，但人们总能找到很严肃的游戏。荷兰文化史学家约翰·赫伊津哈认为："游戏是一生活功能，但它对于逻辑、生物学或美学的明确划分并不敏感。游戏概念总是和其他我们用来表示心灵结构与社会生活的思想形式保持着差异。"② 赫伊津哈总结出游戏具有现实生活所没有的功利性。从传统看来，游戏没有功利的目的，但现代性的发展使得游戏被裁剪为功利性技艺。

知识在游戏界面上的漂浮，意味着传统知识的真理性标准彻底丧失，也标志着西方普遍主义形而上学的基础彻底垮台。如果说，传统的普遍主义和特殊主义矛盾在游戏中获得了弥合或许被人们所忽略，但令人诧异的是，严肃的政治命题在游戏中变得荒诞和非逻辑。世界性大事件和国际性战略也成为游戏的表演。而且，这种不经意的直观态度和游戏精神贯穿到世界的各个领域和行业并相互糅合，一种对严肃和主流话语的排斥情绪袭入人的精神世界和认知结构。

现代性的发展使得知识的游戏性界域更加广阔。利奥塔认为："我们不仅需要一种交流理论，而且需要一种游戏理论，它的先设包括了竞技。"③ 也就是说，知识在流动、更新的过程中，形成一种竞技式游戏。知识不仅成为竞技的对象，也成为竞技的普遍手段。知识的产生、认定、传播和接受的运行过程形成了某种特定的游戏规则，违反规则会受到惩罚，风险性成为知识游戏的基本特征之一。知识并不是人人有权利拥有，学术场域之外习得者不可以随意进入学术领地，所谓的学术规范就是学术游戏

---

① 德里达：《书写与差异》，张宁译，三联书店，2001，第505页。
② 约翰·赫伊津哈：《游戏的人》，多人译，中国美术出版社，1996，第8页。
③ 利奥塔：《后现代状况》，车槿山译，三联书店，1997，第35页。

规则。不同权力集团的利益竞争转化为对各种信息与知识的获取、处理和对游戏规则的适应能力的竞争。权力的优胜者就是游戏规则即知识处置的制定者和解释者。落后的危险性意味着丧失了规则的制定权，但领先的风险性并不意味着削弱。

随着科学工作的复杂化，科学性的证明也越来越复杂，技术要求也越来越高。知识在这里遵循一条最优化原则，即在研究过程中，投入最少的能量，获得最大的信息。这条原则在科学知识生产中占统治地位。没有投入就没有证明，就意味着没有证实陈述，也就没有真理。科学知识成了财富、权力的知识。在这个游戏中，谁最富有、最有支配世界的权力，谁就最有机会是正确的。这样，在财富、权力效率和真理之间就建立了一个等式。

近代以来，进步主导的文明社会随着资本运行的加快而更加不确定，但所有的变化与发展都与知识领域中认知主体的复杂性建构和知识的独立性矛盾相关联。可以说，现代性的问题都归结为作为自身的人如何成为知识的主体，道德的主体和权力的主体等要义，但作为意识形态化的知识，正好叙述了当代知识的强制性实践对权力操作的不可分离性和对人如何成为自身这个远古的向往的渐远。但是，在现代性意义下，知识的意识形态化更多的不再是权力的直接宣告，而是通过游戏、技术、习性、景观等虚拟化的"文明"建制，即思想家、科学家、知识者和学习者以及非知识者的共同参与的、有意或无意的操作。恩格斯说："意识形态是由所谓的思想家通过意识、但是通过虚假的意识完成的过程。"① 意识形态作为社会意识的观念形态总是以一定的知识作为载体进行建构和散播，它的运作过程就是知识的建构过程。恩格斯所说的虚假的意识完成就是以虚假的知识虚构真实世界的过程。或许，苏格拉底的问题"认识你自己"本身就有先天的预设，意识形态轴心化的现代性知识不可能认识知识本身和确认知识主体。

近代知识作为西方社会建构的一个重要精神支柱，早已脱离传统认识论的基本范畴，已经成为与社会权力构成相联系的象征性符号系统。其构成过程既印合了特定社会制度中掌握特权阶层的特殊需要，也表征了这些

---

① 《马克思恩格斯文集》第 10 卷，人民出版社，2009，第 657 页。

特权阶层努力造就一批生产知识的精英分子的热望，以及被筛选和组织起来的近代知识分子对社会中特定阶层利益的需要的强烈回应。知识的竞技性、策略性和经济学原则既是现代性成长的结果，也是现代性裂变的催化剂。

第二节　现代性知识主体的"波粒二象"性

今天的"知者"已分离了知识化主体的原始概念，并不是指知识的接受者，而代表着一个社会精英阶层，其运用知识参与社会权力系统的建构和运作。现代性的集聚，使得知识"主体"呈"波粒二象"性。"知者"也是"智者"，集合成具有多种算子的分类"群"，形成一种学术场域中的波，具有相互制约、联动和中控的巨大能量；"无知"者、无名者或知识后发者是孤立、微弱的粒子，不具备制定、引流知识规则的权力。"无知"者处于与"知者"相对立的劣面，但在非"自由"中却处于知识的近处，更向于独立、自由和爆发。"知者"因"知"而"自由"，但"意志自由"正陷于非自由和委顿，一种知识新构型正在编排与演化。

没有史诗巨制、没有直窜骨髓、没有酣畅淋漓、没有直面人生的上品和佳作已是当今国内外学术界的普遍忧虑。学术界已经成为学术场，一种由中心向外辐射的时空分布。布尔迪厄把社会科学领域的场定义为"那种相对自主的空间，那种具有自身法则的小世界"①。不同的小世界相互交叉形成一个又一个相交或不相交的圆。一个学者的学术影响力依据在学术场域中占据不同学术圈的数量和场强的总和来决定。

一　病之脉：从知"知"自足到错位惊异

"知者"（knower），是知识的掌控者（person in control of knowledge），不等同于知识分子（intellectual），尽管承担对知识的传播和判断的责任，但并不确立怀疑社会的态度和方法上的"哲学的突破"。"知者"的本质是

---

① 布尔迪厄：《科学的社会用途》，刘成富等译，南京大学出版社，2005，第30页。

"知"（knowing），即对人类认识成果及其相关产品的占有。在《知识考古学》里，福柯把知识看作在详尽话语实践中谈论的对象："由某种话语实践按其规则构成的并为某门科学的建立所不可缺少的成分整体，尽管它们并不是必然会产生科学，我们可以称之为知识。"① 简单地说，知识就是一个话语空间，概念在这个空间中产生。现代性成长中的"知者"是现代性的承接者和推动者，也是现代性的牺牲者。现代性使得"知识分子"成为"智者"（sophist）。

反之，"无知"（ignorance）则走到了现代性的对立面，成为"痴愚"。然而，"无知"作为"知"的反面，却是抵达"知"的必经之路。苏格拉底的墓志铭上说："我知道自己无知。"知"无知"方能知，"无知"是知的前提。英国经验论者洛克认为，人的心灵原本就是一块"白板"，因为经验才有了对印象、概念的观念。知识贫乏者没有知识的惯性，没有学科的界限，不受自我知识界限的束缚，没有思维定式。反之，有"知"者，即自以为或被认为有"知"而没有意识到自我的"无知"或相对的"知"，这种主观的自足和排斥以及客观上自我知识结构的时效局限和相对自满的封闭性，导致了认知能力的退化。无知者，对知识有一种补充的饥渴性和忘我性；而有"知"者，因为知识的相对充实、成见和优先性，对新知识存在一种消极性、抵触性、选择性，犹如对有沉积的电池充电。反之，"无知"才会有对世界的惊奇。在亚里士多德看来："一个有所迷惑与惊异的人，每自愧愚蠢。"② 老子则说："知不知，上；不知知，病。"③ 知但自认为不知为上，不知道而言知，则病，即"无知"更有利于知识的充实和知识结构的优化。

"无知"者通过与同领域或其他领域的有知者和无知者、历史上的知识累积，进行交流、碰撞、衍射、接驳、反叛等形成知识的再生，从而使知识更全面、丰富和新颖。知识的衍射是知识主体与客体各种关系的对接与激活，是知识增殖的最有效手段。"有知"者的先见和高位失去了这种衍射性发射能力和接收能力。而"无知"者是单子性的，没有传统、没有先验、没有系统，是离散的、非线性的、非逻辑的、非秩序的知识型构。

---

① 福柯：《知识考古学》，谢强、马月译，三联书店，2007，第 203 页。
② 亚里士多德：《形而上学》，吴寿彭译，商务印书馆，1959，第 5 页。
③ 《道德经》第 71 章。

在研究方法、语言范式、意境构造上，"无知"更易于切入新的学科视阈、创作范式和阅读需求，具有变幻错位的神奇和无限的构建，即在知识的世界里更自由。

同时，因为"无知"而易被"有知"者藐视、轻视、忽视、漠视和蔑视，从无知到有知的过程就是一个被"忽略"的过程。这就培育了"无知"者被忽略的"天赋"，只有敢于接受别人的忽略，不为所动，方能有大的发现。

二 败之缘：从深处体验到儒冠误身

现代性把知识分子驯化为"知者"，是通过"公共知识分子"这个概念来实现的，因而"有知"者也是有名者。有名者占据学术场的中心，掌控着学术场的交换平台和学术制高点，支配学术场的话语权、控制力和学术资源。学术资源又会按照现代性的价值规律交换成社会资源，因而有名者承载着更多的社会意义和普遍价值的负荷。反之，无名者是社会的微小粒子，被社会主流所忽略，不占据社会价值空间和意义符号，因为更易于专心于"自我"，发现自我和关注自身。

名人公共活动频繁，社会职务众多，从事学术研究时间多，心绪难以集中，在研究基本形态上，无法深入学术深处和击中机杼。杜甫的《奉赠韦左丞丈二十二韵》说："纨绔不饿死，儒冠多误身。"而无名者则因为不受重视，有充足的时间和心智去思考学术本身的问题。名家总是自我主动或被动地进入非学术场的政治场域或其他社会场域。至于学术场本身的公共职务则是知名学者普遍趋于热衷的事务，这不仅过多地耗费学者的精力，而且也严重地毁坏了学术的价值观。密尔在《论自由》里说，18世纪卢梭的议论像重磅炸弹一样，他的教义中有着现今流行世界所缺少的真理。"譬如说生活的简朴有着更高贵的价值，譬如说虚伪社会的罗网和伪善有着耗散精力和败坏风气的恶果，这些都是自从卢梭著作之后才深入有教养的心灵而从未完全消失的观念。"① 简朴而真实的生活离名家越来越远。有名者的社会"威望"使得一些学者在被吹捧中失去了自我，失去了真实性。

---

① 约翰·密尔：《论自由》，许宝骙译，商务印书馆，1959，第55页。

夸大和膨胀的现代性特征愈演愈烈，被现代性所俘获的名家需要的是盛名，而不是学术本身。尼采说："充满活力的原始人在文明城市的强制下堕落。"① 反之，"无名"者不在学术共同体内或不受学术联盟所关注，不仅得不到公正评价和学术资源，反而被学术场拒绝、冷落和排斥。无名者的"无助"更有利于独立、客观和自醒。孔子曰："知之为知之，不知为不知，是知也。"② 因为知自己无知，更能审视自己的创作，因而更能善于向别人学习，尤其向无名者学习，保持一种完全敞开的姿态。反之，因"有名"的粗作也能被发表和展示，失去了自我反思和检讨的机会。同时，无名者因不受学术界认可，不受学术规则的制约，反易于向不公正的学术场和权威发起挑战，从而在学术上有所突破。而且，无名者因无名的低洼，无处可寻，易于安静，就像球滚到最低，水流到最低处。置于最低洼之处，没有路可走，才有一颗宁静的心。有了一颗安静心、一颗平常心，才能平静地对待一切不合理性，才能体验宇宙和人生最深处的律动，也方能进入学术深处。

更重要的是，有名者，首先考虑的是自我地位和既得利益的巩固与发展，对学术观点的评判更多考虑利益关联性。一方面顾忌不同学术观点的反应，不轻易发表不利于学术共同体利益的观点；另一方面，对学术创新观点不敢轻易发表，对错误具有恐惧感，惧怕出错对学术地位产生消极影响，思想趋于保守。在尼采看来，有知者就是恐惧者，因为知识就是恐惧，它是人类脱离动物，生成理性后的产物。"这种长期的古老恐惧最终变得细腻，变成智性的、宗教性的了——今天，在我看来，它叫做：知识。"③ 因此，盛名者出言谨慎，失去批判精神。这是"学术之死"的标志。而无名者不为名所累，发前人所未发，发世人所不敢发。"无名"的"冲动"与"非理性"是学术之魂。有名望者不向无名者"下学"，失去了向他者学习的精神和面对他人学术成就超越自我的勇气。

三 攻之策：从外化知识到脱出智慧

在利奥塔看来，科学知识并不是全部知识，还存在一种与其竞争的叙

---

① 尼采：《权力意志》，孙周兴译，商务印书馆，2007，第 102 页。
② 《论语·为政》。
③ 尼采：《查拉图斯特拉如是说》，杨恒达译，凤凰出版传媒集团，2007，第 358 页。

述性知识。"这并不是说叙述性知识比科学知识更具优势,但叙述性知识的模式涉及内部平衡和界面友好的观念,与此相比,当代科学知识显得黯然失色,尤其是如果它必须接受比昨天更强烈的、相对于'知者'而言的外在化和相对于用户而言的异化,那就更是如此。"① 也就是说,这种相对于"知者"的外在化的"知识"才是"知者"的真正知识。这是"知者"成为智者的秘密,也是"知者"和传统知识分子的区别。

"知者"是知识场的主导者和所有者,因为他对知识具有先遣性,从而成为先发者。反之,后发者由于学术地位低下,必然在学术场中处于边缘状态,没有话语权和影响力。然而,边缘化会促使后发者更有紧迫感和激发力。后发者是在进行对照和比较后作出选择,没有先发者的犹豫、动摇和不确定性,更能抵御外界非学术的诱惑。而且,后发者是在先发者的基础和经验之上启"发",可以借鉴与吸收先发者的成功方法、失败教训以及积累的成果,可以超越先行者的部分探索历程和必经环节,可以跳跃性地过渡到更高级的环节。这样就加快和缩短了发展过程,在较短时间内接近最前沿的学术领地,更易于发现"学术捷径"。

学术先发者因为学术带来了"作为",因而更珍惜于"作为"。"作为"成为其学术的动力、价值标准和学术方向。保持学术优势演化为"作为"优势,对学术的敬畏演变为对学术的把守。这种守持性使先发者失去了对学术的攻势。反之,后发者没有先发的社会领地优势,没有害怕被追上的不安和犹豫。后发之所以要发乃是对"发"的更深刻的感悟与自觉,更接近生命本身和学术内在知识的需要。一种自身迸发的学术热情易与名誉隔断,不像先发者陷于学术的利益场,困顿而难以自拔。后发者在学术"无为"中更近学术,深于学术,攻于学术。对于这种因为仅为求知没有实用目的而专注于学术的人,亚里士多德将其称为"脱出智慧"。被亚里士多德看作理想的学术,乃是"我们不为任何其他利益而找寻智慧;只因笨人自由,为自己的生存而生存,不为别人的生存而生存,所以我们认取哲学为唯一的自由学术而深加探索,这正是为学术自身而成立的唯一学术"②。这是一种真知者的知。而作为先发者的"知者"更多专注于利奥塔

---

① 利奥塔:《后现代状况》,车槿山译,三联书店,1997,第 12 页。
② 亚里士多德:《形而上学》,吴寿彭译,商务印书馆,1959,第 5 页。

所说的"外在化"的知识,而难以脱出智慧,为"知识"所困。

此外,先发者的"能力"优势体现在对学术规则、积累、文献、信息、平台、话语、引证等方面,但一旦失去这种技术占有,其学术能力也随之失去,因为其学术研究能力是其学术资源的控制能力。反之,学术的归零能力是检验一个学者核心竞争力的最终决定力量。归零意味着从新的学术领域、新的知识、新的方法、新的环境、新的起点上的知识创生,即在零基础上的知识接受与知识创作的自然能力。后发者由于没有领先的学术基础、学术介质和学术经验,而要在后发中而发,必须在裸创能力、原创能力和独创能力上具有更强的喷张力。

学术先发者将学术的名望误认为对学术的先知能力和独知能力。马克思在《法兰西内战》中说:"从前有一种错觉,以为行政和政治管理是神秘的事情,是高不可攀的职务,只能委托给一个受过训练的特殊阶层,即国家寄生虫、俸高禄厚的势利小人和领干薪的人,这些人身居高位,收罗人民群众中的知识分子,把他们放到等级制国家的低级位置上去反对人民群众自己。现在错觉已经消除。"[①] "无知"、无名的后发者是学术先发者"高不可攀"的神话破灭者。

四 略之反:从资本羁绊到不铭归零

学术共同体既是一个集团、利益联盟或具有某种凝聚性的场域,也是一种波,它导致场中成员无主体、无自觉、无心智和无作为。场域的集体价值主导着个体的价值,而这个集体价值就是现代性成长不断推动的资本理性。其资本形态不再仅仅是马克思所说的经济资本,还生成了大量的其他社会资本,特别是政治资本。政治资本从经济资本的衍生物篡位于资本的中心,它充当一切商品交换的一般等价物。而学术资本紧紧跟随政治资本。成名学者或学术场域的领军人物,亦成为政治资本的追随者和主要掌握者之一。

权力世俗已经成为一种波源,引起横波和纵波的生成与传播。参与者的振动方向与波的传播方向无论是平行还是垂直并不重要,都是推动波前

---

① 《马克思恩格斯文集》第 3 卷,人民出版社,2009,第 196 页。

进的介质。有名望者不仅是波的积极和主要的参与者和推动者，即介质或质点，随波而动，而且还会随波逐流，成为波的被推动者，因势而下。反之，知识无名者并不能成为学术波介质的一部分，并不能参与波的振动和推动，一般仅能是波的旁观者或随波逐流的被动者。个别或许会成为波的抵抗者和未来的潜力波源发起者。

先知者也是权力拥有者。马克斯·韦伯说："先知们的特殊性在于，他们不是根据人的委托而接受他们的使命，而是篡夺权力的。"① 处在学术场中心的"先知者"，具有对学术场资本分配的支配权和知识本身规则的制定权。知识学成为"知者"的拓扑学。福柯说："一旦知识能够用地区、领域、移植、移位、换位这样的术语来描述，我们就能够把握知识作为权力的一种形式和播撒权力的效应的过程。"② 学术场使得知识与权力系统建立了紧密的联系。也可以说，学术场就是权力场或政治场，学术冲突也就是权力冲突。现代性的成长加剧了学术的世俗化和矛盾尖锐化。被排斥在学术场之外或学术场的边缘"无知"者和无名者，由于没有资本化"知识"，也就没有争夺权力的入场券，必然成为学术场之外的游离粒子，任意而无牵绊地自由活动。也正是这种超脱于世俗世界的粒子性，使得"无知"者或无名者能够不受世俗的迷陷、利益的左右和权力的牵引，而更易于保持学术批判精神的独立。

粒子之间、粒子和学术场之间、粒子和波之间都有相互作用，粒子会发生转化和衰变现象。某些粒子可能进入已有学术场的内核或中心，一些粒子会被学术场的旋转抛得更远，而逐步发生远离学术场的中心或消逝。而个别粒子则自己建立一个新的独立场域，与其他学术场进行互认或对抗。场域总分布总是在不断融进新的粒子和小场域进行重新分配和控制，学术总场在新的力量布展中获得了新的均衡。而作为一个个体的粒子在不断生成、吸纳、加入和膨胀的过程中，开始了一个自我场域的周期史。

休谟在《人类理解研究》中说："所谓自由只是指可以照意志的决定来行为或不来行为的一种能力，那就是说，我们如果愿意静待着也可以，

① 马克斯·韦伯：《经济与社会》（上卷），林荣远译，商务印书馆，1997，第500页。
② 福柯：《权力的眼睛》，严锋译，上海人民出版社，1997，第205页。

愿意有所动作也可以。这种假设的自由普遍被人认为是属于各个人的，只要他不是一个狱囚，只要他不在缧绁之中。"① 如果休谟对自由的理解准确的话，那么承载波的"知者"有"无知"者不具有的自由，即拥有决定学术原则和主流价值的能力。反之，作为自由粒子的"无知"者没有知者规划知识的意志自由，但具有反规划知识的自由。

自由粒子具有无穷的能量，宇宙就来自一个粒子的大爆炸。诞生宇宙的粒子是没有空间的存在，巨大能量在一个没有空间的小点中集聚，没有空间创造了空间。人类目前认识到最小的基本粒子是夸克，但夸克被幽禁和封闭了，幽禁的夸克蕴含着无穷大的能量。

今天的"知者"已成为"智者"，他们不是爱智慧的人，而是掌握现代性经济法则的商人或艺者。作为学术个体是一个从"无名"到"有名"的渐长过程，也是学术退化的过程。"名"的增长，是学术威望的增长，是学术权力的增长，但却是学术生命的消止。这是学术周期律，也是社会周期律。克服学术周期律不是一个学者仅靠自律就能实现的，无法脱离学术场的学者并不能超越现代性的制约。

尼采说："现代最普遍的标志：人类在自己的心目中已经不可思议地丧失了尊严。"② 现代性使人类进入了两难境地，为了"尊严"和"自由"而追随"名望"，祈求成为"智者"，但也因为"名望"和"自由"失去了"学术"或"求知"的能力，反而成为"愚者"和"困者"，从而更失去了尊严和自由。

学术的生命在于无知，或知"无知"；不名，或不铭；零，或不断归零；让自己永远处于低洼与幽禁之中，才会有小宇宙的核磁共振和大爆炸。

---

① 休谟：《人类理解研究》，关文运译，商务印书馆，1957，第85页。
② 尼采：《权力意志》，孙周兴译，商务印书馆，2007，第294页。

·第五章·

现代性学术

第一节 现代性学术场的策略

现代性的主导使得知识失去了独立的品格，对资本和权力的依附构成了知识的主要生产方式。知识的现代性策略毁坏了学术的生命和尊严，对知识的现代性批判是解码当代中国学术幻象的基础。古今中外的学术昌明无不是在学者之间彼此对话和争辩中激发与映射的。重建学术独立品格和采取理性批判之道是激发当代中国学术批评再度兴盛的基本原则。

现代性话语已渗入当代社会每一个领域和组织，现代性策略造作了知识的浮华和虚假。快速增长的当代中国面临着严重的学术危机，学术批评的缺失是当代中国学术迷幻的病灶之一。历史经验的直观灼击着当代中国学人的学术品质。

一　中外学术批评的视窗与映现

在中西哲学的源头，伟大的哲人们无不是在和别人的思想争辩中捍卫对真理的追求和获得认识上的飞跃。希腊文"真理"（a-letheia）一词包含一个否定性前缀"不"和动词词根"被蒙蔽"，巴门尼德首次使用"真理"一词时，就表达出"除蔽"的意愿。苏格拉底认为，人们未加考察接受偏见和谬误蒙蔽了已有的真理，只有反诘才能清除蒙蔽，让真理在心灵中显现。他强调自己一无所知，只有通过对话才能接近真理。在方法上注重思想的激活、对话和辩驳，使得柏拉图时期古希腊哲学获得了空前的繁荣和思想上的解放，民主、平等的气息在大地上升腾。事实上，今天的女权主义和男女平等思想早被柏拉图所知。他在《理想国》里说："没有任何一项管理国家的工作，因为女人在干而专属于女性，或者因为男人在干而专属于男性。各种的天赋才能同样分布于男女两性。"① 柏拉图的理念已被今天的考古学所证实。英国《卫报》援引英国曼彻斯特大学基因科学家特里·布朗的话说，根据考古发现，古希腊的女性的地位并不像人们过去想象的那样仅比奴隶略高，而是拥有与男性同等重要的地位。反之，经过了近 2200 年，黑格尔在他的名著《法哲学原理》第 166 节中还这样歧视女性："如果妇女领导政府，国家将陷于危殆，因为她们不是按普遍物的要求而是按偶然物的偏好和意见行事的。"② 他认为，女性天生不配研究高深的科学和哲学。专制的思想不一定全部来自专制的政权，同样可能来自越过审查与检视的学术权威。

民主与科学是密不可分的，科学史更加昭示这样一个普遍原则。光究竟是什么？这对于物理学和哲学来说都是至关重要的问题。笛卡尔主张波动说，认为光的本质是一种压力；牛顿倾向于粒子说，认为光可能是微粒流。胡克则主张光是一种振动，认为光是类似于水波的某种快速脉冲。荷兰科学家惠更斯发展了波动理论，但由于他把光看成像声波一类的纵波，因而他的理论不能解释偏振现象和干涉、衍射现象。英国科学家托马斯·杨在 1801 年通过他的双缝干涉实验支持了惠更斯的波动理论，动摇了牛顿的粒子说。对此，托马斯·杨说道："尽管我仰慕牛顿的大名，但我并不因此非得认为他是百无一失的。我……遗憾地看到他也会弄错，而他的权威也许有时甚至阻碍了科学的进步。"③ 但是，托马斯·杨的理论受到微粒说的积极拥护者著名科学家毕奥、拉普拉斯和泊松的极力批评。在双方的激烈论战中，年轻的法国物理学家菲涅耳以严密的数学推理，圆满地解决了光的偏振，并提出所有的衍射现象归于统一的观点，有力地支持了惠更斯和托马斯·杨的波动理论。在得到了阿拉果实验检验后，菲涅耳的理论不仅使光的本质问题得到彻底解决，也使他成为"物理光学的缔造者"。

① 柏拉图：《理想国》，张竹明译，凤凰出版传媒集团，2009，第 167 ~ 168 页。
② 黑格尔：《法哲学原理》，范扬、张企泰译，商务印书馆，1961，第 183 页。
③ 梅森：《自然科学史》，周煦良等译，上海译文出版社，1980，第 441 页。

不难想象，如果没有自由、平等、民主的学术对话、激辩与检讨，就不会有今天的"光"。它既是物理的，也是哲学的，它普照着学术的破土而出与苗壮成长。

同样，马克思主义的发展史都是在和学术对手进行学术批判与论战中取得理论建构和思想的阐释与蜕变。从《黑格尔法哲学批判》《关于费尔巴哈提纲》《德意志意识形态》《哲学的贫困》《哥达纲领批判》，到《反杜林论》以及大量的书信等，马克思的唯物史观的发现正是在和黑格尔、青年黑格尔派、费尔巴哈、巴枯宁以及蒲鲁东的论战斗争中获得的。恩格斯在《论住宅问题》中指出了和蒲鲁东追随者米尔柏格论战的重要性："这场论战即使没有任何其他的用处，无论如何总有一个好处：它表明了这些自命为'实际的'社会主义者们的实践究竟是怎么一回事。这些消除一切社会祸害的实际建议，这些社会的万应灵丹，到处都总是由那些宗派鼻祖们炮制出来，而这些人总是出现在无产阶级运动还处于幼年期的时代。"[1] 正是和各种唯心主义、旧唯物主义和机会主义者的论战，才为马克思主义不断注入了新的活水。

辛亥革命以后的近代中国社会，各种经济、政治和文化力量竞相登场，为展抱负而角力厮杀。在思想界、学术界，也正是这种畛域分明、两相对垒的辩驳与激荡推动了新文化运动的诞生与兴起。鲁迅在《二心集》中有一篇文章《我们要批评家》，文章指出："我们所需要的，就只得还是几个坚实的，明白的，真懂得社会科学及其文艺理论的批评家。"[2] 鲁迅与郭沫若、顾颉刚、梁实秋和胡适等人的论战推动了新文化运动的深入和中国学术批评的兴起。针对胡适等人推崇清儒学术成就，鲁迅提醒那些昏聩的学者，这不过是粉饰亡国惨状的遮羞布。胡适的《红楼梦考证》在很大程度上得益于一部偶然获得的《四松堂集》。据胡适称，这个本子是"天地间的孤本"[3]。鲁迅批评了这种倚仗孤本、炫目猎奇的所谓考据方法："我法稍不同，凡所泛览，皆通行之本，易得之书，故遂孑然于学林之外，《中国小说史略》而非断代，即尝见贬于人。"[4] 鲁迅指出了这种自恃秘籍

---

① 《马克思恩格斯文集》第 3 卷，人民出版社，2009，第 333 页。

② 《鲁迅全集》第 4 卷，人民文学出版社，2005，第 245 页。

③ 胡适：《跋〈红楼梦考证〉》，《努力周报》1922 年 5 月 7 日。

④ 《鲁迅全集》第 12 卷，人民文学出版社，2005，第 321～322 页。

的手法实际上体现了研究者思想的枯竭。

二　知识现代性策略的审视与批判

现代性的发展已渗透到人类生活的各个领域，资本逻辑已成为现代社会物质生产和相互关系的典型症候。资本理性越成熟，知识的生产、散播与接受的策略越失去其自身的发展逻辑，走向了一条为现代性造作的依附路线。

1. 知识资本化

知识资本化即知识不再是人们对人本身和外部世界的一种认识、改造世界的一种技能和发展自身的一种最重要的手段，而是最普遍、最具增殖能力和交换能力的商品之一，已成为晚期资本化世界最一般的资本形态和最活跃因素。知识资本化包括知识市场化、知识商品化、知识权力化、知识依附化，知识和知识者不再是独立的精神实体与思想主体。知识者不再是知识的主体，失去了对知识的支配权和决定权。关键是，知识不再享有客观性和正当性。知识界、学术界成为知识的场域、权力的场域、交易的场域。资本的增殖现象在学术界表现为学术的抄袭、重复、泡沫、喧嚣等粗制滥造现象。

2. 知识游戏化

知识游戏化也为知识非程式性、非严肃性、非指向性。现代性使得人们的社会实践活动充满游戏性质，不仅反映在人们直接参与具有嬉戏性质的游戏活动，比如网络游戏、体育游戏、娱乐游戏等，而且，传统上具有严肃性意义的政治活动、学术活动和经济活动也充满游戏性质，似乎随意性、娱乐性增强了。不过需要特别说明的是，游戏并不意味着没有目的、没有竞争、没有利益关联，实际上，游戏范围的扩大，使得游戏的目的性、功利性更强大。在布尔迪厄看来，政治、经济活动已成为现代性成长中最具代表性的游戏活动。"在权力场域中发生的大量斗争都是这种类型的，其中最受瞩目的是那些旨在攫取国家权力的斗争，即相互争夺各种可以使国家对所有'游戏'和支配这些游戏的规则施展权力的经济资源和政治资源。"① 可以说，知识的游戏性是现代性社会最典型的意识形态，通过

---

① 　布尔迪厄、华康德：《实践与反思》，李猛、李康译，中央编译出版社，1998，第137页。

游戏目的的非显在性和政治、经济利益关联的多重性实现对人们物质、精神和社会关系的控制。

3. 知识虚拟化

知识虚拟化也是知识符号化、话语奉承化、表达虚张化。符号化作为知识发展过程的基本环节本身并没有和现代性联系起来，但是，现代性却利用知识符号化过程不断把现代性推向更高的目标和更深入的领域。而话语奉承化是现代性知识最具艺术性的表达，是现代人对人自身状态的一种积极性选择，是达到个人目的和回避风险的生存技艺，既是知识的利用，也是知识的虚拟。奉承者是利用被奉承者的心理弱点或者彼此共谋的一种话语策略。康德在《实用人类学》中指出："奉承者，唯唯诺诺的人，都喜欢把伟大的字眼给予一位重要的人物，他们助长着这种使他孱弱的情欲，并且坑害沉醉于这种魔法的伟人和强者。"① 在康德看来，奉承者（Schmeichler）最初是指依附者（Schmiegler），他们为了任意摆布自负的强者，借助于强者傲慢的弱点，投其所好将其击败以达到个人的目的。奉承者也就是伪君子，以谦逊的外表隐藏自己的真实目的。因此，伪君子被认为是一个骗子，起初他在富有的神职人员面前边说话边叹息，伪装虔诚恭顺。实际上，奉承是知识虚拟化的一种最直接的表达形式，是知识符号化的再生产，是现代性扩张的最有效原则。

4. 知识潜藏化

知识潜藏化也称知识潜在化、话语沉默化和表达含糊化。知识是一种信念模式，不仅是概念、信息的传递、创造、再生和链接，而且是价值的隐性干预、渗透和统治。利奥塔曾指出："在信息时代，知识的问题比过去任何时候都更是统治的问题。"② 也就是说，知识的功能在现代性意义下远超出它自身的附载能量。现代性的剧变使得知识的统治手段不断升级和更新，最典型的是从显性统治向隐性统治转向。批判性、攻击性手法转化为冷却式、沉默式或隐晦式手法，以达到比过去直击性手法更有效的攻击力。马克思在《资本论》第 1 卷 1872 年版跋中指出："德国资产阶级的博

---

① 《康德全集》第 7 卷，李秋零译，中国人民大学出版社，2008，第 267 页。
② 利奥塔：《后现代状况》，车槿山译，三联书店，1997，第 14 页。

学的和不学无术的代言人，最初企图像他们在对付我以前的著作时曾经得逞那样，用沉默置《资本论》于死地。"① 资产者使用对知识的沉默，来掩没对手的知识的发散力。值得说明的是，对知识的掩藏和沉默并不是现代性的普遍手法，它和话语的逻各斯中心主义被交替使用，都不过是其意识形态的筹划方法之一。就独立的知识形态和学术本性来说，知识的潜藏化并非知识本身必有或应有的表现形式，它是知识的价值增殖和扩大再生产的狡计之一。

三 当代中国学术批评的缺失与匡正

批判意识的缺失已经成为当代中国学术的一种病态现象，已严重损害了中国学术的健康发展和学术水平的提高。在中国学术繁荣的背后，潜藏着学术批评严重缺失的危机。学术造假、学术泡沫、学术炒作、学术腐败、学术霸权等反学术现象已成为当代中国学术繁荣的严重障碍，这些问题无不与当代中国学术批评的缺失有着紧密的联系。

1. 批评之声渐稀，逢迎之声弥盛

由于现代性的蔓延与渗透，当代中国学术界越来越失去独立性，学术场成为名利场、权力场、交易场。学术场划分为各种小场域，每个小场域就是一个具有共同利益的小集团。在对外学术活动中，利益集团内部总是互相吹捧、互相造势、互相袒护，形成一个环环相扣的利益链。即使对于学术团体外部的个人或群体，也是尽量以吹捧、逢迎的策略获得对方的回报，因为现代性的等价交换原则，获得支持的学术团体和个人同样以吹捧的形式回报对方，以巩固新的更大范围的学术团队的共同利益。

2. 攻讦现象屡现，求真品格不彰

在吹捧风气的弥漫下，不同学术利益集团的斗争与利益争夺始终没有停止过，和吹捧、逢迎完全相反的攻讦现象也屡见不鲜。为了自身利益，不顾事实，恶意攻击、打压其他学术团体和学术观点的行为时有发生，严重损害了当代中国学术的繁荣和品格。还有一部分人当面吹捧、颂扬，不表露自己的真实观点，背后进行批评和攻击。除此以外，还存在一些个人

---

① 《马克思恩格斯文集》第5卷，人民出版社，2009，第18页。

为了出名和越位而争鸣和批评，故意提出不同意见或对他人进行人身攻击，无视学术批评的严肃性和正义性。

3. 名誉观念畸形，学术信心脆弱

由于学术声望和学术荣誉是进行资本交换的重要商品，因此，学术团体和学者个人对学术名誉的追逐是矢志不渝的。然而，部分学术团队和个人名誉观念畸形，学术能力薄弱，不能以正确的心态对待学术荣誉和学术批评，因此学术造假、学术失范现象屡禁屡现。对于被揭露和批评的学术问题，这些学者不能以正确的心态虚心接受学术界同行和读者的批评，不是以科学、理性和辩证的学术争鸣之道进行回应，而是通过人身攻击、人身谩骂或者学术领域之外的个人隐私揭秘进行报复，还存在个别学者通过其他违法行为进行泄愤，极大地破坏了中国整个学术群体的形象。

4. 学术视野偏狭，独断主义蔓延

说当代中国学术批评缺失，不仅是指学术批评和学术争论的氛围不足，而且是指有效和有价值的学术批评甚少。除了虚假批评，即名为批评实为炒作造势之外，还存在批评证据不充分、主观臆断性强和结论难以令人信服的问题。很多争辩双方由于各自的知识的狭窄和独断方法，轻易断言，引起交恶。部分学者对国外学者的文献、视野和方法完全依赖，使其失去了独立的思想品质和学术研究能力。因此，提高国内学者的学术视野和研究能力是提高学术批评质量的关键。

随着现代性的蔓延，知识对权力的依附度逐步提高，建构一种独立而昌明的学术生态愈显艰难。通过对现代性知识策略的批判，并在学术批评的历史经验中汲取智慧和启明，是当代中国学人重新对知识理性的慎思选择。对话、批评、辩驳是自觉社会文化发展不可或缺的递进环节，检讨、借鉴、反思与映射是科学研究取得突破的重要方法。

（1）胸怀正义，激发学术批评勇气。真正的学术批评要求坚持实事求是的理论原则，面向现实的理论旨趣，人类解放的价值诉求，追求真理的批判精神。批评的目的是去伪存真，因此不应以对方是名家、大家、专家而不敢或不愿批评，应以真理为准则。批评者要有匡扶正气、打击学术虚假和恶劣学风的勇气，被批评者也要有虚怀若谷的气度，有则改之，无则加勉。被批评者要把别人对自己的批评看作一次自我提高的机会，检查自己不成熟、不严密、不慎重的方面。被批评的是学术，而不是人。之所以

进行批评，亦为学术，而不是为人。对事不对人的批评原则是对某一学术观点、学术方法的点评，不是对人品、学术能力和学术水平作一个全面的评价。

（2）求同存异，扩大学术自由空间。学术批评是一种否定性思维，其本质规定具有批判性、差异性和再生性，肯定性、同一性思维导致了知识的低质量和批量生产。只有不同学术构境的交叉、交融，才能激发学术的创新和澄明。荀子注意到诸子偏执于自我学说的危害性："万物为道一偏，一物为万物一偏，愚者为一物一偏，而自以为知道，无知也。"① 荀子提醒人们要"解蔽"，解蔽的方法为"兼陈万物而悬衡焉"②，即兼顾事物的各个方面而加以衡量。马尔库塞也深刻指出单向度思维的局限性："多向度语言被转变成单向度语言，在这个过程中，不同的、对立的意义不再相互渗透，而是相互隔离；意义的容易引起争议的历史向度却被迫保持缄默。"③ 即只有多向度的话语对接才能触发思想的自由与爆发。

（3）自律自觉，重塑学术独立品格。激发学术批评兴盛，首先要对现代性知识策略进行批评，割断学术对权力、资本的依赖，回归学术的独立品格。学者是学术的人格化，学术是人格化的学术，学术批评的积极、有效，首先需要学者的自觉自律。不仅如此，学术刊物和媒体也要有担当精神和自觉品格。学术刊物既要积极为学术批评搭建平台，刊物本身也要有牛虻的精神，具有追击、拷问、质疑、否定、批判和导向的学术品质。《学术月刊》的总编辑田卫平编审指出："如果说，展示和推介的功能只是涉及学术期刊如何扮演好学术'看门人'角色的话，那么，引领和推动功能就涉及学术期刊怎样扮演好'引路人'的角色了。"④ 学术精神的回归需要重塑学者的批评品格，但学术自律不仅在于学者的自律，还在于媒体、行政机构和社会的共同自律和自觉，减少行政权力对学术的干预。

---

① 《荀子·天论》。
② 《荀子·解蔽》。
③ 马尔库塞：《单向度的人》，刘继译，上海世纪出版集团，2008，第 158 页。
④ 田卫平：《重"展示"轻"引领"：学术期刊发展的缺位》，《重庆大学学报》（社会科学版）2007 年第 4 期，第 63 页。

（4）科学理性，维护学术崇高尊严。学术批评的要义在于维护学术的科学性和严肃性，批评者和被批评者都应有一个理性、科学、公正的态度，批评者不能在未经认真、细致、全面核实之前就作出独断、情绪化的贬斥，没有足够的事实不能随便定论。批评不能只依据文本中的只言片语和想象无限地演绎和思辨，不能离开文本的整体思想孤立地突出其中的个别观点而无限放大。辩论者之间应当考虑对方的原则、逻辑、语境与方式方法，不能在不同的语境下，把一个结论普遍化。同时，批评者不能以审判者自居，居高临下、咄咄逼人、斩钉截铁、不容置疑，应体现平等、和善、商榷的人文精神和诚恳态度。

学术乃天下公器，批评是学术的生命。学术本身就是批判，学术的最高层次更是批判，不能被批判的知识不能被称为学术。批判也是对话，从不同的观察角度、专业背景、思维路径、资料来源和论证方法，在评价、质疑或对峙的基础上进行反思、辩驳、修正和论说，是繁荣当代中国学术的根本出路。今天的中国学人可能人微言轻，但其批评精神是中国学术昌盛和文化复兴不可或缺的要素。

第二节　当代中国学术批评的困境

在中国学术繁荣的背后，潜藏着学术批评严重缺失的危机。与自由、平等、友善的对话与批评的学术态度相反，吹捧、附和、敷衍、打压、攻讦、沉默、掩埋等知识现代性策略严重影响了中国学界的声誉以及学术的严肃性和公正性。学术批评是消除认知环境的恒定性、打破思维定式和建立更一般的认知图式最有效的方法。思想自由、学术独立，源于学术、止于学术，准备充分、论辩有道和学术期刊的率先垂范、包容开放是激发学术批评兴盛的基本原则。

批判意识的缺失已经成为整个中国学术病态的临床现象，如何认识当代中国学术的种种不正常现象的严重性，并在学术批评的历史经验中汲取智慧和启示，是需要当代中国学人严肃认真思考的重要问题。对话、批评与审思是自醒社会思想运动不可或缺的辩证环节，批评、检讨与映照共同组成了科学研究方法论的基本原则。

一 当代中国学术生态的幻象

随着我国经济取得世人瞩目的巨大成就，我国的科学、文化、思想和学术也进入了高速发展期，不仅在数量上，而且在深度上、规范上和国际化等方面都取得了很大的进步，受到世界的普遍关注。然而，伴随学术繁荣背后的学术研究环境、学术争鸣和学术批评的氛围、学术评价标准却表现出极大的不适应，带来的结果就是整体学术水平、学术活力、学术操守、国际一流学术成果的低下或缺乏。

从学术批评的现状来看，一种自由、平等、真诚、严肃的学术氛围没有建立起来，在一定范围内存在学术圈地、拉帮结派，对学术异己者采取恶意攻击、打击报复、沉默掩埋、冷淡歧视、话语剥夺等各种边缘化行为，反之，学术利益共同体内部相互吹捧、沆瀣一气、共同造势。同时，一种不良的学术概念化、不着边际、空洞无物、回避真相的扯淡现象也在不断蔓延。这些求索真理品格不彰的现象严重破坏了中国学术的整体形象，败坏了中国学界的风气，阻碍了中国学术的健康发展，对于中国学术的核心竞争力和持久性成长的伤害是致命的和长期难以消除的。严肃、健康的学术批评停滞的局面，缘于多重负面因素。

1. 学术霸权主义抬头

近年来，中国学术界内部发生了深刻的变革，学术性质、学术规则、学术资源、学术领地、学术对象都发生重大位移。同样因为改革开放带来了各种学术力量的重新排列与组合，学术积累和学术集中现象愈发明显，一种新型的学术霸权主义在学术界复活。学术霸权主义既是对学术资源的绝对控制，也是掌握着对学术新人认定的决定权。由于部分话语者占有一定的社会学术资源，比如学科带头人、某评议组成员、学术机构的领导，拥有巨大权力的这类学者的观点自然成为真理的化身。福柯曾这样批评道："在人文科学里，所有门类的知识发展都与权力的实施密不可分。"[①]这也是学术全球化负面影响的一部分。

---

① 《福柯访谈录——权力的眼睛》，严锋译，上海人民出版社，1997，第31页。

2. 学术市场化蔓延

由于市场经济的广泛影响，中国学术界也逐渐市场化、产业化，学术已经不再是纯粹的学术，而是成了与各种资源及经济利益紧密相连的产业。学术标准的制定、学术成果的认定、学术人才的培养模式无不对经济利益形成紧密的依赖。学术就是利益、学术生产权利；同时，学术规则也是市场经济规则的映照。在市场规则的牵引下，一切有利于价值规律和利益最大化原则的行为和策略都被认为具有合法性和正当化目标。市场理性成为人们在学术批评面前的价值选择。如果对潜在利益相关者进行批评，就会因为等价原则而受到被批评者的强烈报复。

3. 现代性效应膨胀

"做大做强"的现代性效应在全社会各个领域迅速蔓延，这对于学术界的膨胀效应是策动性的。因为"大"和"强"是现代性的价值终结标准，做大做强已经成为中国学术的典型幻象，为达到这个目的，任何危害这个总目标的策略都是不被允许的。因为学术"大跃进"，众多学术思想者成为学术制造者，不可避免地存在学术规范缺失的问题，一旦被对手揭发，负面影响和利益损失是难以弥补的。这样一来，为了自我利益的固化，人们首先不去侵害他人的利益，互相形成利益集团，一致对待各种外部利益集团。这样，学术界内部的一片赞扬之声就成为学术联盟的共同宣言。

4. 象征性资本扩张

经济资本增殖欲望的不可遏止是资本本性的反映，同样学术界也在谋求学术产品的急速增长和放大效应，实现学术资本的增殖。这样，学术同盟间的吹捧与粉饰、对手间的攻讦与谩骂就成为资本积累与增殖的必要手段。与经济资本不同的是，学术资本蕴含着较多的象征资本，比如学术称号、学术职务、学术荣誉等。而象征资本是资本积累的新型资本形式，具有更强的增殖能力。同样，扩大象征资本的手段也不同寻常，如何不断更新学术圈地、优化同盟成员成为学术资本繁殖的重要一环。有形的学术资本、无形的象征资本成为最大的学术统治力量。利奥塔说："我们检视目前科学知识的局域——就会发现，有时候科学似乎比从前更受制于统治力量。"[①] 演绎资本逻辑的学术失去了独立意志。

---

① 利奥塔：《后现代状况》，岛子译，湖南美术出版社，1996，第47页。

二　批评触发知识建构的原理

人对知识的理解与把握都是在相对固定的概念和认知结构下实现的。斯滕伯格在《认知心理学》中指出，当我们所观察的物体倾向于保持恒定状态时，就产生知觉常性，甚至随着感觉到的刺激变化也会产生恒常性。"有些恒常性可能是受我们对世界的知识控制，但是恒常性也受环境中物体之间恒定的关系影响。"① 也就是说，知觉敏感性的退化，不仅来自对象的恒定，而且就是对固定化刺激也会产生知觉恒定。关键是，由于我们对知识的统摄要求，需要一种恒定，但这种恒定更多的是来自我们自我学术建构中业已建立起来的知识点之间的恒定性而确定，因为我们看到所处的学术环境，即知识点之间以及知识者之间的恒定性已内化在我们的认知习性之中。这种恒定性是学术创作的最大顽敌。因此，外在的学术批评就是打破知识的固化刺激，因为这种批评的不确定，会破坏知识的外在恒定性环境，从而提高人的认知能力。

人类知识体系一旦建立，就会形成一种保护层，对外来的新知识产生抗体。休谟在《人类理解研究》中说："任何特殊的思想如果闯入各观念的有规则的路径或连串中，那它就立刻被人注意，而加以排斥。"② 因为各种思想、观念和知识之间有一种联系，当出现一种新观念时，原有的次序和规则就会抵抗，这就是思维定式。

思维定式的形成是由复杂的个人因素和社会因素形成的，它形成以后就内化在我们的头脑中。思维定式表示思维角度、思维框架的固定模式。由于人的思维必须在一定的概念结构中，渐渐形成自我的思维习惯或思维圈。思维圈一旦产生，思维的角度、线路、方法就会固定化和僵化，将不符合自我思维圈的对象排斥在外。有成就的思想家和科学家，在自我思维老化以后，就会反过来反对新的科学发现和科学创造。反对电脑第二次革命最激烈的人正是电脑第一次革命的领导者。思维定式是一种封闭性的思维，具有很强的惯性作用，它把新思想纳入旧思维的框架中进行度量。为

---

① 斯滕伯格：《认知心理学》（第三版），杨炳钧等译，中国轻工业出版社，2006，第108页。
② 休谟：《人类理解研究》，关文运译，商务印书馆，1957，第24页。

了防止旧思维的成见和传统，必须对思维定式进行突破。历史总要积淀于现实，如果让自我思维定式占据主导力量，它必然失去活力。恩格斯在《反杜林论》中曾批评形而上学思维框架对辩证思维的制约性："所有这些过程和思维方法都是形而上学思维的框子所容纳不下的。"① 这里的思维框子也是思维空间，反映了思维的容量，是决定思维结构的重要因素。

因此，接纳新知识就是打破旧思维框架。学术批评提供了打破的可能。批评者因为不同的学术背景、学术思路、学术方法，易于找出你的知识框架的缺口。缺口是知识的交叉点，新突破、新境界的起点。在知识的缺口上才能有效地进行知识的解构、反思、否定和建构。不同知识来源的批评与接驳，会产生偶然、可能、夸张、扭曲、变形、怪诞、怀疑、梦幻、错位、悖论、否定、虚拟等方法，就是在旧思维框架上凿开新的缺口。

黑格尔说："个体生灭无常，而类则是其中持续存在的东西，而且重现在每一个体中，类的存在只有反思才能认识。"② 即在黑格尔看来，感性是个别的，而对于类的一般把握，必须通过反思才能认识。我们每个人的认识更接近于感性的个别，只有在共同体的批评和一般性思维引导下，才能更有效地反思，从而获得对类的整体把握。康德在《纯粹理性批判》中也谈到反思的重要性和特征。"反思是被给予的表象与我们不同的知识来源的关系的意识，唯有通过这种意识，各种知识来源的相互关系才能够得到正确的规定。"③ 在康德看来，反思也就是对不同知识来源的比较与确定。只有拥有更多的和不同来源的知识才能促进反思的可能性，而学术批评是提供不同知识来源最有效的途径。

因此，学术批评既是对旧知识体系进行质疑、批判和否定，也是对不断涌现的不同知识的关系进行重新规划，从而建立适应日益加快的世界知识变换的更加开放的新的认知图式。

三 激发学术批评兴盛的原则

中国学术正面临走向世界的重要时刻，但是，关于学术本身生存与发

① 《马克思恩格斯文集》第 9 卷，人民出版社，2009，第 25 页。
② 黑格尔：《小逻辑》，贺麟译，商务印书馆，1980，第 75 页。
③ 康德：《纯粹理性批判》，李秋零译，中国人民大学出版社，2004，第 250~251 页。

展的最基本问题还没有得到真正解决。为了中国学术的健康发展与繁荣，整个学术界有必要认真行动起来，改变学术批评的现状，解决这个困扰学术界的基础性问题。

1. 批评的前提是思想自由，学术独立

之所以目前我国学术界出现学术批评之声渐稀、逢迎吹捧之声弥盛的现象，根本在于没有真正建立起思想自由、学术独立的大文化生长环境。所谓"思想自由、学术独立"，乃为思想者和批评者不受学术之外的任何力量所制约和影响，能按照思想者自身的话语表述和学术自身规则进行交流与碰撞。对于如何提高学术的独立性与自由度，布尔迪厄曾这样阐述过："科学的自由度，明显地取决于科学场抵御外侵、自我保护的程度，以及它能够对外界的侵入施加积极或消极制裁的程度。"① 可以说，学术越缺乏独立性，参与者就越容易加入非科学的力量。因此，必须摧毁资本、权力和利益关联在学术领域建起的一切堡垒，粉碎一切官僚主义、学术霸权主义在学术场域横行的基础，实现个体自由化和共同体民主化的理想，让学术进行有规则的良性竞争，重树学术威信，挽救学术于危机之中，还原学术生态的本真。

2. 争论的话题要主旨重大，立意深远

现在学术界并不是完全没有争论，而是回避或绕开重大基础性问题、重大现实性问题、学界和界外都重大关切的问题以及与意识形态相关的敏感问题。这样的争论不能说完全没有意义，但意义甚少。对重大关切性问题的追问与争论不仅在于学术问题本身的重要性，而且也是倡导真正学术争论和良好学术风气的主要示范场。密尔在《论自由》里说："只要所谓争论是避开了那些大而重要足以燃起热情的题目，人民的心灵就永不会从基础上被搅动起来，而所给予的推动也永不会把即使具有最普遍智力的人们提高到思想动物的尊严。"② 事实也清楚地表明，人们最关切的问题也是最基础和意义最深远的问题，而且，这些问题也是最没有定论和最容易被忽略的问题。毫无疑义的是，自由的学术精神也是在最重大、最现实、最敏感的问题上体现出来的。

---

① 布尔迪厄：《科学的社会用途》，刘成富等译，南京大学出版社，2005，第 37 页。

② 约翰·密尔：《论自由》，许宝骙译，商务印书馆，1959，第 39~40 页。

3. 批评应源于学术，也止于学术

参与批评的双方应从善意出发，不应掺进人身攻击。争鸣的双方应平等相待、不可居高临下。如果持不同意见，可以进行反批评，不必恶意讥讽。对于依据充分的正确意见，应虚心接纳。20 世纪 20 年代初发生的蔡元培和胡适的"红学之争"，尽管反映了两代人在治学和方法论上的认知距离，但两人能真诚合作、配合默契、建树卓越，形成了民国时期知识分子群体一股新文化主导力量。批评者需要勇气，被批评者需要胸怀。学术批评缘于社会责任感，弃绝功利主义。无论是批评者还是被批评者，绝不能以个人或团体利益出发，牵绊于各种权力与利益与关系之中，以学术批评为手段达到为自我学派助长声势、压低他人声音的目的。只有坚守社会责任，促进学术评价体系更好地发挥其应有的作用，方能真正促进学术的繁荣，推动学术的正义与公平。

4. 批评者要准备充分，论辩有道

学术批评只有好的出发点当然是不够的，批评者本身要有准备、有水准、有视野。批评者首先应对批评的问题有一个概念的共识，在何种概念的界定上进行进一步的论说。同时，争辩双方都应在相关领域做好充分准备，做好对论据的考析和争论焦点的清晰阐述，这样的学术批评才是有价值的。对于论辩的方法，争辩双方应注意，一是要针对所探讨的问题就事论事，不可意识形态化、政治化，或转移视线，热衷于批评对方的道德误点和学术误点；二是针对不同观点，要有理有据、逻辑明晰、结论慎重，应认识到任何知识都具有社会历史性，不可妄下结论或批评绝对化；三是批评要严肃认真，不可随意应景几句，隔靴搔痒，不切要点，夸夸其谈，没有任何实质性的批评价值，纯属话语游戏；四是不可假借学术批评之名，实则达到为学术共同体成员提高知名度、制造声势、扩大社会影响的目的。总之，学术批评的论辩方法直接影响学术批评的质量和社会公信度。

5. 学术刊物应率先垂范，包容开放

学术期刊不仅是学术的传播者，也是学术的引领者。国内多家刊物试图努力激发学术的对话与争鸣，《学术月刊》在这方面走在了全国综合性人文社会科学学术型期刊的前面，专门设立了"对话与交锋"栏目，发表了一批较为厚重的学术成果，极大地促进了我国思想界的交流和学术水平

的提高。田卫平主编在《关于学术期刊策划中的六种意识》一文中指出，作为新世纪的学术期刊的责任之一就是"精心搭建一座公共学术平台的责任，从而使编者、作者、读者三方能够在公平、公正的氛围中平等对话、交流互动，阐释或解决一个个学术问题，充分体现学术的开放性与包容性"①。学术期刊的创新发展与学者在学术热点方面的争鸣与推动是互为依存的。学术报刊有责任带头改变学术批评的环境，多一些争鸣、对话，少一些吹捧、压制，为学术论争营建健康、浓郁的学术氛围。刊物应该有正确的办刊导向，不能因为刊物的自身利益和自我的学术观点而偏袒一方，必须尊重各派学者发表自己意见的权利、平等对待，重建真诚、友善、严肃的学术批评空间，为中国学术发展和话语体系建构提供更加广阔的平台支持。

学术抑或一切科学、知识都是"生于对话，死于独白"。学术的源头活水，在于各种经验、思想、观念、方法和证据的碰撞、联结、论证、演进、交流、渗透、嵌入、反驳、批评、诘问和回答。正因为有着不同的社会经历、专业背景、知识结构和文化信仰等差异，不同学者之间的对话才显得必要而且可能。任何理性的对话，都必须要以差异和宽容为前提。差异使得对话在一种交锋之中跌宕展开，而友善则保证对话不会被恶意和敌对所伤害。一种善意、机智、审思和公开的面对面的对话态度不仅是研究者科学发现的必备素质，也是学术批评的基本要素。《尚书·皋陶谟》叙述了舜帝和禹的谈话。舜帝对禹说："予违，汝弼。汝无面从，退有后言。"其意为：我做错了事，你要匡正我。你不要当面顺从我，而背后议论。这种敞开的、直击的批评才是对双方及他人有益的。

科学需要独白，更需要对话，因为只有对话才有独白。不被批判的话语不会抵达真理，康德说："哲学的义务曾经是消除源自误解的幻觉，哪怕是此际还有诸多备受赞扬和喜爱的妄想破灭。"② 只有让不同学术背景和学术兴趣的研究者进行充分沟通，渗入批评，激发觉悟，检讨误释，摒弃独断，砥砺理性，映射差异，增进彼此思考的深度、广度和触发性，才能推动学术的澄明与昌盛。

---

① 田卫平：《关于学术期刊策划中的六种意识》，《江西社会科学》2005 年第 5 期，第 234 ~ 235 页。

② 康德：《纯粹理性批判》，李秋零译，中国人民大学出版社，2004，第 6 页。

· 第六章 ·

现代性政治

第一节　现代性精神政治的秘密

古老的游戏与虚拟在现代性滋长的社会里已呈现出新的特征与存在意义。游戏与虚拟所激发出来的一种"为政"技艺，成为现代性驱动下的政治集团进行精神统治的秘术。游戏作为一种具有宗教性的泛信仰，具有远离政治、逃避苦痛的社会功能，而虚拟则是统治者利用虚拟空间主体的瞬间持存和对现实社会关系的遮蔽而达到自欺性的个性放大和对现实政治暴力的镇痛功效。同时，具有虚拟意义的直接虚构则是现代性政治的最典型秘诀。

欧里庇得［在剧本中，一位君王对他的儿子们吩咐］说：

> 我毋需那些琐碎的机巧，
> 但愿能受到治国的要道①。

尼采认为："文化的最高成就应归功于政治上衰弱的时代。"② 今天是游戏文化与虚拟文化高度发达的时代，但是否属于文化的最高成就我们尚不得而知。在我们的时代，一个充满现代性的时代，一个世界历史的时

---

① 这两行诗句见挪克编《欧里庇得剧本残篇》，剧本名为《爱俄卢》（Aeolus）。即此处所举国王的名字。
② 尼采：《人性的，太人性的》，杨恒达译，中国人民大学出版社，2005，第247页。

代，政治走向了衰弱？也许尼采的断言本身就是错误的，但无论如何，鲜为人知的游戏与虚拟之间的秘道，助救了很多统治者和圣人走出了驳治的困境。

一 戏之恋：一种社会边缘化人群的迷陷

人类在古代不仅对戏有了体验，而且也创造了戏的概念。孔子说："偃之言是也。前言戏之耳。"[①] 孔子所说的戏就是戏言，也即不必当真也，或有拟真含义。"优倡侏儒为戏而前。"[②] 这里的戏，也称游戏、戏耍、嘲弄，也指歌舞杂技表演。在后现代主义者看来，戏或游戏具有更多的内涵与矛盾，有人认为是指与人类有目的性和意义性活动相对立的一种无意向性的漫游，也有人把其看作一种寻求政治资本扩张的策略。维特根斯坦认为，游戏无法予以精确定义："我们可以说'游戏'概念是一个边缘模糊的概念。"[③] 在布尔迪厄看来，一切具有目的性的政治、经济和社会活动都是游戏："在权力场域中发生的大量斗争都是这种类型的，其中最受瞩目的是那些旨在攫取国家权力的斗争，即相互争夺各种可以使国家对所有'游戏'和支配这些游戏的规则施展权力的经济资源和政治资源。"[④] 而利奥塔则认为："游戏在根本上是由其规则定义的。"[⑤]

权重者一般总是支持、鼓励或默认具有游戏性质的娱乐活动，比如体育、身体表演、网络游戏等一切具有娱乐性质的游戏。至于游戏属于什么并不重要，只要吸引大批人群的注意力，并使他们沉醉其中，形成一种控制人的精神世界而不能自拔的宗教或信仰，使其没有精力和兴趣去关心政治形态和政治资源的分配。但是，在大规模的全国性选举或公决时，又为何让众民去关注和了解政治呢？这其实不是让群众去了解或行使个人政治权利，而是在长期的政治间离后和意识形态宣传后，民众并不具备对政治的敏锐性和辨别力，而且长期的政治意识的隔绝和淡漠，使其对政治的专

---

① 《论语·阳货》。
② 《史记·孔子世家》。
③ 维特根斯坦：《哲学研究》，陈嘉映译，上海世纪出版集团，2005，第 40 页。
④ 布尔迪厄、华康德：《实践与反思》，李猛、李康译，中央编译出版社，1998，第 137 页。
⑤ 利奥塔：《后现代性与公正游戏》，谈瀛洲译，上海人民出版社，1997，第 54 页。

注与专业大为削弱，因此这种投票或行使政治权利对普通民众来说，仅是另一种游戏。而且，在选举过程中，一些权力部门通过经济利益的诱使和腐蚀，使得部分选民为微薄利益所驱动而受其指使。当然更多的是，民众也有博弈技巧，在强大势力所控制的制度下，个人的主张是无法与之对抗的，因此最后的选择一般情况下也是无奈的。

沉浸于各种游戏之中的"戏民"大都是边缘化人群或是社会底层民众，这类人没有政治权利，也没有主流政治活动或文化活动的参与，被主流社会所隔离，只有寻找其他的精神或身体活动去销蚀自己，但这种选择还必须是不违背统治集团的利益和不能给统治者带来危害。只有那种毫无政治祈求、没有核心价值的游戏和娱乐活动才能获得容许和默认。同时，这类人群也不像精英知识分子和工商业利益资本家，因为竞争的剧烈，无暇去顾及这些要耗费大量时间与精力的无意义的活动。更重要的是，文化精英和商界精英都明白：在一个现代性滋长的社会中，一切都按照价值规律运作，一切都是在各种资本的交换与增值中获得生命力，而对进入游戏或关注游戏是不具备资本特征的。当然当游戏本身成为一种商业行为和商业价值时，它已不属于游戏了，仅仅是具有游戏形式的一种生产。没有属于自己产品的观赏或参与才是真正的游戏活动。

社会边缘人群的行为方式和轨迹犹如游戏，否定生存的意义、作践自己的身体、没有理想的企盼、失去对他人的信任，没有生与死、律与欲、善与恶的界线。这是因为他们无法在主流社会占有位置，没有其他可交换的社会资源，只有自己的身体。当这种身体还不能作为劳动力或者自身不愿成为劳动力进行交换生产产品的时候，这种身体只有成为社会另一部分人的享用对象，或成为另一种带有稀缺性的物。如果在作践自己身体的游戏中，给他者身体带来危害而引起社会不安和恐慌的，则会被制止和惩罚。

需要指出的是，视生活为游戏的主张并不是今天才有的，早在古希腊就有人察觉生活的戏剧性和荒诞性。赫拉克利特说："人生犹如儿戏，在十五子棋中摆弄棋子；王权（或：王国）掌握在孩童手中。"[①] 赫拉克利特

① 《赫拉克利特著作残篇》，楚荷译，广西师范大学出版社，2007，第65页。

通过人生的无常和无序揭示了王权的非正当性。同时，希腊人主张通过生活的游戏性避开生命的重压。"西摩尼得斯①劝他的同胞将生活当成游戏；他们太清楚过于认真便是一种痛苦了。"② 古希腊人知道，唯有通过艺术，才能使苦难变成快乐。他们不作自我欺骗，但故意拿谎言同生活开玩笑，他们乐于被虚构的故事和乐趣所纠缠，以至于他们的日常生活中很难避免谎言和欺骗，就像诗人都有说谎的习惯和乐趣。

　　古希腊人的游戏仅仅是通过艺术虚构生活，远没有今天这样广阔。今天的语言是游戏，知识是游戏，政治是游戏，社会关系是游戏。游戏的多样性、多元性及其相互之间的不可化约性显示了现代性社会自由、独立、隔阂和专制、依附、共识的关系悖论。

二　游之道：一种修筑稳定性统治的编码

　　对于"游"，中外哲学家都有深入省思。中国古代的"游"，具有三个方面的含义。一是指云游四海。如子曰："父母在，不远游，游必有方。"③二是指超然于物外。如庄子的"乘云气，骑日月，而游乎四海之外"④。三是指一种身份和精神游动的艺术，如孔子的"游于艺"⑤。

　　为了游于艺，在古代，中西方都采取了各种不同等级的划分来获得一种技艺。西方把官衔分为国王、公爵、侯爵、伯爵、子爵、男爵、骑士等；中国古代官衔有九品之分，每品还分正、从，这样就有了十八级；在学历上也有秀才、举人、探花、榜眼、进士等。在现代，政治体系的等级制度已具有世界性普遍意义。在学位上，有学士、硕士和博士；在职称上，有助教、讲师、副教授和教授。不过，这样简单的划分不足以耗费一个人毕生的精力，因此在这些等级上进一步细化，比如把教授再分成很多级，如果还不够，还可以再分终身教授、荣誉教授等。总之，使其终生不得安宁，至死还有理想没有实现。这样使其为了向上一级、上半级或同级

---

① 西摩尼得斯（公元前556年？至公元前468年？），希腊抒情诗人，警句作者。
② 尼采：《人性的，太人性的》，杨恒达译，中国人民大学出版社，2005，第119页。
③ 《论语·里仁》。
④ 《庄子·齐物论》。
⑤ 《论语·述而》。

但含金量不一样的攀登耗费多年的忍辱与煎熬。最重要的是，为了向上跨越，他们会把其他所有的精力和兴趣都集中到这一点上来，尤其对政治本身已无暇顾及。这种在权力、利益和名誉的诱惑下，一种自下向上的游动成为现代性意义下稳定政治统治的秘术。同时，这也是一种在政治之外创造一种游戏，一种参与者志愿参加或被迫参加的迷陷，使其不能自拔。

这种游戏采取的是一种典型的现代性策略，通过圈域式分类，圈外者很难进入圈内，不同的圈具有不同的游戏规则，不可随意通约。正如布尔迪厄在《实践与反思》中所说："在高度分化的社会里，社会世界是由大量的具有相对自主性的社会小世界构成的，这些社会小世界就是具有自身逻辑和必然性的客观关系的空间，而这些小世界自身特有的逻辑和必然性也不可化约成支配其他场域运作的那些逻辑和必然性。"① 而且，同一种类型的圈并不是一个，而是有层层密密的同心圆，外圈进入内圈的规则也执行的是完全的现代性原则，即积累原则。每向内进一圈都是要在一定的圈层基础上，不可越位和越圈，尽管有可能在某个外力的作用下，在某一圈停留的时间比较短。一个总统没有在议会、州长或其他政府高级位置上任过职是不可思议的。同样，一个大学校长也是在副校长或院长的范围内被选中，而绝不会在一个普通教师中产生。这种游戏规则的形成，一种原因是这样的层层入围，使得入围行动已经不是政治活动，是一种远离政治的游戏活动；另一种原因则在于这也是政治统治本身的一部分，从而保持统治的持久。不论哪一种原因，都是统治者为达到永远统治而造成的。

另一种游戏是通过对人的精神活动进行归纳和编制，使其按照统治者的安排而游动，从而消解社会躁动的不稳定因子。基督教通过上帝的安慰，佛家通过转世的许诺来安顿不安的灵魂和弥合社会的裂痕。在宗教形式上，中西方采取了不同的治理方法。西方采用制度宗教，中国古代是一种礼制占主导的社会，宗教的超越精神在制度中尤其在政权组织中难以立足和扎根，也就是说，政治精神直接在生活中体现。黑格尔在《历史哲学》中有过分析："中国所特有的'实体精神'，仅仅发展到世俗的国家生活的一种统一，这既使个人降于一种永久依赖的地位，同时宗教也始终在

---

① 布尔迪厄、华康德：《实践与反思》，李猛、李康译，中央编译出版社，1998，第 134 页。

一种依赖的状态下存在。"① 在黑格尔看来，佛教很早就在中国传播，但它缺少相对独立、自由的因素，因为它更多地介入世俗的生活。因此，中国就有了非制度化的扩散性宗教，即一种弥散形的、蔓延的、泛精神控制的、组织松散的、本土化的宗教信仰方式。这种松散性宗教形式对于政治统治的稳定是相当重要的，因为无论如何分散和非制度化，也一定要给予他一种信仰，任何唯心主义的鬼神、妖魔、天使、传奇都可以被允许，但绝对不能是对国家权力有所迷恋，尤其不能质疑政权的合法性。尽管中西方在宗教推介形式上不同，但中外统治者都尽量采取把宗教神圣化的精神谋术，使其摆脱世俗的层面，让其远离政治。这是一种主动安排和规制人的精神漫游的现代性编码。

三 拟之镜：一种意志奴役化生存的虚脱

如果说近 20 年，在现代性社会内部孕育了某种最强大的破坏性力量，那么显然就是以数字化为基础的虚拟生活。虚拟生活不是简单的网络世界。虚拟也不是今天才有，古代人不仅发明了虚拟，而且也有了虚拟的概念与困惑。柏拉图借用智者泰阿泰德的话说："真实与不真实相互纠缠在一起，实在令人困惑不解。"② 后现代主义者鲍德里亚发现今天的拟像已不是传统的模拟（即以现实为基础的某种像）。在他看来，今天的虚拟是一种代码的形而上学，代码是始源，是本真。简单地说，地图先于领土。符号没有后方世界，没有潜意识。虚拟的符号所赋予的精神力量，在于提供一个无限宽广的中介空间。它从最简单的数字出发，通过同过去、现在和未来相贯通的虚拟，使历史再生，使感染者"忘却"现实和历史中的条件，获得一种可重复的超现实存在。虚拟的符号是"绝对的"自由，可以压缩和复制历史，把历时的历史事件共时化，犹如考古学家发现的化石，即这种历史沉淀物能把不同时代的事件压缩在一个"共时结构"中。

但是，鲍德里亚同时注意到，今天更普遍的符号法则是符号的写实性，即符号背后所蕴含的丰富意指和符号法则。这是现代性不可克服的悖

---

① 黑格尔：《历史哲学》，王造时译，上海世纪出版集团，2006，第 156 页。
② 《柏拉图全集》第 3 卷，王晓朝译，人民出版社，2003，第 36 页。

论:"真实死了,写实的符号万岁!"① 在鲍德里亚看来,正是这种悖论困顿了人类的意志与精神自由。对于如何走出这种历史悖论,他指点了两条迷津:一条是回到古代巫术符号或礼仪符号之中,这些原始秩序的面具、文身、节目性的符号是可交换的符号;另一条是象征性注册号,即在新的数字化生成的虚拟态中,剥离与人类现实身份相关的一切关联,真正走进一个"纯粹"的自我,或仅代表符号本身。"它们由于自己的贫乏本身而不可简约,所以它们可以抵制一切解释,一切内涵,它们既不指涉任何物,也不指涉任何人:既没有外延,也没有内涵,这样它们就逃离了意指原则,而且作为空虚能指,闯进了城市的充实符号领域,仅仅通过自己的在场本身来消解这些符号。"② 也就是说,丧失意指的符号才最具有冲击力和独立行动能力。

令人振奋的是,这种可以摆脱现实束缚的拟之镜在鲍德里亚看来并非拟想,而是在非传统的和非物质性的虚拟实践中,已完全可以做到。在虚拟空间中,更多地进行着这种交往活动。这种交往不以真实的名称出现,而是以一个象征性符号,一个仅为区分目的的符号。需要注意的是,那种刻意达到某种蕴意的网名不能称为象征性注册号,所谓的象征仅仅象征一个编码,不是指象征一个意义。在鲍德里亚看来,在这种完全以象征性注册号链接的环境下牧游,奇迹出现了。"它们的出现就是为了在匿名中无限地相互给予、相互交换、相互传递、相互接替,不过这是一种集体匿名,在这种匿名中,这些名字就像从一个人到另一个人的秘传词语,如此完美的相互交换,以至于就像语言一样,不是任何人的财产。"③ 也就是说,这样的符号世界是对传统符号统治的攻击,是一种符号的动乱,是符号的起义。它们没有隐私,是一种从未有过的公共性体验。这些名字没有种族、宗派、年龄、性别、文化等区分。它们没有现实性名称的背叛,是对自己名称绝对的忠诚。更为关键的是,掌控符号的体验者,完全进入了一种克服意志被奴役的境界,它是绝对的自由,不受身份的困扰,没有受到追捕的恐吓,是一种纯粹的尽情尽意。一种从未有过的,或者说原始回归的、没有任何附加条件的、没有任何杂质的"民主"号诺亚之舟启

---

① 鲍德里亚:《象征交换与死亡》,车槿山译,凤凰出版传媒集团,2006,第138页。
② 鲍德里亚:《象征交换与死亡》,车槿山译,凤凰出版传媒集团,2006,第115页。
③ 鲍德里亚:《象征交换与死亡》,车槿山译,凤凰出版传媒集团,2006,第115~116页。

航了。

可惜的是，并非只有鲍德里亚一人有这样的发现。而且，使鲍德里亚没有想到的是，他的发现和卓著早被一切统治者所关注和掌握。民主的"民"已被专注为虚拟世界和网络世界的游民，似乎是，网民的声音已经成为一切领导者检验自己绩效的方向标和尺度。遗憾的是，虚拟再一次被统治者所利用，正是网络的这种集体盲动带来的集体失语的双重效应，是以前一切现实条件下精神政治运作所没有的效果，使其被谋略者所独钟。如果说，虚拟是新的形而上学，那么它更是新的意识形态，是一种更加隐秘的、具有深度蕴含政治目的和规划的蜉蝣。鲍德里亚"意义纯粹无"的符号是不存在的，在现实中不存在，在虚拟世界里同样不存在。虚拟可能先于现实，但终究是现实的反映。现实有国王，虚拟王国同样有国王。一种"纯美"的民主，在众民的呐喊中升腾，但又在王者的追击中粉碎。

四　虚之构：一种治理完满性美学的梦魇

虚构是现代性膨胀的重要原则，也是一切统治者的治理方略。中外历史上的统治者的虚构策略具有很大的相似性。第一个方面是虚构对政治的责任，似乎并不对政权有兴趣。或谓孔子曰："子奚不为政？"子曰："书云：'孝乎惟孝，友于兄弟。'施于有政，是亦为政，奚其为为政？"[①] 对于询问为何不为政，孔子回答说："《尚书》上说：'孝敬父母、友爱兄弟。'把这种孝爱带到社会上去，这也是参与政治啊，何必非要做官才能算作参政呢。"但后来却又泄露了自己的内心的诡秘。公山费扰在费地兵变，召孔子，孔子准备去。子路很不高兴，就说没有地方去就算了，何必要去他那里。孔子曰："夫召我者，而岂徒哉？如有用我者，吾其为东周乎？"[②] 也就是说，召我去的那个人，难道是白让我去的吗？假如有人任用我，我不是可以使周代复兴吗？这既反映了孔子不想当权的虚伪性，又反映了为了当政以为国复兴作借口的更加虚伪的本性。"君命召，不俟驾行矣。"[③]

---

① 《论语·为政》。
② 《论语·阳货》。
③ 《论语·乡党》。

不待车马驾好，就匆匆步行赶去。一种对权势的屈服与迷恋的现代性权力依附原则是那样古老。

第二个方面是虚构道德的重要来掩盖政治的阴谋。中国古代孔子、老子、庄子等都大力推崇道德和做人的行为准则的重要性。孔子说："为政以德，譬如北辰，居其所而众星共之。"[①] 老子说："圣人无常心，以百姓为心，善者吾善之，不善者吾亦善之，德善。"[②] 孔子进一步善诱说："知者不惑，仁者不忧，勇者不惧。"[③] 可是通过孔子进入朝廷的门时的表现，可以看到另一副面目的孔子。"入公门，鞠躬如也，如不容。立不中门，行不履阈。过位，色勃如也，足躩如也，其言似不足者。摄齐升堂，鞠躬如也，屏气似不息者。出，降一等，逞颜色，怡怡如也。没阶，趋进，翼如也。"[④] 孔子走进朝廷的大门时，便鞠躬，好像不容他走进去。孔子不在门的中央站立，进门时不踩门槛。经过国君的座位时，脸色立刻庄重起来，脚步也快了起来，说话也好像气不足的样子。提起衣服的下摆向堂上走时，鞠躬，憋住气好像是停止了呼吸一样。出来时，走下一级台阶才松了一口气，脸色显出轻松的样子。走完了台阶，向前快走，姿态像鸟儿展翅一样。令人生疑的是，孔子在朝廷里的勇气和智慧怎么不见了，一个典型的虚伪画像说明了道德的说教不堪一击。孔子自己也说："君未见好德如好色者也。"[⑤] 也就是说，孔子也知道道德者是不存在的。这样也自我揭示了统治者或统治的拥护者对道德的虚构是一种理念主义的转移策略。

第三个方面是对现实关系的虚构，达到原谅当下统治的失误和对反抗力矩的扭转。马克思恩格斯在《共产党宣言》中指出，资产阶级和它的帮凶资产阶级的社会主义总是极力美化资本主义的现状和给他们的理念虚构出一种"永恒真理"的合理外衣。"在资产阶级看来，它所统治的世界自然是最美好的世界。资产阶级的社会主义把这种安慰人心的观念制成半套或整套的体系。它要求无产阶级实现它的体系，走进新的耶路撒冷，其实

---

① 《论语·为政》。
② 《道德经》第49章。
③ 《论语·子罕》。
④ 《论语·乡党》。
⑤ 《论语·子罕》。

它不过是要求无产阶级停留在现今的社会里，但是要抛弃他们关于这个社会的可恶的观念。"① 宗教教义就是虚构这种"美好世界"的最好作品。"因为宗教在失落、匮乏、恐怖、怀疑的时代，也就是说，在政府感觉自己没有能力直接做减轻私人灵魂痛苦之事的时候，能满足个人的情绪；甚至在面临普遍的、不可避免的、暂时难以制止的灾祸（饥荒、金融危机、战争）时，宗教给大众以平静、从容、信任的姿态。"② 国家或统治阶级总是把人的统治和神的统治混合在一起，一种通过精神转移的驭政方法成为无须隐藏的秘密。明智者看到的是统治者的失误，而众者领会到的是上帝的旨意。

现代性的泛滥，使得虚构已具有彻底的无意识和超效能。福柯指出："一种虚构的关系自动地产生出一种真实的征服。因此，无须使用暴力来强制犯人改邪为正，强制疯人安静下来，强制工人埋头干活，强制学生专心学习，强制病人遵守制度。"③ 在功能上更胜于真实规制的虚构已成为裁剪政治地图和粉碎社会反抗力量的秘方。

事实上，现代性滋生的虚构，无论是统治者之身的直接出场还是其代理者的现身，都是制造逆反意义的概念，即概念意指和概念名称相对立的虚假概念。也就是把自我利益喻为他人利益，把自我的目的虚构为人民的目的。

亚里士多德在《政治学》里说："主人并不是由于他占有多少奴隶而成为主人，能够运用奴隶，这才真正成为主人。"④ 因此，怎样运用奴隶、指挥奴隶成为统治者最大的政治、最机杼的治国要道和最博大的学术。

孔子说："政者，正也。子师以正，孰敢不正？"⑤ 治者以正，谁敢不正？可惜的是，孔子无法使治者以正。老子说："智惠出，有大伪。"⑥ "我无欲，而民自朴。"⑦ 这就是说，统治者的生智实质上就是意味着虚伪的开始，统治者的欲望才是社会动乱和罪恶的根源。老子的言说切合了后现代

① 《马克思恩格斯文集》第 2 卷，人民出版社，2009，第 61 页。
② 尼采：《人性的，太人性的》，杨恒达译，中国人民大学出版社，2005，第 249 页。
③ 福柯：《规训与惩戒》，刘北成、杨远婴译，三联书店，2007，第 227 页。
④ 亚里士多德：《政治学》，吴寿彭译，商务印书馆，1965，第 20 页。
⑤ 《论语·颜渊》。
⑥ 《道德经》第 18 章。
⑦ 《道德经》第 57 章。

思想家德勒兹关于没有器官的身体的主张。即在后现代思想家德勒兹看来，没有器官敏觉的直接碰撞而产生的扑面与浅读，它没有沉思，也没有剥茧，才是克服现代性病原的处所和调适人与人关系的秘籍。但德勒兹和老子、孔子一样都没有逃脱幻觉与虚构的死穴。

实际上，现代性的困境不是起源于文化的复变，而是客观物质关系的必然结果。《德意志意识形态》早已阐明："从这里已经可以看出，这个市民社会是全部历史的真正发源地和舞台，可以看出过去那种轻视现实关系而局限于言过其实的重大政治历史事件的历史观是何等荒谬。"① 马克思深刻地揭露了统治者虚构生活的骗术并不容易暴露。

游戏是古老的，虚拟也是古老的。虚拟的世界是游戏的世界，虚拟世界的游之道也是现实的游之道。游戏也是一种虚拟，是一种意义与无意义兼并的精神创作与文明规则。游戏与虚拟的共舞演绎了人类奴役与服从、统治与反抗道路上的倾轧与伤痛。如果说游戏与虚拟是统治之道，那么它们也是被奴役人类的挣扎之道，一种全部社会力量集聚而喷发的前奏。

第二节　"权力"矩阵论

后现代所推崇的物理化的场域概念为我们带来了权力的吸噬性和复杂性认识。然而，场域的混沌性使我们无法明晰权力运作的真正机制，也难以找到遏制权力的有效途径。权力的矩阵原理开启了权力布控研究的新视角，矩阵的行列图式等解开了权力的布控、集发、繁殖和归位等多种形态与演变的机要。各种力量在简约的纵横对峙中演绎了本性的多维关联，并展现了现代性病灶的多种症候。

何谓权力？弗洛姆在《逃避自由》中说："'权力'这个词包含两重意义，其一是指拥有统治他人的力量，即具有统治他人的权势；其二是具有干事情的力量，即干事情的能力。后者不含统治的意义。如果一定要说后者也含统治的意义那只是指能力意义而已。"② 正因为统治与潜力的双重

---

① 《马克思恩格斯文集》第 1 卷，人民出版社，2009，第 540 页。
② 弗洛姆：《逃避自由》，陈学明译，工人出版社，1987，第 214 页。

意义，带来了权力运作图式的诡异。

一　矩阵的行与列：权力的类型与脉系

亚里士多德在《政治学》中说，权力作为一种统治，具有三种类型。第一种是主人对奴仆的统治，主人总是尽量多地考虑自己的利益，即使考虑奴隶的利益，也是怕奴隶的死去带来自我利益的丧失；第二种是家长对于妻子和子女的统治，主要是考虑被统治者的利益，兼顾自己的利益；第三种是城邦宪政统治，这种统治是依据平等原则，轮流担任公共管理的职司。这应该是一种合乎自然的制度，人们设想在我担任这种义务的时候，既然同等地照顾他人利益，那么他人执政也一定会照顾我的利益。但是，亚里士多德已发现，实际情况不是这样，动心于当官在公共利益中的侵蚀，这些公职人员已被病魔所缠。"看到这些人对权利的狂热，不能不想起这些情况实际是病态。"①

现代性使权力成为商品早已不是什么秘密，它不仅可以充当一般等价物，而且它的功能已经超出货币的范围。权力作为一种特殊商品的资本具有多种形式，不仅是传统意义上的经济资本和政治资本，更广泛地具有文化资本、知识资本、经验资本、话语资本、社会资本、身体资本、年龄资本、荣誉资本和象征资本等，可以说一切社会资源都化为一种权力资本在社会链中运行和发挥作用，其中最基本的运作形式就是进行交换和增值。

知识成为一种权力，在福柯看来是现代性引起的制度化的结果。"科学之被制度化为权力，是通过大学制度，通过实验室、科学试验这类抑制性的设施。"② 反过来，权力化为知识，在现代性社会里更是触目皆是。福柯指出了现代性把权力和真理等同起来，权力赋予知识合法性。事实上，马克思早在《黑格尔法哲学批判》中就说道："考试——'官职'和'个人'之间的'联系'，市民社会的知识和国家的知识之间的客观联系，——无非是官僚政治对知识的洗礼，是官方对世俗知识变体为神圣知识的确认。"③

---

① 亚里士多德：《政治学》，吴寿彭译，商务印书馆，1965，第 135 页。
② 福柯：《权力的眼睛》，严锋译，上海人民出版社，1997，第 32 页。
③ 《马克思恩格斯全集》第 3 卷，人民出版社，2002，第 65 页。

身体成为资本是现代性最重要的成就。一方面身体的劳动力在马克思看来是资本增值的唯一源泉；另一方面，身体也是现代性消费的最后场所和最有诱惑的权力。鲍德里亚在《消费社会》中说道："在消费的全套装备中，有一种比其他一切更美丽、更珍贵、更光彩夺目的物品——它比负载了全部内涵的汽车还要负载了更沉重的内涵。这便是身体。"① 在鲍德里亚看来，作为渴望拥有的并可能拥有的最美丽消费品，身体之所以被重新占有，不再是马克思工业逻辑中的劳动力，而是享乐主义效益和作为社会地位的能指之一来操纵。但在福柯那里，身体则是资本主义的密码。他提出，何以理解专注于庞大生产的资本帝国竟然费尽心机地关注性，或为何从没有一个社会比今天更加明确地反复强调对性的关注？这不过是资产阶级的"自发哲学"对身体的关注，是通过一种性经验的机制来确证资产阶级的独特和霸权，而这种机制就是身体的爆发力、耐力和长久的生殖力。

运用矩阵理论，我们可以把权力布局看作一个矩阵。其中权力的类型可以看作权力矩阵的行，行的数量表示了权力种类的数量。而矩阵的列则可以表示权力主体的排列，列数也就是一个群结构中权力主体的个数。

权力矩阵中的列，具有权力行动的统一性和利益一致性。在现代性的资本逻辑下，使得一切权力运作都以集体行动为策略，来保护和增长自我脉系的权力。在国家利益、民族利益、集体利益、他人利益的选择和取舍上都以本脉系利益最大化为原则。不同阶级、种族、国家、系统、行业、部门、商业集团、政治集团、地区、职业、性别等一切分类都是一个权力矩阵的列，都时刻在维护着本列的权力最大化。这包括促使本列自身性质所应有的权力的扩张，还包括扩大权力的种类，并促进自我权力和其他种类权力的等价交换和增值运作。而个人权力是随着本脉系权力的增长而增长的，反之亦然。可以说，个人权力的增值是现代性个人的最终目的，也是个人一切行动筹划的最高纲领，但权力脉系的集体行动则是其为了实现最高纲领的一种迂回策略。马克思的阶级理论就是权力矩阵学中"列"的常见形式。

我们也注意到，在权力矩阵的同一列脉系中，内部也存在对立和斗争。事实上，一个脉系或一个列内部的权力斗争也是另一个群结构划分中

---

① 鲍德里亚：《消费社会》，刘成富、全志刚译，南京大学出版社，2001，第 139 页。

的一种新的排列。个体的人在一定的群结构中，也是某种权力矩阵的一个列。个人与个人之间的权力之争就是权力矩阵的最简单、最直接、最微观和最典型的形式。

福柯把权力谱系学的重点放在单独个人的权力作为。他指出了除了国家权力之外的权力的普遍性和细微血管性，细微权力具有独立生成和生长的特点。他认为："马克思不会犯这样的错误，即把权力局限于国家机器，把它看成是一个阶级对另一个阶级的主要的、特权的甚至是唯一的权力工具。在现实中，权力的实施走得要更远，穿越更加细微的管道，而且更雄心勃勃，因为每个单独的个人都拥有一定的权力，因此也能成为传播更广泛的权力的负载工具。"[1] 也就是说，在福柯看来，权力有着更多的种类和个人权力主体，即在以个人为列的权力矩阵中，矩阵列的数量可以等于人口总数。但是，福柯并不支持中心权力对细微权力的致命影响。关键是，福柯并没有考察权力矩阵中"列"的集体行动的基本运作方式，而人人有权的思想不过是权力矩阵的特殊形式。

矩阵的行列结构为我们揭示了具有广泛普遍性和复杂性的权力布控图式。但需要注意的是，权力矩阵化并不等同于权力网络化和棋盘化。

二 矩阵的和与积：权力的共享与繁殖

权力的欲望犹如一个黑洞，这种巨大的引力场形成了权力意志。权力意志的背后是身体的欲望、精神的欲望，欲望成为一种原始的动力和不竭的源泉。现代性使得权力已经裂变为一种个人意志、一种自觉的文化意识。我们认识的起点不是黑洞的形成，而是黑洞对社会宇宙的介质的分布与运行轨迹从数学上和物理学上展开一种形态上或量上的测度。

依据权力矩阵的行表示权力的各种类型、列表示权力的不同主体的原则，权力矩阵会有无限多的形式，尤其同一主体会在不同主体群结构中同时呈现多种矩阵排列。同一主体可以以共享不同主体群的形式同时占有不同的权力构成，即同一主体可以包含在其他不同的主体群之中，并在不同主体群中的与其他不同的主体共享同一群主体带来的集体权力。这样，就

---

① 福柯：《权力的眼睛》，严锋译，上海人民出版社，1997，第 208 页。

一独立的个人主体来说，就会在不同类的群结构所形成的以个人主体为一列的权力矩阵中，形成各种不同的权力分配。他所属的类越多，权力分配就越多。

权力的和是一种并不增加权力总量的最基本的权力运算，它体现在两个权力矩阵直接相重叠形成权力共享体系。它最直接的形式就是同一主体在不同主体群中的权力矩阵的相加，同一主体所有权力矩阵相加后的矩阵，体现了这个主体的权力总和。不过，由于不同矩阵的列并不一定相同，这样相加时可以设立部分其他无权力占有的主体为零排列。除了同一主体的自我相加外，与其他利益共同体的主体所在的矩阵相加也可以直接获得权力总和的增大或共享，比如夫妻、家庭等权力关系。

在现代性原则下，更广泛地展现出积的运算，即自我权力矩阵通过和另一个权力矩阵进行碰撞与交接，产生出一个新的权力矩阵，其行列布局和数量都会发生急剧变化。各种权力的生成具有相互独立性，即它是在不同脉系或同一脉系的不同脉点互相产生，但这种独立性并不排除其他脉点尤其是上游脉点对其的激活作用。矩阵积的原理是通过第一个矩阵的行与第二个矩阵的列分别相乘后之和形成一个新的矩阵元素，这个元素作为新的权力布局中的原权力主体的权力具有量上的大幅度增加，并不排除与负权力的结合产生权力的负效应。

设 $A = (a_{ij}) m \times n$, $B = (b_{ij}) m \times n$, 则 $A + B = (a_{ij} + b_{ij})$。

设 $A = (a_{ij}) m \times n$, $B = (b_{ij}) n \times l$, 则 $AB = C$, 其中 $C = (C_{ij}) m \times l$,

$$C_{ij} = a_{il}b_{lj} + \cdots + a_{in}b_{nj} = \sum_{x-1}^{n} aixbxj$$

矩阵的积具有聚变和裂变双重效应。在不同权力类型的结合中，除了各种能量的积聚外，同时也激发了新的权力生殖点，使得权力获得一次又一次的乘方型的裂变。就是夫妻、家庭等利益体权力共享也不仅体现在权力矩阵的和，而且还反映出积的运算，即一方权力与另一方权力矩阵进行交互作用，产生新的权力布局与增值，以提高权力的总资产与效能。

权力的扩大再生产，总是通过权力的相加或相乘的策略来获得成长性。布尔迪厄指出："群体中的每一成员的价值都取决于所有其他成员为群体带来的资本，同时也取决于他在实践中调动如此积累起来的资本的可能性，也就是说，每一个成员的价值都取决于所有群体成员之间的实际连带关系。因此，每当群体中的某一位成员谋得高就，其他所有成员的社会资本和象征资本也同样得以增强，就像人们常说的那样，'他们的股票涨了'。"①

权力矩阵的和与积策略揭示了权力增值的总路线，即总是围绕本主体进行快速繁殖、嫁接、链接、扩张，共同形成防护链和增长极，共同应对外来的权力袭击，同时寻机对其他权力系统发动攻击，占据新的权力脉系并渗透到其他权力体系之中。

权力来自欲望，这并没有歧义。正如法国后现代作家费利克斯·伽塔里所说："归根到底，欲望属于基础建筑（我们根本不相信意识形态这类概念，意识形态的概念完全看不到问题之所在，没有意识形态）。"② 但伽塔里没有注意到，权力的欲望会从个人身体的基础性建筑转化为全社会的"公共性"。也就是说，权力，一种个人意志弥散为全社会的意志，成为一种不是意识形态的意识形态。结果是，全社会对权力推崇和强化，反过来对个人意志的型塑和固化更增添了合法性意义和正义质料。或者说，集体行动的有意识和无意识为个人意志的增长输送了更持久的动力。

马克思和恩格斯指出："资本是集体的产物，它只有通过社会许多成员的共同活动，而且归根到底只有通过社会全体成员的共同活动，才能运动起来。""因此，资本不是一种个人力量，而是一种社会力量。"③ 同样，权力作为一种最特殊的资本，也只有在全社会的集体行动中，才能成为一种集体意志。从个人意志向集体意志的扩展是资本逻辑和欲望逻辑的双重效应和作用。需要指出的是，并没有存在过权力集体行动的无意识，只不过，意识形态的迷惑更助长了对权力意志的意识。这种迷惑的目的在于保护、扩大、自我利益集团的权力持存，抵抗外来的权力意志力量的扩散、生长和蔓延，以及对自我权力结构的破坏、争夺和瓜分。因此。一切阶级斗争和非阶级斗争最终都是权力意志的斗争。

而权力矩阵的和与积的运算揭示了这种集体行动的路线图和权力激活、散播与繁殖的基本方法。

---

① 布尔迪厄：《国家精英》，杨亚平译，商务印书馆，2004，第497页。
② 德勒兹、伽塔里：《哲学与权力的谈判》，刘汉全译，商务印书馆，2000，第22页。
③ 《马克思恩格斯文集》第2卷，人民出版社，2009，第46页。

三　矩阵的秩与逆：权力的规序与消解

权力的滥用和失序已成为现代性中最严重也是最根本的问题。如何使权力有序规范运作不仅是一切执政集团的主要任务，也是各种反对力量对权力进行批判的主要着力点。思维是凭借概念的知识。一方面，矩阵秩的概念为我们规范权力提供了一个数学模式和量化分析的方法。另一方面，权力矩阵的现实性功能使得权力在发挥一定积极意义后，就会走向其初衷的反面。这就使得我们思考如何让权力可逆，或者换句话说，就是如何使得权力走向最初的积极一面或失去效能。而矩阵的逆和广义逆矩阵理论为我们展现了全新的视角和思维范式，为权力的消解和归位提供了可能的路径。

在数学上，矩阵的秩和逆刻画了矩阵自身固有的重要性质。

设 $A = (aij)\ m \times n$ 的不为零的子式的最大阶数为矩阵 A 的秩，记作 $rankA$，或 rA；

特别规定零矩阵的秩为零，显然 $rA \leqslant min\ (m, n)$；

若 A 中至少有一个 r 阶子式不等于零，且在 $r < min\ (m, n)$ 时，A 中所有的 $r+1$ 阶子式全为零，则 A 的秩为 r。

由定义直接可得 n 阶可逆矩阵的秩为 n，通常又将可逆矩阵称为满秩矩阵，不满秩矩阵就是奇异矩阵。

方阵是矩阵中的特例，同样权力矩阵也一般不会是方阵。而矩阵的秩理论为权力的秩序化运动提供了科学性意义。权力矩阵的秩也应反映权力运作的有效性和秩序性，而秩的本质可以是一个有效权力矩阵中各种权力类型相独立的量以及一个权力布阵中主体间相独立的量。富有深刻含义的是，权力类型的独立性的量一定等于不同主体的独立性的量。一方面，这对于尊重他人权力主体、维护他人利益，以及遏制各种权力独断、相互的附带性扩张与兑换，具有重要的辨识意义。另一方面，在一个群中，减少其中权力独裁和集中最有效的方法，除了增加权力主体的总量，还可以通过增加权力类型，因为它们是相等的。应该说，满秩的权力矩阵〔非方阵满秩可以定义为 min（m，n）〕应该是最民主的群结构。因为实际上民主的含义不是人人失去权力而是人人享有权力、微分权力。当然，享有并不意味着不可消解，相反，微分式享有是消解的最佳方式。

对于矩阵 A，如果存在一个矩阵 B，使得 AB = BA = I，其中 I 为与 A、B 同维数的单位阵，就称 A 为可逆矩阵（或者称 A 可逆），并称 B 是 A 的逆矩阵，简称逆阵。矩阵 A 可逆的充分必要条件是 | A | ≠ 0。奇异矩阵或非方阵的矩阵不存在逆矩阵。但是，对于奇异矩阵和非方阵可以定义其广义逆矩阵。1920 年，莫尔（E. H. Moore）首先提出了广义逆矩阵的概念，但其后的 30 年并未引起人们的注意，直到 1955 年潘洛斯（R. Penrose）以更明确的形式给出了莫尔广义逆矩阵定义后，广义逆矩阵的研究与应用才广泛展开，尤其在最优化和现代控制理论等领域有着重要应用。

潘洛斯证明了对每个 m × n 阶矩阵 A，都存在唯一的 n × m 阶矩阵 X，满足：①AXA = A；②XAX = X；③（AX）＊ = AX；④（XA）＊ = XA。通常称 X 为 A 的莫尔 - 潘洛斯广义逆矩阵。

如果仅满足 AXA = A，或 XAX = X，那么其 X 就更多了，解并不唯一，即有多个广义逆。

对权力的全面专政，已经是一个没有激烈武力的对抗，是一种民主框架和法律意义下的追击，因为现代性把一切价值归于权力，只有运用权力才能制约权力。同时，没有权力的世界不仅不可能，而且也不能带来有序。霍布斯在《利维坦》中说道："在没有权力可以使大家全部慑服的地方，人们相处时就不会有快乐；相反他们还会有很大的忧伤。因为每个人都希望共处的人对自己的估价和自己对自己的估价相同。"[①] 霍布斯说，在没有共同权力所制约的地方，彼此就会处于战争之下，必然会发生加害于低估自己的人的事件。

由于权力矩阵的复杂性、非方阵性，广义逆矩阵的概念对于我们分析权力、消解权力具有特别重要的意义。现代性权力的难以消解性来自资本和身体欲望的双重动力，市场经济的不确定性，资本逻辑下的财富力量的积聚，人自身力量和价值的卑微，为权力的滋长、独占、久驻提供了现实的基础。弗洛姆指出，权力不是自我力量的正线性象征，相反，"权力欲并非根源于力量而是来自懦弱。一个人去追求权力，则说明此人无法摆脱个人自我的孤独，无法依赖自己生存下去。由于丧失了自己真正的力量，

---

① 霍布斯：《利维坦》，黎思复、黎廷弼译，商务印书馆，2008，第 93 页。

就铤而走险地追求第二种力量"①。

权力的逆就是一种回到具有远古人类那种真正为他人服务的公共权力的状态，它是在为他人服务的过程中，获得自我的丰富性。原始人类的精神丰富性是现代性权力逆变的一个基本方向。同时，要使现代人认识到自身的渺小，颠覆人的渺小性，不是要通过权力的自我膨胀去异化、排斥他人，而是要先回到自我的渺小、力量的不足、个性的缺失以及某种材质或能力的缺陷，即失去权力，给予他人权力、力量和全面性，只有这样，才能获得自我的力量和强大，战胜自我的渺小。矩阵的广义逆理论告诉我们，每个行业、每个集团、每个部门以及每个人都存在一个回归的路径和可能，它是一个"A×A=A"的机制，即自身与逆相乘再与自身相乘回到自身的过程，也是一个否定之否定的过程。经过逆变的权力主体是真正具有自我本质的主体，不是外在的符号和个人孤独而产生的虚张。对此，福柯有类似的看法："从与自我的关系来看，社会身份与政治身份不是一种存在方式的本来标志，而是外在的、人为的和非基本的符号。"②

对于权力逆变的现实性，尼采认为："我怀疑哲学家当中那些沉思冥想者、安于自身者、自得其乐者：他们身上缺失那种把缺陷当作力量来承认的正派作风的构成性力量和精致品质。"③ 尼采所指的缺陷既是指未获得权力他者的力量潜力，也是指拥有权力者力量的缺失可以通过逆变即失去权力获得另一种力量。

尼采说："哲学，我迄今为止所理解和经历的哲学，乃是一种自愿的寻找，包括对此在（Dasein）那被诅咒的邪恶的一面的寻找。"④ 权力作为现代社会中最邪恶的此在，发端于前现代性，作恶于现代性的膨胀之中。权力矩阵的布控双重地为我们展示了人类现代化道路上进退两难的状况。

也许，亚里士多德给我们的启示一开始就是错的，因为，更大的可能是："'真理'比谬误和无知更富灾难性，因为它禁阻了人们赖以从事启蒙

---

① 弗洛姆：《逃避自由》，陈学明译，工人出版社，1987，第214页。
② 福柯：《性经验史》，余碧平译，上海世纪出版集团，2005，第368页。
③ 尼采：《权力意志》，孙周兴译，商务印书馆，2008，第25页。
④ 尼采：《权力意志》，孙周兴译，商务印书馆，2008，第1249页。

和认识的那些力量。"① 也许，思想作为一种困苦，不应该去寻找终极真理，而是对已知的真理展开谬误的寻找。同样，权力矩阵的秩和逆方法并不是为我们找到一个权力最后的理想处所，而是与权力矩阵的行、列、和、积概念共同为我们提供了不断展开对权力进行围剿的策略之维。

---

①　尼采：《权力意志》，孙周兴译，商务印书馆，2008，第1188页。

· 第七章 ·
现代性道德

第一节　"善"的规定性

　　与传统自然哲学的灭绝不同，古希腊哲学"如何向善"的研究姿态一直延绵到当代整个世界思想体系，而更趋活性和斑斓。与传统道德学家后裔的思路不同的是，尼采严厉批评了道德论说中"修持至善"的伪善。尼采对"疾病使人变善"命题的追问不仅揭露了现代社会人性的脆弱，更揭示了在政治领域里一种行动之中更具普遍性的人性的"善"变。不过，尼采的智慧之果仅仅是一个提问，答案的核心在于对个体或一种集体化个体自我能力发挥的正当化限定。

　　在《理想国》中，苏格拉底这样说："众人认为善是快乐，高明点的人认为善是知识。"① 但知识又是什么呢？从柏拉图留下的暗示中，人们不难猜测，他发现了人类生活比他以前的想象要复杂得多。他在对话中所表现的着迷告诉了我们，他的整个灵魂被"如何使人变善"的卓越提问所照耀。

一　"苦"之提拔

　　首先，何为"善"呢？苏格拉底在和格劳孔对话时，谈到了三种善：

---

① 柏拉图：《理想国》，张竹明译，凤凰出版传媒集团，2009，第232页。

一是有那么一种善，我们乐意要它，只要它本身，而不要它的后果，如娱乐；二是既为了它本身，也为了它的后果，比如身体健康；三是不为了它本身，而是它的后果，比如求医、赚钱等苦差事。在被问到正义属于哪一种善时，苏格拉底回答说："依我看，正义属于最好的一种。一个人要快乐，就得爱这种善——既为它本身，又为了它的后果。"① 苏格拉底还注意到，一般人并不这样认为，他们主张正义是图它带来的名利，事实上他们是害怕和避免的，因为正义是苦差事。显然，把善和苦联系在一起从苏格拉底就已经开始。

继承了苏格拉底的思想，亚里士多德在《政治学》中说道："世上一切学问（知识）和技术，其终极（目的）各有一善；政治学本来是一切学术中最重要的学术，其终极（目的）正是为大家所重视的善德，也就是人间的至善。政治学上的善就是'正义'，正义以公共利益为依归。按照一般的认识，正义是某些事物的'平等'（均等）观念。"② 亚里士多德对群体的善和个人的善的区分，使得政治学的善从伦理学的善中分化出来。对于善的可能，在亚里士多德看来，人或国家的完善是要通过自身的严肃追求和不断实践研究而获得的。

冲破中世纪几百年基督教神学的信仰主义和笛卡尔天赋观念的羁绊和束缚，斯宾诺莎提出了善的几何学原理。他说："所谓善是指我们确知对我们有用的东西而言。反之，所谓恶是指我们确知那些阻碍我们占有任何善的东西而言。"③ 在斯宾诺莎理性主义的基础上，康德进一步强调了善的理性介入的意义。他在《实践理性批判》中说："我们应当称为善的东西，必须在每一个有理性的人的判断中是欲求能力的一个对象，而恶则必须在每一个人的眼中都是厌恶的一个对象；因而要作出这种评判，除了感官之外还需要理性。"④ 理性使我们明白，事物存在的努力不是别的，是其自身的现实本质，善既要符合人的自觉的理性，也要符合事物运动之中的理性。

不难看到，从古希腊到近代，西方世界对善的规定基本趋于一致。

---

① 柏拉图：《理想国》，张竹明译，凤凰出版传媒集团，2009，第40页。
② 亚里士多德：《政治学》，吴寿彭译，商务印书馆，1965，第151～152页。
③ 斯宾诺莎：《伦理学》，贺麟译，商务印书馆，1983，第170页。
④ 李秋零主编《康德全集》第5卷，中国人民大学出版社，2007，第65页。

"善"被称为在被动个体自我意识出于自愿或不拒绝的情况下，主动方对被动个体实施精神、语言、行为的任何一项的介入。善作为一种价值判断，表现为一种正面价值或正面意义。善是具体事物的组成部分，善不能离开运动、变化和行为单独存在，也不能离开运动、行为和存在的主体而单独存在。

观照西方对善的对象实在性规定，中国对善的理解更趋于主体习性的内化。在中国儒学看来，善被看成其"仁"的体现。孔子说："苟志于仁矣，无恶也。"① 即如果立志于仁，就无恶行。对于如何向善，孔子则主张和西方传统相似的教化思想："举善而教，不能则劝。"② 推举善人而教弱者，相互则会勉励劝进。

与西方及孔子"善"解路径不同的是，老子说："上善若水。水善利万物而不争，处众人之所恶，故几于道。居善地，心善渊，与善仁，言善信，正善治，事能善，动善时。夫唯不争，故无尤。"③ 最善者如水。水滋润万物而与世无争，处于众人厌恶之处，近于得道。由于以卑下的态度，宽阔的胸怀，仁爱的交往，守信的言谈，安邦有法，办事得当，举动切时。与世无争，便无受怨恨。老子对善的理解独辟蹊径，提出弱者为善的思想。而且，在向善的策略上也异于常规，主张"知其雄，守其雌，为天下谷"④。"贵必以贱为本，高必以下为基"⑤ 等弱者得道的思想。

对此，在佛教哲学中也有近似论述。在佛学中，所谓善就是符合佛教教规、教义，能解除痛苦，有利于解脱的品格、思想、言说和行为等。反之，则为恶。由于生命无常的悬空性，佛教认为人生活的本质就是苦，人们经常处于焦虑之中。生老病死是苦，处理人的相互关系也是苦，外部环境和世界也是苦。世俗的一切都是苦。尽管有乐，那也只不过是一种苦链中的一个特殊环节，是偶然状态。小乘佛教主张从人生是苦的判断出发，提倡出家苦行，以消除自我的痛苦。而苦的原因则是有贪欲。为了从贪欲中解脱出来，佛教主张戒、定、慧三学。戒学是弃恶除欲，定学是摄散聚

① 《论语·里仁》。
② 《论语·为政》
③ 《道德经》第 8 章。
④ 《道德经》第 28 章。
⑤ 《道德经》第 39 章。

神，慧学则是修习教规。而且佛教主张由戒生定、由定生慧的修炼次序。大乘佛教还提出布施、持戒、忍辱、精进、禅定、智慧这"六度"丰富三学。无论小乘佛教还是大乘佛教都是主张从自苦、忍辱的前提出发，才能禅定、自觉、弃恶和向善。道、佛两家"强而不逞强"的修炼路线比亚里士多德和孔子的泛教化更趋向内在性和逼迫性。

二　"病"之近处

尽管亚里士多德对善与苦的关系的理解总体上继承了苏格拉底的思想，但和苏格拉底还是有些细微不同。他在《尼各马可伦理学》中说："痛苦是恶，是应当避免的。它或者在总体上是恶，或者以某种方式妨碍实现活动而是恶。与恶的、应当避免的东西相反的，就是善。所以快乐是某种善。"① 亚里士多德虽然注解了作为总体意义上快乐是一种善，并非所有的快乐都是善，但他肯定了痛苦是善的反面，而且认为人类应该懂得如何避开痛苦以趋向一种快乐的生活。古希腊对生活与善的理解长期占据了西方伦理学的主导地位。

与传统政治哲学理解不同的是，尼采认为人本身就是受苦难的动物，祈求一种生活上的乐观主义是对人生活境况的浅薄反应。在不和谐的社会中，人所面对的是苦的无底深渊。尼采崇尚前苏格拉底哲学，他们的悲观主义是对人的苦难的肯定，可以启发人们勇敢地面对深渊。而苏格拉底把幸福等同于理性的错误，在尼采看来是西方世界几千年灾难的开始。

同时，尼采也批判了善是知识或智慧之说，他对现代社会道德至善的虚假本质进行了深刻的揭露。在他看来，善并不在强者的身边。在《权力意志》中他特别指出："'疾病使人变善'：这个著名的断言，是人们在任何时代都可以见到的，而且既出于智者之口，同样也出于民众之口，令人深思。我们不妨就此断言的有效性来追问一下：道德和疾病之间可能存在着一条因果纽带吗？大而观之，'人的改善'，例如上世纪发生的欧洲人的不可否认的温和化、人性化、好心肠化——难道竟是一种长期的隐蔽或者

① 亚里士多德：《尼各马可伦理学》，廖申白译，商务印书馆，2003，第221页。

不隐蔽的苦难、失败、匮乏、萎靡的结果吗？是'疾病'使欧洲人'变善'了？"① 即在尼采看来，之所以欧洲人的道德心的变化被认为是一种生理衰退，是因为在历史上的每一时刻，当人们表现出华美和强大的特征，就会有一种突发的、危险的、火爆的反应，如此，人性就会恶化。他认为也许存在这样一个普遍规律：一个人感觉自己愈健康、愈强壮、愈充沛、愈有成就、愈有进取心，他就会变得愈不道德。尼采进一步分析说，尽管我们完全不应沉湎于这样的想法，但是，我们回头仔细考查一下，如果人人都是大家的护士，人类有了孜孜以求的世界和平，但也就没有了冒险、纵情、危险和美，即人类没有了作为。然而，没有被时间冲走的伟大的作为依然存在，难道它们不是最深的不道德吗？

尼采从疑问到反问，实际上是论证了富有疑义的命题："疾病使人变善，强大使人变恶"，而且强调了这是一个历史周期律。1877～1880 年他在《人性的，太人性的》中作了这样的解释："在政治病榻上，一个民族通常自动年轻化，重新找到它的精神，这是它在对权力的追求和维护中渐渐失去的。"② 这或许是受到恩格斯 1857 年《波斯与中国》一文的启示："中国的南方人在反对外国人的斗争中所表现的那种狂热本身，似乎表明他们已觉悟到旧中国遇到极大的危险；过不了多少年，我们就会亲眼看到世界上最古老的帝国的垂死挣扎，看到整个亚洲新纪元的曙光。"③ 恩格斯对躺在政治病榻上的旧中国的死亡时刻和民族精神的复苏的预示，启发了尼采对善的意义的延伸和强弱周期律的理解。

三 "死"之反本

尼采的追问，始终没有给出答案，以解释究竟为何疾病使人变善，尽管尼采有关这样的论述："经常生病的人不仅由于自己经常变得健康而对健康有一种更加大得多的享受，而且会对自己和他人作品、行为中健康的东西与有病的东西有一种大大增强的感受力：以至于恰恰是多病的作家——很可惜，几乎所有伟大作家都在其中——通常在他们的写作中有更

---

① 尼采：《权力意志》，孙周兴译，商务印书馆，2007，第 210 页。
② 尼采：《人性的，太人性的》，杨恒达译，中国人民大学出版社，2005，第 247 页。
③ 《马克思恩格斯文集》第 2 卷，人民出版社，2009，第 628 页。

加确切、更加稳定得多的健康气息，因为他们比体格强健者更精通于心理健康和心理康复的哲学及其教材：清晨、阳光、森林和水源。"① 尼采的观察与观念是清晰的，疾病具有一种对健康的反思意义，即对健康的理解需要疾病的反向坐标，但尼采并没有触及问题的核心。

法国近代哲学家亨利·柏格森对此有一些尝试。在他看来，苦痛对于我们是可憎可恶的，因此可恶使得我们产生了排斥和恐惧的心理。而自我恐惧的经验进入我们对他者的联想，亦进入"类"的共同感受。除此以外，柏格森还注意到一个特别的现象："恐惧情感确实可以是怜悯情感的根源；但在怜悯里有一个新的因素出现，要求对于我们的同伴加以帮助并减少其痛苦。"② 柏格森发现，除了恐惧之外，出现在怜悯里的新要素在于我们要求自卑和企望痛苦，这种怜悯要素的动人之处是它提高了我们对自我的评价。柏格森给出了道德上的善的发展逻辑，即从对苦痛的厌恶产生恐惧，从恐惧产生同情，从同情进入谦卑。谦卑具有分享痛苦的祈求。这里的谦卑就是尼采所说的"善"。不过，柏格森的考察并非针对尼采的命题，尼采所说的是自我的疾病带来自我向善的欲求，而柏格森所说的是个体对他者疾病所引发的一种善意或善感。

中国古代对于尼采的提问也曾有过类似关注，尽管语义不尽相同。《论语》记载，曾子有疾，卧床不起，鲁国大夫孟敬子前去探望并问之。曾子曰："鸟之将死，其鸣也哀；人之将死，其言也善。"③ 朱熹解释说："鸟畏死，故鸣哀；人穷反本，故言善。"④ 也就是说，鸟因为怕死而发出凄厉悲哀的叫声，人因为到了生命的尽头，反省自己的一生，回归生命的本质，所以说出善良的话来。

可以说，朱熹关于"人穷反本"的理解的寓意是很深刻的，尽管朱熹作为中国儒家学说的主要代表之一，具有功利上的思考，但在人性上还是注意到了现代性演化对人性的损坏。不过，朱熹的理路还是在儒家"性本善"理性原则上的深化，仅仅是一种人性上的还原论，并没有真正触及"善"的真正由来。

---

① 尼采：《人性的，太人性的》，杨恒达译，中国人民大学出版社，2005，第 424 页。
② 柏格森：《时间与自由意志》，吴士栋译，商务印书馆，1958，第 14 页。
③ 《论语·泰伯》。
④ 《论语集注》。

问题还不仅如此，人之将死虽近似于疾病或来源于疾病，但和疾病的生命形态并不完全相同。也许，死是疾病形态的极端状态，但死之言和病之言、言之善与行之善的区分是显然的。对此，尼采在《人性的，太人性的》中特别注意到死亡时刻的道德问题的另一种特殊性。他说："将死的人一般来说比活着的人更诚实也是不对的：应该说，几乎每一个人都受到周围人庄严姿态的诱导，对一会儿有意识一会儿无意识的名利喜剧强忍住或流下眼泪的溪流和感情的溪流。"① 即在尼采看来，只有在生命的全盛期考虑死亡的方式才是有说服力的，临终前的姿态是不可靠的，因为，临终前生命的衰竭、大脑的不规则和迷信以及迷信引起的惊恐使得将死的人失去了被检验的确定性，尤其对于过去曾受到鄙视的人，垂死可能是其一生最好的享受和曾经诸多不足的抵消。换句话说，死的状态是复杂的，既是疾病的延续，也是疾病的极端，更是生命的一种断裂。人性具有质的变化，这种变化不仅参照正常健康的状态，也是针对疾病的状态。可以说，疾病是一个过程，死亡阶段是一个短暂的过程，因此，死亡更准确地应被理解为一个点，一个奇点。所以，尼采对"死亡言善"包括"自我言善"和"他者称善"现象的警觉是敏锐的。显然，对"死亡言善"命题的破解不能等同于对"疾病使人变善"命题的破解。

四 "疯"之临界

尽管尼采已经追问到弱者向善和强者趋恶的社会精神现象，然而，问题并没有到此终结，因为接踵而至的问题使我们更加困惑。那就是，疾病痊愈后的恢复与强大为何又走向恶的循环之路？曾经的经验为何不能引起戒备？人类的理性世界何以如此脆弱和狭小？从另一个角度来看，经历过灾难和被欺凌的民族强大后有可能避开恶之路吗？

从苏格拉底提出"认识你自己"到笛卡尔的"我思故我在"，"人是理性动物"成为人类生生不息的旗帜和进步的原动力。康德在《实用人类学》中指出，在人借以形成自己的学术文化中，一切进步都以把获得的知识应用于世界为目标，但知识最重要的对象是人，因为人是他自己的最终

---

① 尼采：《人性的，太人性的》，杨恒达译，中国人民大学出版社，2005，第334页。

目的。但是，对人的认识并不易于实现："哪怕他只想研究自己，首先就他在这种情况下不容伪装的情绪状态而言，他也陷入了一种临界的境地，也就是说，当动机在活动时，他不观察自己，而当他观察自己时，动机又平息了。"① 康德注意到，对自己的认识不仅与个人的真实面目有关，而且与个人的动机有关。

斯宾诺莎在《伦理学》中也注意到另一种现象："伴随我们自身软弱的观念而起的痛苦叫做卑谦。由观察自己而起的快乐叫做自爱，或自得。因为每当一个人观察他自己的德行或他自己活动的力量时，这种自爱或自得的乐趣，常常复现，所以每人总是乐于向人宣传他自己的功绩，并吹嘘他自己的身体和心灵的力量；由于这个原因，人们每每相互使得对方厌烦。"② 斯宾诺莎注意到人类观察自己可能出现软弱和强大的两种观念，而看到自己活动的力量常常会产生一种令人厌烦的夸大，这种背离自己的认识愈夸大愈走向恶。斯宾诺莎的自得原理说明，强大后的自我意识更易于远离真相，或者说，强大后趋善的前提即客观的自我认识更难以建立。

至于德性的善恶变化，苏格拉底也注意到："我们必须在下面研究哲学家天性的败坏问题：为什么大多数人身上这种天性变坏了，而少数人没有；这少数人就是虽没被说成坏蛋，但被说成无用的那些人。"③ 苏格拉底分析指出，少部分没有变坏的人没有优越的天赋，而我们所称赞的那些自然天赋，比如勇敢、节制、美观、富裕、身体强壮，在城邦里有上层家族关系等一切，都会败坏自己所属的那个灵魂，拉着它离开哲学。也就是说，优越的天赋是败坏哲学家德性的先天条件。但是，苏格拉底并没有把此命题绝对化。他认为，如果哲学家得到了合适的教导，就能阻止败坏的发展，而且还会达到完全的至善；相反，就像一株植物如果不是在所需要的环境里播种培养，就会反向生长。

黑格尔在《历史哲学》里已经对历史变迁设立了一个绝对精神："世界历史在一般上说来，便是'精神'在时间里的发展，这好比'自然'便是'观念'在空间里发展一样。"④ 而且，黑格尔也注意到一些民族从强到

---

① 李秋零主编《康德全集》第 7 卷，中国人民大学出版社，2008，第 116 页。
② 斯宾诺莎：《伦理学》，贺麟译，商务印书馆，1983，第 143 页。
③ 柏拉图：《理想国》，张竹明译，凤凰出版传媒集团，2009，第 213 页。
④ 黑格尔：《历史哲学》，王造时译，上海世纪出版集团，2006，第 66 页。

弱的历史过程以及再次成强的积极因素。但是，黑格尔历史哲学的"精神"发展过程，不过是理性完满和历史的终结过程，并没有破解"弱者趋善，强者趋恶"的命题。

实际上，"尼采追问"本身并非一个具有绝对普遍意义的命题。我们注意到，命题本身包含着两方面的疑问：一是弱者趋善或强者趋恶的生成机理，二是周期律发生的前提条件。尽管历史上众多学者注意到，主体的衰弱或强大对自我认识具有一定的影响，一种误判会直接导致主体行为的失常，但是还存在更多的没有误判的偏移作为。这是因为，在病弱和旺盛的不同时期，自我不同的意识主要来自主体能力或者对外部世界的干预能力变化，它是一个现实的意识发生过程。能力的强大带来权力（即对客体他者的支配力）的增大，这是一个现实的变化过程，而权力的发生与蔓延更多地表现为一种对他人权力和自由的限制和剥夺，这种过程似乎表现为心理上或伦理学上的"恶"。在弱者向强者的转化过程中，如何回避强者趋恶，试图依赖人性的劝诫、德性的"绝对命令"或"理性的能力"，收效是甚微的。可以这样说，只有消灭或微分个人、国家、民族或一般社会群体的社会权力，才是克服历史周期律的关键，即问题的核心并不在于抽象的人性追求上。命题本身也更加明晰，历史周期律不是无条件的普遍性命题，弱者也不一定就意味着善。

问题的讨论没有结束，古老的话语还在回旋，《赫拉克利特著作残篇》中记载了古希腊智者的察觉："疾病使健康显得愉快而美好，一如饥饿之于饱足，疲惫之于休息。"① 智者告诉我们，唯有疾病才能反思健康的本质。尼采在变疯前一年（1888 年）这样说道："当我几乎走到生命的尽头，因为我几乎已经走到了尽头，我才开始思考我生命的这种基本的非理性——'理想主义'。唯有疾病才使我接近理性。"② 疾病是连接理性与非理性的思想弧线。

第二节　现代性"正义"中的"逆"向量

作为人类文化的"经典"，现代性在确立"正义"的过程中始终伴随

---

① 《赫拉克利特著作残篇》，楚荷译，广西师范大学出版社，2007，第 123 页。
② 尼采：《看哪这人——尼采自述》，张念东等译，中央编译出版社，2010，第 35 页。

着一种不可抗拒的"逆"量。"正""反"的对峙、抵抗、辩解与合谋演绎出现代性的奇迹。现代性中的"逆"既是对现代性的强化，亦是对现代性的消解。如果说现代性"正义"是"深度"的肤浅，那么其"逆"则是"肤浅"的深度，或者说是"深"具匠心的。

德谟克里特认为，运气这个概念是人们想出来的借口，以此来掩饰他所缺乏实际的"技艺（tuchnē）"。拯救生活的技艺在柏拉图看来是哲学的任务，通过这种技艺，人类就能够超越日常的生活状况而产生决定性的进步。亦即技艺就是人类把智慧审慎地应用于周围世界，从而获得对运气的控制。现代性是人类"文明"的标志，是"正义"的载体，但在"正"的指向上亦存在大量"逆"向量。现代性的"逆"向既是先天的，也是后生的；既是古老的，也是萌动的。

一　去存在的存在

去存在的存在（being getting rid of show）是指以去显存在的形式强化真实存在。去存在不是不要存在，而是抹去、掩盖或扭曲显存在带来的直击力而达到隐形存在，试图通过不在场的话语或行为掩盖在场的事实。去存在是现代性理性成熟后人的一种狡诈生存方式。去存在的存在具有四种表征形式：抹去、掩盖、封杀和吹捧。特别是，有权势者、强大者为了获得持久性和稳定性，常常从自我存在的反面向受众认定自己。比如，"领导就是服务""安全重于泰山"，通过宣传口号和少报瞒报安全事故人次而获得安全生产先进单位；在外交上明明是竞争对手和宿敌，但却标榜为战略伙伴关系。正如语言哲学家维特根斯坦在《逻辑哲学论》中所说："语言掩饰着思想，而且达到这种程度，就像不能根据衣服的外形推出它所遮盖的思想形式一样；因为衣服外形的设计不是为了揭示身体的形状，而是为了全然不同的目的。"① 去存在技艺是智者的才智，但"怀才就像怀孕，时间久了，总能看得出来"。

去存在的存在技艺在中国老子时期已经被发现与运用。老子说："反

---

① 　维特根斯坦：《逻辑哲学论》，贺绍甲译，商务印书馆，1996，第 41 页。

者，道之动；弱者，道之用。"① 走向自己的反面，是大道运动的规律；柔
弱是大道发挥作用的特点，应以弱示人。对此，老子有诸多隐匿自己的强
大的方法论述："大方无隅，大器晚成。大声希声，大象无形，道隐无
名。"② 其意思是，最端正的方形没有棱角，最高级的音乐只有细微的声
响，最宏大的影像没有形状。大道潜隐不露，没有名称。"大成若缺，其
用不弊；大盈若冲，其用不穷。大直若屈，大巧若拙，大辩若讷。"③ 其意
思是，伟大的成就有缺陷，但作用永不衰敝；盈满的杯子中间有虚空，其
用不止；最刚直的人是弯曲的，最灵巧的人似笨拙，最雄辩的人却不能
言。老子隐强示弱的去存在的核心思想可以集中为：知其白，守其黑；知
其雄，守其雌；知其荣，守其辱；强以弱为说，贵以贱为本，高以下为
基。老子的去存在技巧使后人获得了极大的生存启示。

然而，古代的"大人""长官"，现代的下级对上级的"首长""领
导"，社会对国家公务人员的称谓（如"警官""法官""教官"等）似乎
是没有去存在而是强化存在。这不是因为现代性失去去存在意识，实际上
是另一种特殊的去存在的形式，即吹捧式。上级对下级的吹捧是上级官吏
为了使得下级官僚获得优越感，使其死心塌地为其效忠，获得的一种身份
夸大；下级对上级的吹捧是下级为了获得公共资源分配的优先权和增量
权；同级之间的吹捧也更是普遍现象，一方面是为了群体的共同利益而互
相勾结，另一方面是为了麻痹对方，好在利益竞争中使自己处于不被发觉
的位置而易于出击。

去存在在打击对手方面也常被运用。老子说："将欲歙之，必固张之；
将欲弱之，必固强之；将欲废之，必固兴之。将欲取之，必固与之，是谓
微明。柔弱胜刚强。"④ 其意思是，要让它缩小，就先要让它扩张；想要它
削弱，就要先让它增强；想要灭掉它，就先要让它兴旺；想要夺取它，则
应先给予它。弱小可以战胜强大。也就是说，利用人性的弱点，因为赞扬
比指责更缠人，从而使其对手失去自我真实存在的认识能力。

去存在是为了更大的存在，声称对名利不在意意味着更大的在意。现

---

① 《道德经》第 40 章。
② 《道德经》第 41 章。
③ 《道德经》第 45 章。
④ 《道德经》第 36 章。

代性的本质是逻各斯中心主义，即在场主义，去存在的不在场是为了更强大的在场。

二 非概念的概念

概念本身作为一种抽象思维的方式，表达了一类事物的共同属性。概念是思维的细胞，语言是概念的载体。概念是用符号、语言、象形来表述和刻画，语言、符号因为表达概念而获得意义。非概念的概念（non‐concept in concept）是指概念失去了本身应有的质而以概念非内核的形式出现，以达到错位性意象而介入人的思维与想象空间。

被现代性侵蚀的人们因为利益的诱惑，借用概念的转移功能对概念的传统意义进行再创作，使得不是概念的概念或者非本身概念质料的概念外壳获得外在概念的内在化。比如，"广场"不是指传统空旷的区域（square），而是指大楼（plaza）；住宅区不再使用传统的小区名称，而是用"盛世花园""国际花都"等名称；或者用具有想象空间的名称："碧波熙园""麓谷林语""雨天翡翠""曙光半岛"等；更迷离的小区概念还有："米兰春天""莲美品格""南海蝴蝶""海拔西沙""泊爱蓝御""君悦紫光""一号像素"等。"云"概念的出现更让人如入浮云，云计算（cloud computing）、云电视、云平台、云共享、云存储、云设备，都不过是把网络技术与庞大的计算功能概念化为"云"。云概念的内核并不等同于网络概念的内核，网络的云概念借用了云的无限性使自身功能从概念上而并非实质上扩大化，从而起到神秘化的社会效果，更利于产品的推广。类似于此，普通的太阳能发电被概念化为"光伏产业"，以此推动其概念股的上扬。

大师不再是学术上的卓著者，而是社会活动家和秘术的蛊惑者；老师也不再仅仅是学校的教师：演艺人员、媒体人员、传销术的鼓动者、社会名人、社会工作者都是老师。各种单位级别的不断升格：专科升本科、教研室升系、系升学院、学院升大学、大学的前置名称范围也越改越大；乡升镇、县升市，商店变商场、商场变商城。一种脱离概念自身规定性的夸大其词是全社会极度膨胀欲的外部释放，是"做大做强"的现代性情绪在概念上的极致发挥。

　　除了概念内核的夸大以外，非概念的概念还存在于概念的自我悖论之中。现代性使得社会现象的悖论在概念中获得生产。比如，农民被迫来到城市从事最艰苦的传统产业工人的工作，就出现了"农民工"这个非传统的概念，亦即概念的悖论，因为传统工人和农民的概念是排斥的。正因为这种概念的悖论，有地方官员提出取消农民工的提法，但取消了农民工的概念并不能取消农民工的存在，这又是一个典型的去存在的存在。"父母"不是"官"，"官"也不是"父母"。"父母"和"官"是两个根本不同的概念，但"父母官"概念则表达了人们对官的依赖，把官当成了自己的衣食父母来依靠。这也是官的技艺，为了获得统治的永久性，把自己比做被统治者的父母而不能或缺。针对这种概念的矛盾性，法国后现代主义思想家德勒兹甚至说："概念就是这样的一种东西：它阻止思想成为一种单纯的观点，一种见解，一种议论，一种闲话。概念都是悖论，必定如此。"①实际上，概念的悖论是现代性不断深化和社会不平衡、不稳定和内在冲突的话语体现。

三　负增长的增长

　　负增长的增长（growth with negative growth）是指对衰退的禁忌和增长所带来的负面增长的形态。现代性社会以文明、进步、增长为动力和标志，作为人类理想的现代化也从物质生产的增长系数进行评估。增长与进步已成为全社会的一种共同价值和集体意志，已成为生命的原动力和本体论意义。统治者制造了增长和进步的假象，通过虚假的统计数据和通货膨胀的效应，实现了不断增长的繁荣景观和和谐气象。为了应付衰退的阴影和不满所引发的不可控制的社会动荡，统治者把下降、倒退说成了负增长，增长成了权力集团的护身符和魔咒。2012 年 2 月，中国太平（央企）发布业绩报告，其旗下全资附属公司太平再保险有限公司出现首次营利性亏损。究竟是盈利还是亏损？实际上表达的含义是亏损额比预期减少了。钢铁企业明显产能过剩，在某些地区还在不断扩大投资，原因是需要增长。然而，在资本主导下的物质增长和社会进步，即使是真实的经济增

---

　　①　德勒兹：《哲学与权力的谈判》，刘汉全译，商务印书馆，2000，第 155 页。

长，也是以下层民众的生命、健康、安全和利益以及社会品德和自然环境的负增长为代价的，比如，物价指数的增长、污染指数的增长、贫富差距（基尼系数）的增长等。因此，现代性的经济增长是以其他对人的发展有危害方面的增长为前提的增长和进步，是一种具有负效应的增长，是真正的负增长。

增长的负效应并不是今天才被发现。尼采以欧洲文明史为例，指出了欧洲文化对增长着魔似的依赖："长期以来，我们整个欧洲文化的运动已然受着一种年复一年不断增长的张力的折磨，宛如奔向一种灾难：动荡不安，残暴凶险、仓皇不堪：犹如一条意欲奔向终点的河流，它不再沉思自己，也害怕沉思自己。"① 人们害怕面对自己，害怕独处，难以从容，但并不知道增长乃是生命烦躁的根源。法国结构主义学家列维－斯特劳斯在《结构人类学》中考察发现："人类的进步不像一个拾级而上的人，即每移动一步都在已经走完的台阶上再添一个。它其实更像一位把运气分摊在几颗骰子上的玩家。每掷一次，有多少骰子散落于地就有多少个数目。一次所赢永远有可能在另一次尽失。"② 现代性用五光十色诱惑了朴民，从而使得他们为"又好又快"的增长而劳累过度。

法国后现代主义思想家福柯对欧洲资本化的进步路线作出了进一步的批判："长期以来，人们曾认为科学、知识是循着某条'进步'的路线，服从于'增长'的原则和汇集各种各样知识的原则。但是当看到欧洲的理解方式是如何发展的，在历史的地域方面它最后成为世界和普遍的理解方式，我们还能说这是增长吗？我看还不如说是转变。"③ 也就是说，现代性服从的增长原则是一种进步向倒退、自由向奴役、文明向野蛮的反转。

四　隐结构的结构

隐结构是相对于显在的社会结构所隐藏的社会结构，其在现代性社会中普遍存在。先后排名、上下等级、前后座次、领导与被领导、中心与边

---

① 尼采：《权力意志》，孙周兴译，商务印书馆，2007，第901页。
② 列维·斯特劳斯：《结构人类学》，张祖建译，中国人民大学出版社，2006，第837~838页。
③ 杜小真编选《福柯集》，上海远东出版社，2003，第229页。

缘等都是社会显结构。隐结构的结构（implicit structure with structure）是指大量的社会结构都是以隐形的结构形式存在并发挥社会显结构对人的行为与思想的制约功能。

现代性社会部分是以显结构控制社会的运作与秩序，地主阶级与农民阶级的对立、无产阶级与资产阶级的对立都是显结构存在，但在家庭中，夫妻平等的法律关系是显结构，而夫妻关系的不对等则是隐结构，因为其显结构来自双方具有共同的或同等的财产支配权，即平等的或对等的位置关系。不难看出，隐结构所反映的真实关系和显结构正好相反。

现代性的经济增长所带来的社会福利使得对立的阶级界限日益模糊，显结构反映了社会两大对抗阶级的"和解"，但统治与被统治的隐形结构并没有消失。国家大力宣传戒烟，显示了国家作为反烟草的位置与烟民嗜烟的位置的对立结构，但国家同时鼓励烟草种植业与制烟业的发展，则表现了国家与烟民具有同一立场的隐结构。这在国家行政管理机构对国家资本主义主导的垄断集团的违规处罚上也有相似的同构性。

在维特根斯坦看来，语言与世界是重合的，我的语言就是我的世界。"想象一种语言就叫做想象一种生活形式。"① 因此，语言的结构决定世界的结构，世界的隐结构也对应着语言的隐结构。现代性话语"和谐"意味着"不和谐"的社会隐结构，"爱国"话语意味着"统一的国家"显结构隐藏着国家内部"离心"的隐结构，"正义"话语则表达了存在一个"非正义"的隐结构。

法国社会学家古斯塔夫·勒庞认为："世界上不管什么样的统治力量，无论它是观念还是人，其权力得到加强，主要都是利用了一种难以抗拒的力量，它的名称就是'名望'。"② 名望既是显在的，也是隐在的。有名望者和无名望者、高名望者与低名望者之间的权力制约关系更多的是一个隐结构。有名望者主要利用这种隐结构支配对他人的裁决。比如，院士并不过多地拥有法律赋予他对学术资源的支配权，但他会利用名望的隐形权力对学术规则、学术评判、科研项目行使执行权。这是典型的隐结构的结构。高级公职人员在离职以后，还在发挥对社会资源的支配力，是因为他

---

① 维特根斯坦：《哲学研究》，陈嘉映译，上海世纪出版集团，2005，第 11 页。
② 古斯塔夫·勒庞：《乌合之众》，冯克利译，广西师范大学出版社，2007，第 134 页。

在权力体系中具有隐性作用，即他仍处于权力关系隐结构中的重要位置。这种隐性权力不仅仅来自名望，更多地来自原始公共资源的积累与存储，是一种延期的支取。

现代性意义下的个人，都有其公开的一面和隐蔽的一面。隐蔽的隐结构与公开的显结构既相反，又互补，共同构成一个整体的人。一个人的隐结构决定他的显结构，但我们可以从其表露出来的显结构读出他的隐结构。暴富者的挥霍所表露出来的显结构，是其曾经的贫穷引发自尊心受伤的隐结构的宣泄。隐决定显、无规定有。男人的隐结构是女人，无权的隐结构是有权，动的隐结构是静，强的隐结构是弱，合的隐结构是分，生的隐结构是死，凡此种种，人性中的显结构与隐结构在不断对立与转化之中。

五　潜规则的规则

潜规则的规则（hidden rule in rule）是指相对于元规则和明规则的非显在的社会契约，具有部分规则属性，同样甚至在更大程度上起到对人的限制与规范作用。潜规则具有隐藏性、潜在性、稳定性和长期性，它对社会关系的影响则是深刻的和致命的。潜规则最初出现于原始状态分解以后，契约与人的自私的矛盾难以消解下的过渡状态，尽管没有潜规则概念的出现，但作为一种文化形态已经成形。随着私有制的不断变形与进化，潜规则不但没有匿迹，反而在社会各个领域得到普遍的壮大。现代性不断繁衍，使得潜规则获得了突变性的滋长与广泛渗入，例如干部升迁过程中的"又跑又送，提拔重用；不跑不送，降职使用；光跑不送，原地不动"，社会交往中的"高级干部不喝酒，一个朋友也没有；中层干部不喝酒，一点信息也没有；基层干部不喝酒，一点希望也没有；纪检干部不喝酒，一点线索也没有；平民百姓不喝酒，一点快乐也没有；男女之间不喝酒，一点机会也没有"，娱乐圈的"不出位难上位"等。

就规则或显规则而言，它是理性社会的公共约束和文明的标志。人们制定规则是出于两个方面的考虑，一是统治者集团约束被统治者，从而获得一种秩序；二是最高统治者约束下层统治者，而获得统治的有效与持久。福柯在《规训与惩罚》中说："'规训'既不会等同于一种体制也不会等同于一种机构。它是一种权力类型，一种行使权力的轨道。它包括一系列手段、技术、程序、应用层次、目标。它是一种权力'物理学'或权力'解剖学'，一种技术学。"① 人类的文明史也是规则史，资本主义晚期用"生产—富裕—享受"代替过去的"暴力—征收"原则，从而减少生产的低效率和乌合之众以及反抗者集合体的骚乱。

潜规则的出现是为了获得遵守正式规则所不能提供的利益。由于潜规则是对合法化规则的违抗，因而必须以隐蔽的形式存在，从而逃避惩罚。隐秘化的潜规则为了个体的利益最大化而损害公共利益和公共准则，特别是在三方利益制衡中，其中运行潜规则所形成的利益联盟是对第三方利益的直接侵犯。由于合法化的规则在一定程度上和一定意义上具有相对公正性，这样潜规则由于违背了正式契约与规则，因而是对公正的背离和危害。潜规则具有两种存在形式：一是社会强者对规则的违抗，意味着对主流意识形态的蔑视；二是社会弱者对规则的退缩与恐惧，是对社会主流价值压迫避让的无奈选择。尽管潜规则是在社会个群中的自发、自主行为，但潜规则是社会利益集团和普通民众获得利益最大化和基本生存的策略选择，它既是对现存制度的深刻抵制，也是过去向现在和未来导向的制度过渡，或者说是一种更高形式的规则。

现代性运行资本逻辑，即遵守等价交换原则，潜规则是现代性等价交换的普遍性的另一种存在形式。作为公共产品与公共事业的掌控者，在支付有限紧缺的公共资源的时候，要获得对等的资源交换，而公共法则和主流价值对其限制使得他们不能以显在的规则运作，只能以潜藏的法则运行价值规律。

六 反文化的文化

文化作为人的实践活动的序构，具有一定的指向。德国文化哲学创始人卡西尔认为："作为一个整体的人类文化，可以被称之为人不断自我解放的历程。"② 即文化就是人从囚困向自由转化。反文化则表达了对人类更

---

① 福柯：《规训与惩罚》，刘北成等译，三联书店，2007，第241~242页。
② 卡西尔：《人论》，甘阳译，西苑出版社，2004，第203页。

加规制和系统增熵的指向。人类反文化的文化（culture with anti-culture）指在文化的生成过程中始终伴随着反文化的元素、形态与动力。

自从胚胎学证明了过去的时间对生物进化的巨大影响以后，不仅改变了生物学的面貌，而且历史学也发生了类似的变化。任何事物都不能比拟文化对群体心态影响的威力。董仲舒于元光元年（公元前134年）提出"罢黜百家，独尊儒术"，汉武帝刘彻，好大喜功，儒家的大一统思想与君臣伦理符合了武帝当时面临的形势，因而儒术很快被汉武帝采纳，而废弃了道家与诸子百家思想。从此，儒学受到中国古代历代封建统治者推崇，成为两千多年来中国传统文化的正统和主流思想。即使到后来，魏晋南北朝（220~581年）玄学的兴起、佛教的输入、道教的兴勃及波斯、希腊文化的羼入使得儒学受到了相对冷落，明末清初（1644年）经学家黄宗羲（1610~1695年）抨击儒家君主专制制度，提出"天下为主，君为客"的民主思想，直至新文化运动的冲击，但儒家的"官本位"文化价值并没有受到实质性摒弃。

黑格尔在《历史哲学》中指出："说到印度人的政治生活，我们首先必须考虑的，就是这个国家和中国对比下所显示出的进步。在中国，普天之下，一切居民，都处于平等的地位；因此，一切政治都集中在中枢皇帝的身上，各个臣民无从取得独立和主观的自由。"[1] 明朝初期，中央沿用元朝的中枢省制度，中枢省位高权重，丞相成为与皇帝抗衡的职务。洪武十三年（1380年），丞相胡惟庸以谋反罪被处死，朱元璋就此取消了中枢省和丞相的设置，由皇帝直接统管六部，使中央权力集中于皇帝一人手中。

但是黑格尔没有注意到中国后来有内阁制度，内阁制在最初的时候只是皇帝秘书性质的机构，但到了大明宣德时期权力很快开始上升，大明万历张居正改革让内阁成为政府运转的中枢，而内阁首辅变成实际上的宰相。取消了中枢省，很快又有了内阁，中华帝国并不是黑格尔所说的一切政治都归于最高帝王。以皇帝为顶层设计的既互相勾结又相互排斥的层层递进的塔式官僚机构才是控制整个中国政治的主体。社会的主要矛盾并不是皇帝与臣民之间的矛盾，而是以皇帝为最高权重者所组成的庞大的官僚集团与民众之间的根本冲突。文化遗传于传统，但更根植于现实。西方民

---

① 黑格尔:《历史哲学》，王造时译，上海世纪出版集团，2006，第133页。

主制度的成就至多是在民主的冷暴力下进行更加激烈的权力争夺，人类整个文化谱系并没有逃脱"官本位"的古老编码。自上而下的管制模式和权力意志也始终是现代性在世界性普遍意义上的文化内核，其反文化本性也早就被解密。因此，现代性的生存法则是文化以反文化的品质存在，或者，有序以无序而存在。也可以说，反文化决定了现代性文化的方向与总量。文化的各个岛屿与贯通形成了一张现代性反文化的文化地貌，其中"官本位"文化是整个反文化群岛的中枢神经。也就是说，"官本位"文化衍生出其他各路反文化，共同组成反文化部落。

七　无意识的意识

无意识的意识（unconscious consciousness）也称为非理性的理性（irrational rationality），是指个人或集体处于无意识、下意识或潜意识状态下的行为具有意识的目的性和功利性，其包含不自觉的自觉、无价值的价值、无意义的意义、无目的的目的等部分含义。

大众对领导与权贵的奉迎，群众不自觉地对领导表达崇拜与信奉，已成为大众社会心理的自然习性。群众一见领导就鼓掌，并没有经过思维的理性思考。然而，这是长期的现代性教化和理性的运筹的内化过程，从有意识进入无意识，从自觉到不自觉。从统治者的有意识到民众处于被迫意识，最后形成习惯而成为无意识，即长期被领导的现实转化为文化的思维定式，即转化为生活离不开国家和官吏领导的不自觉的自觉。恩格斯1891年在《法兰西内战》单行本"导言"中指出，哲学对国家的迷信使得国家被看作真理和正义实现的场所，由此产生对国家和官吏的盲目崇拜："尤其是人们从小就习惯于认为，全社会的公共事务和公共利益只能像迄今为止那样，由国家和国家的地位优越的官吏来处理和维护，所以这种崇拜就更容易产生。"①

在频发的矿难面前，某些人对民工的基本生命价值的感知已经集体麻木，形成了集体无意识，但实际上他们是有意识地在回避，以国家的繁荣与大众的欢乐意识掩饰社会危机。"小悦悦事件"看似群体无意识地失去

---

① 《马克思恩格斯文集》第 3 卷，人民出版社，2009，第 111 页。

对他人生命的体恤，但实际上是趋利避害的理性固化在日常思维与行为的本能之中。法国现象学家梅洛－庞蒂在《行为的结构》中谈到了严格意义上的人的意识："某一活生生的身体，或者像我们自此以后要说的，某一'现象的身体'的知觉，并不是一些随意的视感觉和触感觉的镶嵌——与欲望、情绪和感受的内在体验联系在一起的，或者说被理解为这些心理态度的符号的各种感觉，从它们那里获得了一种生命意义。"① "视而不见"的无意识是有意识的内在定型。

英国经验主义代表休谟认为："心灵的全部知觉共分两类，即印象与观念，两者的差别只在于它们不同的强烈和活泼程度。我们的观念是由我们的印象复现出来，并表象出印象的一切部分。"② 也就是说，观念来自印象，印象的不断复现则加强了观念的形成。掌权者为了强化社会繁荣与和谐的观念，总是故意减少事故、灾难发生后负面报道的复现频率，即钝化印象的活泼度来减弱其执政能力低下的观念。因为，一旦观念形成以后，任何特殊的思想如果闯入观念有规制的路径或连串中，立即会被注意和被排斥。维特根斯坦认为："一个人可以不信任自己的感官，但不能不信任他的信念。"③ 也就是说，有意识的观念会转化为无意识的信念，形成无意识的意识，一种更加顽固的意识。

现代性使得无意识的意识在个人行为中也会经常表现出来。个人无意中会表达自己的国家、民族、性别、家庭出身、社会地位、教育背景、知识结构等下意识，即被称为"气质"的模糊识别，都从有意识到无意识，最后再形成无意识的意识。无意识的意识实质上也是理性意识，是现代性进化的结果，在哲学上表达了经验主义与唯理论之间的一种过渡和妥协。

八　伪道德的道德

伪道德的道德（pseudo morality in morality）是指伪道德以道德的形式对社会进行控制。道德作为一种意识形态和精神观念，具有规范人的行为的功能。道德的起源在休谟看来是人的天然资质，先天具有对道德的判

---

① 梅洛－庞蒂：《行为的结构》，杨大春等译，商务印书馆，2010，第235页。
② 休谟：《人性论》，关文运译，商务印书馆，1980，第114页。
③ 维特根斯坦：《哲学研究》，陈嘉映译，上海世纪出版集团，2005，第226页。

断。道德与其说是被感觉到的，不如说是被判断出来的。我们的情感总是倾注于这一面或那一面，所以，我们就有理由相信，道德的判断是在人的理解能力范围内的。不过，这种判断能力并非来自理性。"道德准则刺激情感，产生抑止行为。理性自身在这一点上是完全无力的，因此道德规则并不是我们理性的结论。"① 康德在《实践理性批判》中谈道："道德法则是纯粹意志的唯一规定根据。"② 康德所说的道德法则命令每个人必须遵守，而且是一丝不苟地遵守。在我们的实践理性的理念中，伴随着道德法则的逾越，而这种逾越该受惩罚。尽管至善是一个纯粹理性，亦即一个纯粹意志的全部客体，但它却并不因此就能被视为纯粹意志的规定根据，而唯有道德法则才必须被视为使至善成为自己的客体的根据。

在尼采看来，人类的理性创造了道德，道德的起源乃是演戏。"古代所有比较深刻的人物都厌恶德性哲学家：人们在德性哲学家身上看到了好辩者和戏子。"③ 在尼采那里，道德家乃为戏子，即为"两面人"，所谓的道德都是伪道德。所以，尼采提出要对道德进行讨伐，使道德没有立足之地，从而使伪善家失去欺骗的手段。

利用道德进行反道德的行为是现代性最突出标志之一，这在中国的孔子那里已经得到了充分的阐述。孔子在《论语·为政》说："为政以德，譬如北辰，居其所而众星共之。"但是，为政者大都是以德的名义进行反道德的行动。为政中的腐败者绝没有称自己无德，反而都是大力弘扬德的重要性。在反腐倡廉大会上有些人总是高调表示对腐败的憎恨和对俭朴的决心，但事实上，大众看到的总是"前腐后继"。马克思和恩格斯在《德意志意识形态》中指出："资产阶级则在自己的理论中冠冕堂皇地宣扬道德而且态度严肃，或者陷入上面所说的假仁假义中，尽管贵族在实践中根本没有放弃享乐，而享乐在资产阶级那里甚至采取了正式的经济形式——奢侈。"④ 伪道德者总是以道德的灵性和公共性蛊惑大众，以逃脱大众对自己的监督和追究。

自由和民主是理性的最高成就，但欧洲民主化的结果，却制造了一个

---

① 休谟：《人性论》，关文运译，商务印书馆，1980，第497页。

② 《康德纯粹理性批判》第5卷，李秋零译，中国人民大学出版社，2007，第116页。

③ 尼采：《权力意志》，孙周兴译，商务印书馆，2007，第1043页。

④ 马克思、恩格斯：《德意志意识形态》，人民出版社，2003，第121页。

奴隶制，技艺和假面具是其主导产品。当代美国伦理学家玛莎·纳斯鲍姆在《善的脆弱性》中分析了古希腊道德理想的现实性悲剧。尽管传统的神灵被人类面对逆境仍然力争一个艰难目标的美德所展现出来的壮观所吸引，但是，"亚里士多德坚持认为，只有在某种存在者的本质的限度内，善才会显现自身，那种需要才构成美丽"①。也就是说，道德作为宇宙中最透明的正义感，在现代性发达的名利场里，变得最为黑暗。

九　拟真实的真实

拟真实的真实（truth in virtual truth）是指真伪的界限变得模糊，拟真实成为人们生活的真实概念和真实世界。休谟说："理性的作用在于发现真或伪。真或伪在于对观念的实在关系或对实际存在和事实的符合或不符合。"② 古希腊时期先哲就发现了真实与非真实之间的界限难以确定。柏拉图在《智者篇》里的对话中指出，"真实"的意义是指真的存在，"非真实"就是"真实"的反面，即不是真的存在，那么相似的东西是真的存在还是非真的存在呢，也就是真实的还是非真实的？泰阿泰德说："真实与不真实相互纠缠在一起，实在令人困惑不解。"③ 结果是，智者就会用相似的东西行骗，成为一种技艺。

网络世界的虚拟性是古老真实与非真实概念弥合的最现实化。现实的非正义与不平等以及人自身的苦难使得新人类在真实世界外搭建起自由平台和理想设计。真实世界不能实现的特殊关系可以在拟真实世界里实现。拟真实既是现代性生活下被规制压迫的人们的一种精神逃避，也是一种现代性滋长下人性欲望的肆意放纵。鲍德里亚对现代性的拟真世界有过这样的概括：它不再是造假问题，不再是复制问题，也不再是模仿问题，而是以真实的符号代替真实本身的问题。它不再被真实与意象的区分所遮蔽，而为差异提供了无限可能。"从今往后，是地图先于领土——影像优先——是地图生产领土，今天如果我们对

---

① 玛莎·纳斯鲍姆：《善的脆弱性》，徐向东等译，凤凰出版传媒集团，2007，第473页。
② 休谟：《人性论》，关文运译，商务印书馆，1980，第498页。
③ 《柏拉图全集》第3卷，王晓朝译，人民出版社，2003，第36页。

上述传说加以修改，那将是领土的碎片在地图中慢慢地腐烂。"① 而早他出生不到40年的维特根斯坦还断言："没有先天为真的图像。"②

拟真实还常常被统治者和利益集团以及个人交往所利用。政府真切的诺言不断被更真切的诺言所更新，在面临绝境的时刻，新的诺言推迟了死亡，真实被锁定在未来幻想之中。真实寓于乌托邦，乌托邦诱惑真实。反映现实生活的各种客观数据似乎是真实的，但都是以一种拟真实的形态进入人们的生活世界。国家不同权威部门发布的统计数据相互证伪已不足为奇，个人感受与国家权威统计数据不符亦已是正常现象。财务报告、证券信息、权威机构发布的各种统计数据所呈现的"统计陷阱"已渗透国家的政治、经济生活等各个方面。大学排行榜、行业排行榜、财富排行榜、销量排行榜、票房排行榜等都是以真实、客观的面貌出现，但事实上无不是个人或集团的主观设计和个性策划。从小样本得出大结论，以偏概全；为了证实自己的观点，刻意用统计方法放大比例；样本选择、参数制定、权重分比和模型设计都是利益的反映和主观的介入。现代性社会是理性主导的排练场，一切以科学、精确、数据、原理和逻辑出场的客观因素都受到了人的主观"精心设置"。

现代性的拟真已经扰乱了人们生活的各个方面。染色馒头、瘦肉精，合法与不合法的各种食品添加剂使得绿色食品概念亦已模糊；变性人、代孕人、人造身体，使得人也是拟真的；情人未必有情，爱人未必有爱；穿僧衣的未必是和尚，和尚念的未必是佛经，对菩萨顶礼膜拜的未必是觉者。现代性的蔓延，使得真假的标准愈来愈失去客观性和稳定性。这是一个拟真的时代，亦即一个虚假的时代，一个愈来愈失去自然、本真生活的时代。

十 亚稳定的稳定

亚稳定（meta-stability）是介于稳定与动荡之间的中间态。现代性的资本集聚的过程也意味着冲突的集聚。因此，现代性需要稳定，但也是最

① 鲍德里亚：《生产之镜》，仰海峰译，中央编译出版社，2005，第185～186页。
② 维特根斯坦：《逻辑哲学论》，贺绍甲译，商务印书馆，1996，第31页。

不稳定。亚稳定的稳定（stability with non-stability）是指表象的稳定潜藏着巨大的不稳定动力，亚稳定具有极大的脆弱性，一触即发，稳定就转化为社会动乱和社会危机。

亚稳定的形成过程是社会主控制系统失效的过程，亦即最高指令并不能在规定时间有效抵达规定地点，社会组织的神经元失去了对中枢神经的接受与反应。中央维稳信号在从上至下的传递过程中，传输通道滞流信号不能最后抵达神经末梢，抑或是传输的各级接受者失去对信号的积极反应，即消极或抵制信号的命令，都会引发对稳定态的破坏。而随着对现代性认同度的不断降低，干扰维稳的力量在不断聚集，动荡的潜在因子愈来愈显露出来。而作为维稳与反稳的两种力量的暂时平衡，社会就进入亚稳定状态。随着现代性危机引发的社会矛盾不断加剧，亚稳定达到了最后临界点，动荡就会即刻爆发，亚稳定随即终止。反之，有效遏制现代性的增长和缓和社会矛盾，则亚稳定也会向稳定转化，亚稳定也会终止。

社会进入亚稳定状态是社会共同体传统变量关系出现扰动的反映，是社会共同体矛盾长期得不到有效化解的后果。在民族共同体、国家共同体、党派共同体、职业共同体、学校共同体、军队共同体、血缘共同体和家庭共同体等各种社会共同体中，都存在一种基本稳定的秩序，但任何共同体的秩序，即使是一个最和平主义的秩序，也存在斗争，也始终存在强者强加给弱者的"选择"。这种差异性与不对等性选择一旦超出弱者的接受边界或者强者首先违背共同体规则，群体性事件就会爆发，"和平"秩序就会即刻失效。

德国现代政治与社会学家马克斯·韦伯认为："任何一种行为秩序，都允许作为单纯事实的选择，以某种方式出现于各种人围绕生活机会的选择中。"① 如果在市民社会共同体中，自然灾难、金融危机、贫富差距、两极分化一旦达到弱者基本生存难以为继和最微弱的尊严丧失殆尽的时候，一种对抗性选择就会出现，共同体的稳定关系与秩序就会瞬间瓦解；在一个国家或政治利益共同体中，如果权力主导方腐败现象严重、官僚主义泛滥、民主形式空设，被控方必然会对共同体权力秩序的正当性提出质疑和挑战，一种反稳定的力量也会迅速生成；在民族共同体中，民族之间的经

---

① 马克斯·韦伯：《社会学的基本概念》，胡景北译，上海世纪出版集团，2005，第67页。

济利益和民族习惯的差异所引发的选择冲突也会对共同体的秩序产生破坏；在信仰共同体中，宗教极端主义和信仰特殊主义也会因为信仰的差异和活动空间的争议而引发共同体的秩序危机；在大众生活共同体中，如果公共安全、交通安全、生产安全、食品安全等严重危害共同体成员的生命健康问题，不能得到有效遏制，一种反共同体现存秩序的行为必然发生；在家庭特别是性共同体中，如果一方违背情感承诺，另一方就会对其进行报复，而报复不仅使家庭共同体从稳定转向解体或亚解体，而且也对其他社会共同体的秩序与有效性产生辐射，使得家庭危机过渡到社会危机。亚稳定的出现，既是对旧共同体和旧秩序的挑战，也是孕育新共同体和新秩序的过程。可以说，亚稳定是社会危机的前兆，也是共同体规则和秩序重置的前奏。

十一　不公正的公正

不公正的公正（justice with injustice）是指公正具有不公正的特征。公正即正义作为一个古老的哲学概念，在柏拉图那里被看作个人的德性，也是一种自然的秩序。休谟在《道德原则研究》中阐明了正义的至要："人类的幸福建立于正义这一社会性的德性及其分支，就好比拱顶的建造，各个单个的石头都会自行掉落到地面，整体的结构唯有通过各个相应部分的相互援助和联合才支撑起来。"[①] 但是，公正无论从概念到实践都是最受争议的。

对于资本主义自诩的"公正"，马克思在《资本论》第 1 卷中这样说道："让我们来赞美资本主义的公正吧！土地所有者、房主、实业家，在他们的财产由于进行'改良'，如修铁路、修新街道等等而被征用时，不仅可以得到充分的赔偿，而且按照上帝旨意和人间法律，他们还应得到一大笔利润，作为对他们迫不得已实行'禁欲'的安慰。而工人及其妻子儿女连同全部家当却被抛到大街上来，如果他们过于大量地拥到那些市政当局要维持市容的市区，他们还要遭到卫生警察的起诉！"[②] 马克思在这里明

---

① 休谟：《道德原则研究》，曾晓平译，商务印书馆，2001，第 156～157 页。
② 《马克思恩格斯文集》第 5 卷，人民出版社，2009，第 761 页。

确表达了他对资本主义名为公正实为不公正的谴责，并强调了公正的平等性原则。

马克思同时指出："最勤劳的工人阶层的饥饿痛苦和富人建立在资本主义积累基础上的粗野的或高雅的奢侈浪费之间的内在联系，只有当人们认识了经济规律时才能揭露出来。居住状况却不是这样。在这方面，任何一个公正的观察者都能看到，生产资料越是大量集中，工人就相应地越要聚集在同一个空间，因此，资本主义的积累越迅速，工人的居住状况就越悲惨。"① 马克思在这里以公正的观察者表达了公正的客观性原则。这也说明，有时承认一件事比认识一件事更困难。

在现代性社会里，公正受到两个因素的制约。一是公正是以文明规则面目出现的，而规则是由人制定的，但不是由普通人制定的，而是掌握政治、经济、文化、学术等资源的优胜者，这些社会精英所制定的规则是以自我利益（包括个人利益和集团利益）为中心的，其规则是以牺牲大众或他人利益为前提，因此，其规则的公正是以公正面目出现但却是不公正的，比如合法化地规定级别越高的官员享受的待遇越特殊。二是规则的制定始终存在普遍与特殊的矛盾，即从普遍性上是公正的，但从特殊性上却是不公正的。职务晋升的论资排辈，招工、提拔、退休、退职的年龄：一刀切，求职、提拔的学历要求，大学分为一本二本，职称分为教授、副教授，这些规则在平均度上都是公正的，在特殊性意义上则是不公正的。作为普遍性的公正和作为特殊性的不公正是现代性的内在缺陷，也是现代性社会所不能克服的。现代性导向下的法律、法规都是运行总体性原则和一般性原则，总体排斥部分，一般排斥特殊，这种公正以整体公正为目的，但以牺牲个别为代价。它是逻辑的，也是非逻辑的；是理性的，也是非理性的；因此，它是不公正的公正。

用"技艺"来管理需求、预期处境的人，乃是理性缜密的人，亦即能够掌握现代性的人。相反，拒斥那种把社会生活建立在理性之上的人，则是抵抗启蒙运动的同盟者。

---

① 《马克思恩格斯文集》第5卷，人民出版社，2009，第757页。

· 第八章 ·

西方现代性批判历程与范式

第一节　"诱惑"的滥觞与勾兑：
从尼采到鲍德里亚

　　发轫于尼采的反常规之道，非传统"诱惑"颠覆了整个现代理性世界。经过维特根斯坦、海德格尔、拉康、福柯、德里达到鲍德里亚等人的操劳，非理性、非本质、非概念、非操持、非澄明、非等价、非自身、非秩序、非常规、非稳定、非真实、非连续的裂变，爆发出无限的能量。"诱惑"的巨大生产力，在无所适从的慌乱与暗算中，回到了面向事情本身。如果真理来自偶然的惘信，则尼采的预言"我的时代还没有到来"会成为现实，然而，这只是悲剧的诞生。我们已经跌入"诱惑"的深渊，因为，鲍德里亚还告诉我们，"一切都是诱惑"。立意于反现代性的后现代主义思想家们最终仍囿于现代性知网。

　　弗里德里希·威廉·尼采 1883 年在《查拉图斯特拉如是说》第 1 卷中说道："诱惑许多羊离开羊群——我为此而来。"① 如果"诱惑"是一百年的陈酿，那么尼采就是原浆，以后的每一种新品不过是一次新的勾兑。

---

① 尼采：《查拉图斯特拉如是说》，杨恒达译，凤凰出版传媒集团，2007，第 15 页。

一　"肤浅""他处"之"诱惑"：从尼采到维特根斯坦

现代精神的放荡

"激情"取代了无序和无度；

"深度"取代了混乱、符号纷乱①。

"深度"学已经成为学术现代病，它没有使我们的知识深化，而是使我们失去了对现象的直击力和判断力。"深度"已成为学术界、思想界、政治领域和文化领域的命脉。这一切都不过是用虚构的本原逃避现实的现代性魔咒。尼采说："我们注意到，在外国旅行的旅行者刚到一个国家就能正确抓住该国人特殊的总体特征；他们对该国人了解得越多，就越看不到他们身上典型的、特殊的东西。"② "深度"给我们带来了精神上和认识上的混乱，"深度"并不深。尼采的察觉得到了鲍德里亚的认同："在诱惑中，正是显在话语，话语的最'肤浅的方面'，以某种方式成为根本的禁忌，以便使潜在话语无效并以外表的魅力和陷阱来替代潜在话语。"③ 换句话说，外表根本就不肤浅，"肤浅"的外表更有魅力和诱惑力。深度、本质、理性的算计和深入的关系不是诱惑，陌生的掠过才是诱惑。"眼睛的诱惑，是最为直接、最为纯粹的诱惑，不需要词语的诱惑，只有目光交织在一场双人决斗中，一种即时的缠结，他人并不知情，还有他们的话语：一种静止和无声的亢奋的朴素魅力。"④

现代社会的激情、欲望和对物质的过度享受，使生活失去了魅力和气质。身体、精神和符号的放纵、激情、无度与眩晕带来的是激情后的委顿和无序。尼采说："放纵之母不是快乐，而是不快。"⑤ 尼采的动感启示了鲍德里亚："集体的激情、符号的激情、循环的激情，这使得时尚以令人眩晕的速度，穿过社会躯体，流行、传播、巩固自己的一体化，收集各种

---

① 尼采：《权力意志》，孙周兴译，商务印书馆，2007，第 495 页。
② 尼采：《人性的，太人性的》，杨恒达译，中国人民大学出版社，2005，第 227 页。
③ 鲍德里亚：《生产之镜》，仰海峰译，中央编译出版社，2005，第 156 页。
④ 鲍德里亚：《论诱惑》，张新木译，南京大学出版社，2011，第 116 页。
⑤ 尼采：《人性的，太人性的》，杨恒达译，中国人民大学出版社，2005，第 332 页。

同一性。"① 无限制的满足、欲望的疯狂、享受的过度分配和激情破坏了诱惑，尤其是性。天真的单纯是诱惑，黄色的淫秽不是诱惑。"天真单纯，这种精神缺陷的轻度形式，它与柔嫩的皮肤一样具有刺激性欲的效果。"②

没有深度、零厚度是真正的诱惑之所在。尼采在著名的《查拉图斯特拉如是说》中说："肤浅是女人的气质，一层覆盖在浅水上面而波涛汹涌的动荡薄膜。而男人的气质是深邃，他的水流在地下的洞穴中涌动：女人感觉到他的力量，却不理解它。"③ 鲍德里亚也认为："正是作为外表的女性挫败了男性的深度。"④ 男人的深思在肤浅的女人面前失效。尼采觉得，这些没有内心生活的女人最能刺激男人的欲望，她们的肤浅带来了女性的魅力。这就是诱惑。

女性通过自己的肤浅气质诱惑男性，但这个气质是流动的、懒散的，并不能被认识。在鲍德里亚看来，我们不但无法确定女性，也不能找到女性，她不在我们的近处。"女性却在他处，女性总是在他处：这正是其威力的秘密所在。"⑤ 正如人们所说，一个事物之所以能够延续，是因为她的存在与其本质不符，更应该说，女性之所以能够诱惑，是因为它处在人们想不到的地方。在诱惑中，女性不是一个特征词，女性不是要求揭示自己的本质和抵达自己的真理，她什么都不是，也从来没有发生，正是这个没有本质、没有出场或者无法接近本质的威力产生了诱惑的威力。正如路德维希·维特根斯坦所说："'本质对我们隐藏着'：这是我们的问题现在所取的形式。"⑥ 它不能被认识、不能被确定、不能被概念、不能被描写、不能被接近、不能被说服、不能被存放、不能相处，什么也不属于。在近处，但不能接近，这就是诱惑。

二 "游戏""忘却"之"诱惑"：从维特根斯坦到海德格尔

也许尼采对女性的启示使得鲍德里亚颠覆了女权主义的全部学术体

---

① 鲍德里亚：《象征交换与死亡》，车槿山译，凤凰出版传媒集团，2006，第136页。
② 鲍德里亚：《冷记忆5》，张新木等译，南京大学出版社，2009，第61页。
③ 尼采：《查拉图斯特拉如是说》，杨恒达译，凤凰出版传媒集团，2007，第73页。
④ 鲍德里亚：《论诱惑》，张新木译，南京大学出版社，2011，第16页。
⑤ 鲍德里亚：《论诱惑》，张新木译，南京大学出版社，2011，第10页。
⑥ 维特根斯坦：《哲学研究》，陈嘉映译，上海世纪出版集团，2005，第50页。

系。鲍德里亚由此认为，"传统女性"既不受压抑，也不被禁止性享受，丝毫没有被征服，也不被动，没有梦想未来的"解放"。"女性从来就不具有怜悯的形象。它一直具有特有的策略。一种从不间断和永远胜利的挑战策略（挑战的一种重要形式就是诱惑）。"① 女性相对于男性，并不处于痛苦与被压迫的境地，没有被男人征服，而是通过自己捉摸不定的气质和挑战的策略诱惑男性。

鲍德里亚把女性的不确定性气质归于它的游戏性："如果说女性气质是不确定原则，那么正是在它本身的不确定之处才有最大的不确定：在女性气质的游戏中。"② 尼采是第一个把游戏与精神意志结合在一起的人。"我的兄弟们，做创造的游戏，需要一个神圣的肯定：精神现在要有它自己的意志，丧失世界者赢得了自己的世界。"③ 游戏的编排力和感染力，也就是人对苦难的排斥力和对自我精神蜕变的意志力。游戏被鲍德里亚理解为诱惑的发源地。"这是诱惑的内在威力，它将真理中的一切东西抽掉，把它纳入游戏，纳入外表的纯粹游戏。"④ 在游戏中，诱惑瞬间挫败所有的意义体系和权力体系，让身体以外表，而不是以欲望深处进入游戏。"游戏不是享受快感。这里存在一种诱惑的最高权威。"⑤ 游戏不是欲望的空间，而是诱惑和挑战的空间。

对于游戏的诱惑性，布尔迪厄有不同的看法："我们只需像观察者那样置身于游戏之外，与赌注无关，就能消除紧迫性、诱惑、威胁、要遵循的步骤，而正是这一切产生了实在世界，亦即被实际居住的世界。"⑥ 也就是说，游戏是一种紧迫的诱惑。布尔迪尔和福柯把权力斗争、哲学都看作一种规则同时建构与消解的游戏。

游戏之魅力被尼采理解为人类通过游戏，忘却现实的痛苦，从而得到解脱。"西摩尼得斯劝他的同胞将生活当成游戏；他们太清楚过于认真便是一种痛苦了。"⑦ 希腊人发现的生活的重压与操劳，到了现代更为湛然。

---

① 鲍德里亚：《论诱惑》，张新木译，南京大学出版社，2011，第31页。
② 鲍德里亚：《论诱惑》，张新木译，南京大学出版社，2011，第18页。
③ 尼采：《查拉图斯特拉如是说》，杨恒达译，凤凰出版传媒集团，2007，第20页。
④ 鲍德里亚：《论诱惑》，张新木译，南京大学出版社，2011，第12~13页。
⑤ 鲍德里亚：《论诱惑》，张新木译，南京大学出版社，2011，第35页。
⑥ 布尔迪厄：《实践感》，蒋梓骅译，译林出版社，2003，第127页。
⑦ 尼采：《人性的，太人性的》，杨恒达译，中国人民大学出版社，2005，第119页。

尼采如是说："劳累过度、好奇和同情——我们现代的恶习。"① 继承于尼采，马丁·海德格尔在《存在与时间》里这样说："操心这种现象使我们更精确地把握生存及其所含有的与实际性和沉沦的关联。"② 一次操劳就是一次对沉沦的逃避、诋毁与吞噬。

面对"好奇""操劳"和"烦"的不间断性，海德格尔在游戏策略的基础上，提出了更富有生存论的诱惑策略。"诱惑、安定与异化却标识着沉沦的存在方式。"③ 忘却作为非本真的曾在状态与被抛弃的本己存在取得联系，只有基于遗忘才能眷留于有所操劳的当前化，亦即眷留于非此在式的、从周围世界来照面的存在者。"与这种眷留相应的是一种不眷留，它表现为派生意义上的'遗忘'。"④ 这是游戏忘却痛苦的一种本体论追问。游戏、忘却并不是本真的忘却，本真的忘却是存在。

三 "遮蔽""象征"之"诱惑"：从海德格尔到拉康

1930 年，海德格尔在《论真理的本质》公开的演讲中说道："一切人类行为和姿态都在它的敞开之境中展开。因此，人乃以绽出之生存（Ek-sistenz）的方式存在。"⑤ 但是，"存在者整体的敞开状态并不就是我们熟悉的存在者之总和"⑥。对存在者本身之解蔽同时也就是对存在者整体之遮蔽。此种解蔽过程作为对遮蔽之被遗忘状态而成为迷误。"存在者整体的遮蔽状态绝不是事后才出现的，并不是由于我们对存在者始终只有零碎的知识的缘故。"⑦ 1950 年，在《技术的追问》中他进一步谈道："一切本质的东西，不仅是现代技术本质的东西，到处都最为长久地保持着遮蔽。"⑧ 如果说人以其方式在无蔽范围内解蔽着在场者，那么他不过是应合着无蔽状态之呼声而已。

① 尼采：《权力意志》，孙周兴译，商务印书馆，2007，第477页。
② 海德格尔：《存在与时间》，陈嘉映等译，三联书店，1999，第358页。
③ 海德格尔：《存在与时间》，陈嘉映等译，三联书店，1999，第292页。
④ 海德格尔：《存在与时间》，陈嘉映等译，三联书店，1999，第386页。
⑤ 孙周兴选编《海德格尔选集》，上海三联书店，1996，第225页。
⑥ 孙周兴选编《海德格尔选集》，上海三联书店，1996，第226页。
⑦ 孙周兴选编《海德格尔选集》，上海三联书店，1996，第227页。
⑧ 孙周兴选编《海德格尔选集》，上海三联书店，1996，第940页。

　　这是现象学的诱惑，不在场的诱惑。海德格尔说："在现象学的现象
'背后'，本质上就没有什么别的东西，但应该成为现象的东西仍可能隐藏
不露。恰恰因为现象首先与通常是未给予的，所以才需要现象学。"① 现象
可能有各种各样的隐蔽方式。现象不是通过本质揭示自身，现象——就其
自身显示自身——意味着某种东西的特具一格的照面方式。但是，现象学
的照面不仅仅是直觉，真正的现象是存在。现象是绽开、是澄明，也是隐
藏和遮蔽。"肤浅"不是现象，它并不肤浅，不需要深度解释，是存在自
身，符号自身显示自身。"只有空白的符号，荒唐的、荒谬的、省略的、
无参照的符号在吸收我们。"②

　　"知其白、守其黑；知其荣，守其辱。"③ 中国的老子深深影响了海德
格尔。黑遮蔽了白、辱遮蔽了荣，黑、辱不是现象，白和荣才是未绽开的
现象。或者说，白和荣的现象中也包含着黑和辱，白和荣不是通过黑和辱
直接显现自身，而是一种象征关系。我们无须否定黑和辱。对此，鲍德里
亚则认为："诱惑表现了对象征世界的控制，而权力只表现了对权力世界
的控制。"④ 现实的关系不是诱惑，象征的关系才是诱惑。

　　象征的诱惑性引发了女性的诱惑性。象征反对价值规律，反对规则，
反对有序。鲍德里亚认为："女性技巧既不是秩序的东西，也不是等价物
的东西，更不是有价值的东西：它是权力中无法解决的东西。"⑤ "任何女
性气质将变得清晰可见——性享受的象征女人，性欲的象征享受。"⑥ 正如
雅克·拉康所说："在梦中，我的形成是以一个营垒甚至一个竞技场来象
征的。"⑦ 这个竞技场，划分为两个争斗的阵营，主体在高耸的城堡里争
斗。城堡象征了原始本能。借喻这种象征结构，精神方面诱出主体的症
状，目的是指明倒错、孤独、重复、移位等固念精神症的机制。象征就是
存在中的不存在、不存在的存在，是忘却的残留、牵挂的决然、遮蔽的泄
露、光芒中的暗影。诱惑撞击和谐，粉碎永恒。幸福、完美、光明、透明

---

① 海德格尔：《存在与时间》，陈嘉映等译，三联书店，1999，第42页。
② 鲍德里亚：《论诱惑》，张新木译，南京大学出版社，2011，第112页。
③ 《道德经》第28章。
④ 鲍德里亚：《论诱惑》，张新木译，南京大学出版社，2011，第12页。
⑤ 鲍德里亚：《论诱惑》，张新木译，南京大学出版社，2011，第26页。
⑥ 鲍德里亚：《论诱惑》，张新木译，南京大学出版社，2011，第32页。
⑦ 《拉康选集》，褚孝泉译，上海三联书店，2001，第94页。

不是诱惑，黑暗、失败、破缺、不幸、灾难、不能抵达、不可穿越、面具是诱惑。鲍德里亚说："女子脸上的疤痕为她增添了无比的魅力。"[①] 诱惑的瞬间让象征不成为象征。

四 "镜像""倒错"之"诱惑"：从拉康到福柯

诱惑，在鲍德里亚看来，就是作为现实去死亡，作为镜像、符号去生产。"诱惑在注视着无意识的欲望，将它们重新变成无意识和欲望的镜像。"[②] 现实没有诱惑，现实的复体、面具、镜像、映射、倒错才会脱颖而出。诱惑的策略就是镜像的策略。

拉康认为："我称之为镜子阶段的行为的意义在于表现了情感的动力。在这种动力中主体将自己从根本上与自己身体的视觉格式塔认同起来。相对他行动上还存在的严重的不协调而言，这个格式塔是一个理想的统一，是个有益的意象。"[③] 在此基础上，鲍德里亚发现，当人们感觉到现实世界和普通世界正从黑洞向我们走来时，"这种向前的轴偏效应，这种物品镜像向一个主体的位移，就是以微小物品的形式出现的复体（double），并且产生出一种诱惑效果，产生出逼真的假象的特殊惊悚效果：勾勒主体疯狂愿望的可触摸性眩晕，以拥抱主体自身的图像，并通过它使主体昏厥"[④]。因为只有当我们的身份消失在现实中，现实才激动人心。

尽管鲍德里亚的镜像思想受到了拉康的启发，但他并不同意拉康对诱惑的深度精神分析，这样的结果会剥离外表的气质、魅力和真正的诱惑。"看到诱惑在拉康的著作中横扫精神分析学是非常快意的。在能指游戏的幻觉中，拉康主义的精神分析学，以其苛刻的要求和弗洛伊德所赞同的形式，表示着精神分析的死亡，他非常自信这一点，就像这是一件平常的小事一样。"[⑤] 拉康的话语，提升了精神分析心理学的诱惑观点，在某种意义上，为没有赎回权的诱惑报了仇，但在形式上它又被精神分析学所污染。

---

① 鲍德里亚：《冷记忆3》，张新木等译，南京大学出版社，2009，第76页。
② 鲍德里亚：《论诱惑》，张新木译，南京大学出版社，2011，第106页。
③ 《拉康选集》，褚孝泉译，上海三联书店，2001，第110页。
④ 鲍德里亚：《论诱惑》，张新木译，南京大学出版社，2011，第95页。
⑤ 鲍德里亚：《生产之镜》，仰海峰译，中央编译出版社，2005，第161页。

"精神分析的恶魔、隐蔽意义的恶魔以及隐蔽的意义剩余的恶魔，捕食着诱惑，危害着外表的肤浅深渊，危害着有吸收性的表面，即由诱惑建构的符号交换和符号竞争的神圣表面。"① 或许鲍德里亚没有尼采坚决："如果人们总是寻根问底，人们就会毁灭"②，但鲍德里亚似乎比尼采更富于解释力。

禁忌、倒错、乱伦和误构也是鲍德里亚诱惑的重要来源。"诱惑与倒错保持着微妙的关系。"③ 鲍德里亚指出："因为一位非女人的女人，在符号中移动的女人，比一位已经通过性别证明的女人更能够达到诱惑的顶峰。"④ 错位的女人可以施加一种毫不含糊的魅惑，比性感更有诱惑力。而真实的性别显露时，就失去了这种魅惑力。"穿异性服装癖者的卖淫相对于妇女的普通卖淫，有别样的意义。"⑤ 性别向符号的质变是所有诱惑的秘诀。

鲍德里亚的倒错思想很大程度上来源于尼采和福柯。福柯在《性经验史》中全面清算了从古希腊以来人类在性方面的历史倒退。在其看来，古希腊的性活动很多在我们今天看来成了禁忌和反道德，实际上，这些性倒错具有无限的魅力，需要重新确立其美学地位。他特别推崇同性恋，尤其成年男子和男童的性行为："在希腊古典思想中，成年男子与男童之间的关系，达到了最精美的极点，也是反思和澄清的最活跃的中心。"⑥ 在其看来，古希腊的性文化应该成为我们这个主体已死后主体复活的最好策略。

不过，这些写作都来自尼采的思想原作。尼采说："唯有通过误解，才可能人人协调一致。倘若人们不幸理解了自己，人们就决不会互相了解了。"⑦ 即人们在误解、误识、误构中，却会抵达真相。利奥塔对此作了续论："后现代知识并不仅仅是政权的工具。它可以提高我们对差异的敏感性，增强我们对不可通约的承受力。它的根据不在专家的同构中，而在发

---

① 鲍德里亚：《生产之镜》，仰海峰译，中央编译出版社，2005，第 160 页。
② 尼采：《权力意志》，孙周兴译，商务印书馆，2007，第 674 页。
③ 鲍德里亚：《论诱惑》，张新木译，南京大学出版社，2011，第 190 页。
④ 鲍德里亚：《论诱惑》，张新木译，南京大学出版社，2011，第 19 页。
⑤ 鲍德里亚：《论诱惑》，张新木译，南京大学出版社，2011，第 21 页。
⑥ 福柯：《性经验史》，余碧平译，上海人民出版社，2005，288 页。
⑦ 尼采：《权力意志》，孙周兴译，商务印书馆，2007，第 770 页。

明家的误构中。"① 反其道，才是真正的道。就如中国老子所说："与物反矣，乃至于大顺。"②

五 "疯癫""延异"之"诱惑"：从福柯到德里达

在尼采看来，健康引发灾难，疾病使人变善。拉康在镜像精神分析中，很早就注意到了疯癫的诱惑性。在其看来，疯癫绝不是对自由的侮辱，它是自由最忠实的同伴，它像影子一样追随着自由运动。可以说，没有疯癫我们不仅不能理解人，而且，如果人身上没有将疯癫作为自由的界限而带着，人就不能成为人。不是谁想成为疯子就能成的。"有可能以一个铁的体魄，强有力的认同，以及定于星相之中的命运的帮助能更肯定地导向这个对存在的诱惑。"③

据此，在福柯的早期作品，也是他因此获得博士学位的著作《疯癫与文明》中，福柯对"疯癫"概念作出了进一步的阐释："疯癫是最纯粹、最完整的错觉形式。它视谬误为真理，视死亡为生存，视男人为女人，视情人为复仇女神，视殉难者为米诺斯。"④ 在其看来，疯癫具有无限的魅力，它是人身上晦暗水质的表征，那是一种晦暗的无序、流动的混沌，一切事物发端的归宿，一种规则的倒错，与明亮、成熟、稳定、真理相对立。"正是疯癫变成了诱惑；它体现了不可能之事、不可思议之事、非人之事，以及一切暗示着大地表面上的某种非自然的、令人不安的荒诞存在的东西。"⑤ 疯癫把视觉和盲目、心象和判断、幻觉和语言、睡眠和清醒、白昼和黑夜结合起来，最后成为一种虚无，因为它是将它们当中的各种否定因素结合起来。但是，这种虚无的悖论在于它要表现自己，透过符号、语言和姿态爆发出来。疯癫诱惑人，但不蛊惑人。它的一切显露在外表，毫无高深莫测之处。

福柯的思想影响了鲍德里亚，他也认为，疯癫的魅力在于以疯癫揭露

---

① 利奥塔：《后现代知识状况》，车槿山译，三联书店，1997，第 3~4 页。
② 《道德经》第 65 章。
③ 《拉康选集》，褚孝泉译，上海三联书店，2001，第 182 页。
④ 福柯：《疯癫与文明》，刘北成、杨远婴译，三联书店，2007，第 29 页。
⑤ 福柯：《疯癫与文明》，刘北成、杨远婴译，三联书店，2007，第 17 页。

我们所谓文明的社会，我们文明的社会其实才是真正的疯癫，已被疯病所侵蚀，整个社会就是一个疯人院。"疯人院被吸收到社会领域的内部，因为正常性达到完美之点，与疯人院的特征相汇合，监禁的病毒进入了'正常'存在的所有纤维。"① 疯癫是现代人逃不脱的精神之恋，也是精神之痛。查拉图斯特拉发现："在人类中间比在动物中间更危险，查拉图斯特拉走着危险的道路，让我的动物给我引路吧！"② 尼采的遐思触发了福柯的果敢："动物逃避了人类符号和价值的驯化，反过来揭示隐藏在人心中的无名狂暴和徒劳的疯癫。"③ 这引发了鲍德里亚的注解："只有在动物界，诱惑才拥有最为纯粹的形式，意思说是动物们的诱惑装饰像是铭刻在本能中，像是即刻定型在条件反射行为和自然装饰中。"④ 然而，这还是一种礼仪，但这种悖论展开了女性与动物的类比游戏。无价值的诱惑力与动物的诱惑力基本相同，虚情假意的天真悖论挫败了深度的企图。

形象超越一切语言的荒谬存在，摆脱了构造它们的理智和说教，开始专注于自身的疯癫。疯癫在认知上体现了隐喻式的工作机制。在德里达看来，隐喻的本性在于将人类虚妄的自恋通过自身所维持的微妙关系表现出来。"在隐喻被纳入言语符号之前，根据观念与观念所表达的内容即它已经描述的东西之间的联系，隐喻体现了能指与所指在观念秩序与事物秩序中的相互关系。"⑤ 也就是说，疯癫是一种隐喻，它可以逆转理智、健康对愚昧、病态的遣责，本质上是一种意义的销蚀和"延异"。

与鲍德里亚看待"女性"不是一个特征词一样，"延异"在德里达这里，同样没有共相。"延异从字面上而言，既非一个词，也非一个概念。"⑥德里达的"延异"不同于原始的差异，也不同于利奥塔的一般"差异"，它是一种比符号差异更根本、更原始、更一般的持存，是不可思的思、不可概念的概念。它也不同于索绪尔的符号差异，符号的所指是不确定的，是一种游戏。"延异，根据某种十分奇特的方式，较之本体论的差异和存

① 鲍德里亚：《象征交换与死亡》，车槿山译，凤凰出版传媒集团，2006，第197页。

② 尼采：《查拉图斯特拉如是说》，杨恒达译，凤凰出版传媒集团，2007，第16页。

③ 福柯：《疯癫与文明》，刘北成、杨远婴译，三联书店，2007，第17页。

④ 鲍德里亚：《论诱惑》，张新木译，南京大学出版社，2011，第134页。

⑤ 德里达：《论文字学》，汪堂家译，上海译文出版社，2005，第402页。

⑥ 德里达：《延异》，汪民安译，《外国文学》2000年第1期，第69页。

在的真理'更为古老'。当它有了这个年岁的时候，它就可以被称作踪迹的嬉戏。踪迹的嬉戏不再属于存在的视阈，但却传达和包含了存在的意义：踪迹的嬉戏，或延异，它没有意义，它不是。它不属于。没有支撑，没有深度，在这个无底的棋盘上，存在置于嬉戏中。"① 即延异拒绝意义、深度，不在场，不存在，不可描写，其魅力的威力在于不可确定、不可追寻的踪迹。它是一个踪迹，也不是一个踪迹，非存在的"存在"。

"延异"的诱惑除了具有游戏的一般魅力外，更重要的设想在符号之前、符号之外，没有踪迹，一种主体向自身呈现的可能。"人们可能被一种反对所诱惑：理所当然地主体只是在和语言学差异系统的交往中才成为一个说话主体，或者主体只有通过将自己刻写于差异系统才能成为一个表意主体（一般性的表意，通过声音或其他符号）。"② 无论如何，主体活在延异中，哲学活在延异中，哲学依赖延异而存活。理解、忠诚、守候、表白、真诚不是诱惑，误解、背叛、迁移、沉默、孤独、不可通约、虚情假意的演戏才是诱惑。鲍德里亚指出，一个你爱的而且她也爱你的女人对你的背叛，这将是一个令人难以置信的背叛："可见这是何等的报应！何等的狂喜。"③

六 "拟真""死亡"之"诱惑"：从德里达到鲍德里亚

"诱惑"美学"延异"到鲍德里亚，变得更加斑斓而不可接近。尽管如此，鲍德里亚的"诱惑"主要散发出"象征""拟像"和"死亡"三道光芒。

在鲍德里亚看来，男性的性标记在过去曾经提供了所有的模式。"时至今日，它已经消失在所有这些主题的萦绕性拟真中——或消失在女性的拟真中，即迷失在诱惑中时时体现的拟真中。"④ 拟真的女性超越了男性。拟真的魅力在于："逼真的假象，镜像或绘画，正是这种更小维度的魅力在蛊惑我们。正是这种更小的维度形成了诱惑的空间，并且形成了眩晕的

---

① 德里达：《延异》，汪民安译，《外国文学》2000 年第 1 期，第 81 页。
② 德里达：《延异》，汪民安译，《外国文学》2000 年第 1 期，第 77 页。
③ 鲍德里亚：《冷记忆3》，张新木等译，南京大学出版社，2009，第 156 页。
④ 鲍德里亚：《论诱惑》，张新木译，南京大学出版社，2011，第 43 页。

根源。"① 而真实没有魅力，超真实更不真实。尼采说："'真实的世界'，不论人们迄今为止如何构想之——它始终不外乎是虚假的世界。"② 放纵的真实，是超保真的真实，是令人惊悚的真实，是更大的虚假，看似真实的诱惑，实则是恐惧的诱惑。"祛魅的拟真；黄色淫秽——比真实还要真实——这是拟真的顶峰。施魅的拟真；逼真假象——比虚假还要虚假——这便是外表的秘密。"③ 超真实的黄色淫秽是虚假的顶峰。

与拟真耦合的创思是死亡。死亡，被海德格尔作为最广意义上的一种生命现象，在鲍德里亚之前，已经被理解为"诱惑"。海德格尔早就把死称为失去了常人不可代理的本质而转向失去自己的公众事件，"而常人则为此首肯并增加了向自己掩藏其最本己的向死存在的诱惑"④。日常的向死存在作为沉沦着的存在乃是在死面前的一种持续的逃遁。而福柯认为："死亡就是生命的界限和避开生命的时刻，它成了生存最秘密和最'内在的'所在。"⑤ 死亡成为禁忌，成为一种恶，一种丑闻，一种与生命的激情的逆动。"面对死亡的绝对界限所产生的恐惧，通过一种不断的嘲讽而转向内部。人们提前解除了这种恐惧，把死亡变成一个笑柄。"⑥ 福柯认为，死亡的威胁已成平常，它无处不在，因为，生活已经是徒劳无益的口角和蝇营狗苟的争斗。

对于鲍德里亚，死亡具有诱惑的最高层次。诱惑就是使人脆弱、衰竭。"我们通过自己的死亡诱惑人，通过自己的脆弱性和困扰我们的虚空诱惑人。"⑦ 不过，鲍德里亚在死亡问题上更看重象征交换的死亡。"死亡，这种属于挑战的、奢侈的象征死亡，它与生物学死亡相反，也没有记录在任何身体和任何自然中。象征永远不能混同于现实和科学。"⑧ 现代人畏惧死亡，竭尽全力把生命一再推迟。而原始人则完全不同，视死亡为完美交

---

① 鲍德里亚:《论诱惑》，张新木译，南京大学出版社，2011，第101页。
② 尼采:《权力意志》，孙周兴译，商务印书馆，2007，第693页。
③ 鲍德里亚:《论诱惑》，张新木译，南京大学出版社，2011，第92页。
④ 海德格尔:《存在与时间》，陈嘉映等译，三联书店，1999，第291页。
⑤ 福柯:《性经验史》，上海世纪出版集团，2005，第89页。
⑥ 福柯:《疯癫与文明》，刘北成、杨远婴译，三联书店，2007，第12页。
⑦ 鲍德里亚:《论诱惑》，张新木译，南京大学出版社，2011，第125页。
⑧ 鲍德里亚:《象征交换与死亡》，车槿山译，凤凰出版传媒集团，2006，第243~244页。

换。"死者就与生者同化而再生，也使生者与死者同化而再生。"① 即对于原始人，死亡是不断回应的游戏，不再是生命和体制的终结。生与死的对立在象征交换中"溶解"，死亡变得可逆。反之，现代性使人类失去了随机的、象征性的馈赠。鲍德里亚对原始人的追恋受启于尼采："充满活力的原始人在文明化城市强制下的堕落（——沦为患麻风病的成分，在那里学会坏良心）。"② "延异"使原始人的"拟真"与"死亡"演变为今天的麻风病。

尼采把死亡看作生命自身的本性："你们的'自己'本身要求死亡，抛下生命而去。"③ 鲍德里亚给予了新的注解：死亡不是一个客观命运，而是一个约会，是不得不去的约会。死亡并不是一个天然的事件，它必须通过诱惑才能完成。"正是通过这种肉欲的交易，乱伦的交易，与交易一起，与我们的复体一起，与我们的死亡一起，去赢得我们的诱惑权力。"④ 没有意义，符号的意义被扭曲，不由自主地陷入消失的符号中，诧异的死神，乱伦的死亡，这才是诱惑的顶峰。在鲍德里亚所说的诱惑中，拟真、死亡的诱惑是最迷乱和自我背离的。"不再有死亡：伤风败俗的克隆。"⑤ 同时，"克隆是身体拟真的最高阶段"⑥。

"诱惑"作为鲍德里亚晚期的重要概念，具有进一步释放其思想魅力的意义。就鲍德里亚"诱惑"的创作来说，具有一定的学术异质性。但需要说明的是，一方面，"诱惑"作为一个具有特别含义的哲学概念，并非鲍德里亚首创的；另一方面，"诱惑"给我们的启示在于"表面"的魅力大于"深度"，一切解释都将归于祛魅或失去诱惑，然而，鲍德里亚对"诱惑"所做的工作，并没有停留在"扑面而来"，而是在深度阐释与制造构境。在肯定自己的过程中，不自觉地否定了自己；在标榜解构的过程中，实际上在建构自己，但也同时解构了自己。拆解与搭建的悖论构成了所有后现代主义者的宿命。

---

① 鲍德里亚：《象征交换与死亡》，车槿山译，凤凰出版传媒集团，2006，第204页。
② 尼采：《权力意志》，孙周兴译，商务印书馆，2007，第102页。
③ 鲍德里亚：《象征交换与死亡》，车槿山译，凤凰出版传媒集团，2006，第29页。
④ 鲍德里亚：《论诱惑》，张新木译，南京大学出版社，2011，第105～106页。
⑤ 鲍德里亚：《完美的罪行》，王为民译，商务印书馆，2000，第107页。
⑥ 鲍德里亚：《论诱惑》，张新木译，南京大学出版社，2011，第262页。

　　裂变传统的"诱惑"起源于尼采。尼采说："男人迷恋于他得不到的女人。"① 得到的不是诱惑，失去的才是诱惑；规则不是诱惑，荒诞才是诱惑；真实不是诱惑，虚拟才是诱惑；人不是诱惑，动物才是诱惑。"诱惑"意味着对现实的抵抗与无奈。经过多位思想家的注疏，"诱惑"到了鲍德里亚那里变得更加扑朔迷离。如果说，鲍德里亚给予我们一个更加扑朔迷离的"诱惑"，这并不意味着其思想的超越；一个漂浮无据的虚构，貌似证明的概念，大肆铺张的"问题"，结果只能是一种被夸大的"拟真"。对"诱惑"所引发的现代性问题和后现代性问题，鲍德里亚等作家们的过度问诊和治疗，反映了后现代思想家们无力面对现代性问题的"真实"。

　　不难发现，"诱惑"进程中的每一个创作元素，基本可以在尼采的思想里找到，更为重要的是，鲍德里亚等思想家们的宰杀力、穿透性和敏感度和尼采相比相去甚远。就叙事风格来说，尼采语言的朴实与简洁更加富于光泽。尼采如是说："完全成熟的人最终喜爱表面上朴实无华、简单淳朴，让普通人感到枯燥无味的真实，因为他们注意到，真实倾向于以淳朴的面孔说出它最高的精神财富。"② 思想的魅力在于单刀直入，而不是释放无所不包、漫无边际、自相矛盾的迷雾。"一切都是诱惑，一切都不过是诱惑。"③ 这也意味着，什么都不是诱惑，诱惑不存在。

第二节　尼采与马克思关于现代性批判的对话

　　作为同时代、同为颠覆整个西方价值体系的思想巨子，令人不解的是，尼采和马克思始终没有直接对话或彼此评说。然而，思想史上的"两河流域"在绝对精神、形而上学、道德、宗教、哲学和资本主义原则上的一致批判，改写了整个人类文化的样态。尼采与马克思的避让，是一种分道，也是一种对峙，更是一种逼近与切合。

　　柏拉图主义对人生关注是伦理的、宗教的或是政治的，其基础是相信不变的永恒实在。这些实在脱离感官所感知的变动世界而独立存在，是宇

---

① 尼采：《权力意志》，孙周兴译，商务印书馆，2007，第683页。
② 尼采：《人性的，太人性的》，杨恒达译，中国人民大学出版社，2005，第280页。
③ 鲍德里亚：《论诱惑》，张新木译，南京大学出版社，2011，第126页。

宙万物存在的原因，使其一般内容拥有意义和价值。这种绝对价值植根于永恒世界。黑格尔主义把绝对精神看作世界的本原，自然、人类社会和人的精神现象都是其在不同发展阶段上的表现形式。以终结柏拉图和黑格尔哲学为起点，尼采与马克思开辟了各自的思想流域，但此路亦彼路。

一 "理念"的颠倒：从概念演进到普遍精神

柏拉图吸收了爱利亚派的思想，把理智的对象称作理念（eidos，idea）。理念向人的理智显示普遍真相。他认为，（理念）世界是不变的，存在是一。理念是超感的、永恒的、客观的、真实的，对于个别事物是本源、是原因、是根据。先有理念，后有个别事物。《国家篇》中说道："我们也总是说制造床或桌子的工匠注视着理念或形式分别地制造出我们使用的桌子或床来；关于其他用物也是如此。是吗？至于理念或形式则不是任何匠人能制造得出的，这是肯定的。"[①] 柏拉图强调理念与个别事物相分离。理念具有等级性，最高的理念是善。

世界的统一性只有到马克思才得到真正解决。尼采也认为："作为'统一性'进入意识之中的一切东西，都已经是无比复杂的了：我们始终只具有一种统一性的假象。"[②] 对于物质第一性，尼采有这样的近似表述："对身体的信仰比对心灵的信仰更为基本：后者乃起源于那种对身体的非科学考察的窘迫疑难（是某种离异身体的东西。对梦之真理的信仰）。"[③] "在你的思想和感情背后，我的兄弟，站立着一位强大的统治者，一位无名的智者——名叫'自己'。他居住在你的体内，他就是你的身体。"[④] "更为基本"和"背后"表达了尼采对于身体即精神之外的物质客观性的先在性认识。

历史的运动之谜，一直牵动着历史上所有杰出的思想家的关注。黑格尔认为："世界历史不是单纯权力的判断，就是说，它不是盲目命运的抽象的和无理性的必然性。相反，由于精神是自在自为的理性，而在精神中理性的自为存在是知识，所以世界历史是理性各环节从精神的自由的概念

---

① 柏拉图：《理想国》，张竹明译，凤凰出版传媒集团，2009，第344页。
② 尼采：《权力意志》，孙周兴译，商务印书馆，2007，第240页。
③ 尼采：《权力意志》，孙周兴译，商务印书馆，2007，第133页。
④ 尼采：《查拉图斯特拉如是说》，杨恒达译，凤凰出版传媒集团，2007，第29页。

中引出的必然发展，从而也是精神的自我意识和自由的必然发展。这种发展就是普遍精神的解释和实现。"① 黑格尔把历史看作概念和普遍精神的展开过程的思想首先受到马克思的批判。马克思恩格斯在《德意志意识形态》中指出："全部人类历史的第一个前提无疑是有生命的个人的存在。因此，第一个需要确认的事实就是这些个人的肉体组织以及由此产生的个人对其他自然的关系。当然，我们在这里既不能深入研究人们自身的生理特性，也不能深入研究人们所处的各种自然条件——地质条件、山岳水文地理条件、气候条件以及其他条件。任何历史记载都应当从这些自然基础以及它们在历史进程中由于人们的活动而发生的变更出发。"② 类似于马克思，尼采作了进一步的批判："哲学家虚构了一个理性世界，理性和逻辑功能所适合的世界——由此得出'真实的'世界；宗教家（虚构了）一个'神性的'世界——由此得出'非自然化的、反自然的'世界；道学家虚构了一个'自由的世界'——由此得出'善的、完善的、正义的、神圣的'世界。"③

实际上，马克思和尼采是把黑格尔的"理念"作出了一个颠倒。马克思在《〈政治经济学批判〉序言》中说："物质生活的生产方式制约着整个社会生活、政治生活和精神生活的过程。不是人们的意识决定人们的存在，相反，是人们的社会存在决定人们的意识。"④ 接近于马克思，尼采认为："生活是恶劣的：而生活的改善并不取决于我们。这种改变是从我们之外的法则出来的。"⑤ 即生活的改变并不因为人自身观念的发动，而是外部客观世界的法则，即物质世界和现实关系的运动规律。尼采对于历史唯物主义方法论发出这样的呼叹："实事求是——很少有人能做到这一点！能做到这一点的人却不愿意做！"⑥

在尼采看来，所有哲学家都有一个通病，这就是以现在所是的人为起点，并且认为可以通过对当代人的分析达到他们的目标。他们不自觉地把

---

① 黑格尔：《法哲学原理》，范杨、张企泰译，商务印书馆，1961，第352页。

② 《马克思恩格斯文集》第1卷，人民出版社，2009，第519页。

③ 尼采：《权力意志》，孙周兴译，商务印书馆，2007，第1090页。

④ 《马克思恩格斯文集》第2卷，人民出版社，2009，第591页。

⑤ 尼采：《权力意志》，孙周兴译，商务印书馆，2007，第789页。

⑥ 尼采：《查拉图斯特拉如是说》，杨恒达译，凤凰出版传媒集团，2007，第235页。

"人"看作永恒的实体，看作某种在不断的变动中保持不变的东西，看作
事物的真正尺度。有些人甚至不知不觉地将人的最新形式，如在某些宗教
影响下，甚至在某些政治事件影响下产生的人，视为人们必须从其中出发
的固定形式。"他们不知道，人是生成的，认识能力是生成的；而他们当
中某些人则甚至认为整个世界都是从这种认识能力中产生出来的。"① 这种
社会历史辩证法，是柏拉图和黑格尔所不能理解的。对此，马克思在《哲
学的贫困》中曾指出："蒲鲁东先生不知道，整个历史也无非是人类本性
的不断改变而已。"② 历史是人的社会活动的历史，更是人自身的生成史。

尽管尼采在历史辩证法的分析上已十分接近马克思的历史唯物主义，
但在对待历史本身的态度上和马克思仍有着较大的差别。他在 1874 年出版
的《历史的用途与滥用》中指出，兽类是"非历史"的生活，并有最窄的
视野，但它们却有某种幸福，而且是毫无造作和懈怠地生活。"因此我们
可以以为，在某种程度上，非历史地感受事物的能力是更为重要和基本
的，因为它为每一健全和真实的成长，每一真正伟大和有人性的东西提供
基础。"③ 即尼采认为，过量的历史是人衰退与痛苦的重要根源，人的幸福
与勇气需要非历史的面纱。而在马克思那里，不仅需要全面检视人类的过
去，而且也正是在对这种历史的批判中才能发现历史变迁的一般规律。正
因为对历史的轻视，马克思唯物史观的核心——历史的动力，在尼采那里
陷入了意志主义的非历史之中。显然，尼采把人类的痛苦归于历史的沉重
感则和马克思的思想相距甚远。这也说明，尼采并不是一个真正的历史唯
物主义者。

二 "深度"的奚落：从普遍精神到形而上学

可以说，柏拉图的绝对价值和黑格尔的绝对精神到了马克思和尼采这
里才遭到真正的否定。尼采认为，形而上学的假设是求知方法中最坏的方
法："因为关于这个形而上学的世界，人们除了可以说它是另一种存在
（being other），一个我们不能接近、不可理解的另一种存在，别的什么也

① 尼采：《人性的，太人性的》，杨恒达译，中国人民大学出版社，2005，第 16 页。
② 《马克思恩格斯文集》第 1 卷，人民出版社，2009，第 632 页。
③ 尼采：《历史的用途与滥用》，陈涛等译，上海世纪出版集团，2005，第 5 ~ 6 页。

说不出来了；它是一种带有否定性的东西。"① 形而上学的知识被尼采看作一切知识中最无用处的。

两千多年来，形而上学以追逐事物的本源作为自身学科的神圣性。人们认为理性来自非理性，感觉来自非感觉，逻辑来自非逻辑，但形而上学"否认一物产生于另一物，并为受到更高评价的事物假定了一个奇迹之源，认为其直接从'自在之物'的核心与本质中产生出来"②。本源和价值的预在性成为形而上学的基础。尼采指出："赞美起源——这是形而上学的事后冲动，它是在对历史的思考中重新产生出来的，并让你完全觉得在所有事物的开端矗立着最有价值、最根本的东西。"③ 而这种价值和意义的预设是在对世界的迷幻之中产生的。"野蛮的原始文化时代的人相信在梦中认识了第二个真实世界，这便是一切形而上学的源泉。"④ 因而，形而上学的假设均产生于激情、谬误和自我欺骗之中。

形而上学似乎以世界怎样存在这样的严肃问题而隔绝于其他学科，然而，对于世界有怎样的存在这个问题，"这是一个纯粹的科学问题"⑤。对于形而上学的科学性动机的标榜，尼采这样揭露道："对于所有那些如此自吹自擂地谈论他们的形而上学的科学性的人，我们应该根本不予理睬；扯一扯他们有点儿害羞地藏在背后的那捆东西就足够了；如果你成功地掀开那捆东西，那种科学性的结果就暴露无遗了，他们也不得不脸红起来：一个小可爱的上帝，一种迷人的不朽，也许还有点招魂术，总之是一堆纠缠不清的穷人和罪人的不幸以及法利赛人的自大。"⑥

黑格尔以为人类掌握了绝对精神，世界由此而逐步展开。他在《历史哲学》结尾时说道："'哲学'所关心的只是'观念'在'世界历史'的明镜中照射出来的光辉。'哲学'离开了社会表层上兴风作浪、永无宁息的种种热情的争斗，从事深刻观察；它所感兴趣的，就是要认识'观念'

---

① 尼采：《人性的，太人性的》，杨恒达译，中国人民大学出版社，2005，第20页。
② 尼采：《人性的，太人性的》，杨恒达译，中国人民大学出版社，2005，第15页。
③ 尼采：《人性的，太人性的》，杨恒达译，中国人民大学出版社，2005，第437页。
④ 尼采：《人性的，太人性的》，杨恒达译，中国人民大学出版社，2005，第18页。
⑤ 尼采：《人性的，太人性的》，杨恒达译，中国人民大学出版社，2005，第20页。
⑥ 尼采：《人性的，太人性的》，杨恒达译，中国人民大学出版社，2005，第313页。

在实现它自己时所经历的发展过程——这个‘自由的观念’就只是‘自由’的意识。"① 景象万千、事态纷纭的世界历史，就是"精神"的发展和实现的过程。"‘深度’取代了混乱和符号混乱。"② 在黑格尔那里，深度就是撇开社会现象的"观念"，掌握了"观念"就掌握了世界之源。"深度的绝对精神"的发现是哲学的终结，是科学的终结。

海德格尔对于尼采的形而上学批判有过这样的评价："形而上学终结了，对尼采来说，就是被理解为柏拉图主义的西方哲学终结了。尼采把他自己的哲学看作对形而上学的反动，就他而言，也就是对柏拉图主义的反动。然而，作为单纯的反动，尼采的哲学必然如同所有的‘反……’（Anti-）一样，还拘泥于它所反对的东西的本质之中。作为对形而上学的单纯颠倒，尼采对于形而上学的反动绝望地陷入形而上学中了，而且情形是，这种形而上学实际上并没有自绝于它的本质，并且作为形而上学，它从来就不能思考自己的本质。"③ 海德格尔认为，形而上学就是存在论；尼采是形而上学的终结阶段，因为形而上学通过尼采在某种程度上丧失了自己的本质，我们不能再看到形而上学的其他可能性；但是，形而上学由于尼采所完成的颠倒只不过是倒转为它的非本质了；对超感性领域的废黜同样也消除了纯粹感性领域，从而也消除了感性和超感性的区分。海德格尔对尼采的认识是模糊的，他说尼采终结了形而上学，是形而上学的反动和对立面，又说是形而上学的最后形态。更不可思议的是，被他称为已经终结的传统形而上学在他那里不仅继续了而且更甚了。

马克思恩格斯在《德意志意识形态》中指出："历史向世界历史的转变，不是‘自我意识’、世界精神或者某个形而上学幽灵的某种纯粹的抽象行动，而是完全物质的、可以通过经验证明的行动，每一个过着实际生活的，需要吃、喝、穿的个人都可以证明这种行动。"④ 在马克思看来，形而上学就是违背现实物质活动的超自然的幻觉。这和黑格尔的思想理路是一致的。

然而，彻底反对形而上学的尼采和马克思都被认为并不彻底，尼采被

---

① 黑格尔：《历史哲学》，王造时译，上海世纪出版集团，2006，第 426 页。
② 尼采：《权力意志》，孙周兴译，商务印书馆，2007，第 495 页。
③ 孙周兴选编《海德格尔选集》，上海三联书店，1996，第 771 页。
④ 《马克思恩格斯文集》第 1 卷，人民出版社，2009，第 541 页。

认为具有权力意志本体论，马克思被认为具有物质本体论和实践本体论。实际上，马克思的物质统一性并不是物质本体论，即物质并不是不变和超验的，实践更不是世界的本原。尼采的权力意志也不能等同于本体，一方面权力意志并没有被尼采认为是全部世界的本原，仅仅是人的具有目的的行为的普遍动机和世界秩序的原动力，即"一切基于意图的事件都可以还原到权力之增殖的意图"[①]。另一方面，权力意志也不是超验的。尼采把形而上学等同于"深度"，并且对"深度"加以全面否定，也不同于马克思。尼采本身反对"深度"，但"权力意志"就有"深度"，反对形而上学，"权力意志"也有形而上学的痕迹。这是尼采思想中经常表现出来的悖论。可以说，在方法论上，马克思是现代性的，尼采是后现代性的。

三 "哲学"的终结：从形而上学到道德、宗教

柏拉图说，从言论载入史册的古代英雄一直到当代英雄，没有一个人真正歌颂正义，谴责不正义。至于正义或不正义是什么，有什么作用，没有人关注过。"在诗歌里或者私下谈话里，都没有人好好地描述过，没有人曾经指出过，不正义是心灵最大的恶，正义是心灵最大的善。"[②] 在其看来，正义是别人的好处，强者的利益，而不正义是对自己的利益，对弱者的祸害。正义因其本质而赐福于其所有者，不正义因其本质而贻祸于其所有者。柏拉图的道德观或善德论，也就是正义论。因此，对善或正义的认识或主张成为柏拉图颠覆人类思想史的坐标。

两千多年来，柏拉图的道德学一直是人类哲学史发展的主要脉系，它影响了整个西方传统文化体系和价值体系。在尼采看来，苏格拉底的出现是希腊文化衰退的开端。尼采对于道德的批判是最为彻底的。他说："愚昧无知莫过于端出一种道德上的夸张（例如：要爱你们的敌人！）。人们由此就把理性从道德中驱逐出去了……道德中的自然。"[③] 对道德的批判可以说，占据了尼采思想的重要部分。尼采认为，康德是不可见的一个道德价值王国。然而，尼采指出："我们不愿意以康德的方式受骗上当，也不愿

---

① 尼采：《权力意志》，孙周兴译，商务印书馆，2007，第125页。

② 柏拉图：《理想国》，张竹明译，凤凰出版传媒集团，2009，第49页。

③ 尼采：《权力意志》，孙周兴译，商务印书馆，2007，第394页。

意以黑格尔的方式受骗上当：——我们不再像他们那样相信道德了，因而也不需要为任何哲学奠定基础，以便使道德保持权利。对我们来说，无论是批判主义还是历史主义，其魅力都不在此——现在，它们到底具有何种魅力？"①

尼采特别注意道德和宗教的结合，在他看来，基督教的德性是一种敌视生活的伦理，因为它虚构了人的原罪，在价值上体现了虚无主义本质，因此要重估一切价值。尼采认为，统治者或统治阶级总是懂得宗教的好处，他们需要宗教作为他们统治的工具。"因为宗教在失落、匮乏、恐怖、怀疑的时代，也就是说，在政府感觉自己没有能力直接做减轻私人灵魂痛苦之事的时候，能满足个人的情绪：甚至在面临普遍的、不可避免的、暂时难以制止的灾祸（饥荒、金融危机、战争）时，宗教给大众以平静、从容、信任的姿态。"② 国家需要教士，需要他们私密的心灵教育，传教者懂得对代表不同利益的被统治者加以安慰。也可以这样说，"基督教是一种刽子手的形而上学……"③。因此，马克思认为："废除作为人民的虚幻幸福的宗教，就是要求人民的现实幸福。"④ 同时，尼采特别注意到宗教对教育的危害："学校最重要的任务无非是教你严格的思考、谨慎的判断以及前后一致的推断：因此学校必须抛开所有对这些任务无用的东西，例如宗教。"⑤ 即根除宗教的祸害应首先从学校开始。这是一个具有现实性建构的卓越思想。

尼采和马克思都认为，对于现存的法律、道德、宗教，都不过是统治阶级的统治思想。尼采指出："价值创造，成了居统治地位的东西，而且被称之为一时的'真理'——被强行套入了公式，不管是在逻辑领域还是在政治（道德的或艺术家的）领域，皆是如此。这些研究者的责任在于，把此前的一切事件和被估量物弄成一目了然的、可以想象的、可理解的、可把握的。"⑥ 随着经济基础的消亡，关于道德、宗教、法的整个价值体系

① 尼采：《权力意志》，孙周兴译，商务印书馆，2007，第192页。
② 尼采：《人性的，太人性的》，杨恒达译，中国人民大学出版社，2005，第249页。
③ 尼采：《偶像的黄昏》，李超杰译，商务印书馆，2009，第49页。
④ 《马克思恩格斯文集》第2卷，人民出版社，2009，第4页。
⑤ 尼采：《人性的，太人性的》，杨恒达译，中国人民大学出版社，2005，第184页。
⑥ 尼采：《超善恶》，张念东等译，中央编译出版社，2007，第125页。

也会随之消失。对此，马克思恩格斯在《共产党宣言》中指出："无产者是没有财产的；他们和妻子儿女的关系同资产阶级的家庭关系再没有任何共同之处了；现代的工业劳动，现代的资本压迫，无论在英国或法国，无论在美国或德国，都是一样的，都使无产者失去了任何民族性。法律、道德、宗教在他们看来全都是资产阶级偏见，隐藏在这些偏见后面的全都是资产阶级利益。"[①] 也就是说，宗教、道德不过是利益的化身。

道德需要终结，宗教、哲学也需要终结。马克思恩格斯在《德意志意识形态》中说："老年黑格尔派认为，只要把一切都归入黑格尔的逻辑范畴，他们就理解了一切。青年黑格尔派则硬说一切都包含宗教观念或者宣布一切都是神学上的东西，由此来批判一切。青年黑格尔派同意老年黑格尔派的这样一个信念，即认为宗教、概念、普遍的东西统治着现存世界。"[②] 马克思多次提出要消灭哲学，消灭一切虚假的观念思辨。尼采说得更直接："历史的证明：宗教、道德和哲学是人类的颓废形式。"[③] 人类总是要从颓废中激发，真正激发的那一天也就是终结形而上学、伪道德和宗教信仰的那一天。

尼采注意到道德和宗教表达了人类精神的颓废，人类精神的重振需要对现有价值进行重估，也注意到道德与宗教被统治阶级所利用，需要对其进行严厉的批判，但尼采并没有认识到，宗教和道德是在经济基础与生产关系的矛盾运动之中的因变量，只有随着现存经济基础的消亡，关于道德、宗教、法的整个价值体系才会随之消失，而不是陷入新的"道德"与价值重构。尼采在这里已经走近历史主义，但他并没有走进历史唯物主义。

四　"资本"的批判：从道德、宗教到国家和法

国家在柏拉图和黑格尔那里被理解成一种最高的权威和不可违抗的实体，国家不仅是永恒的，而且建立一个更加合理的国家是每个公民的义务。柏拉图说："当前我认为我们的首要任务乃是铸造出一个幸福国家的

---

① 《马克思恩格斯文集》第 2 卷，人民出版社，2009，第 42 页。

② 《马克思恩格斯文集》第 1 卷，人民出版社，2009，第 515 页。

③ 尼采：《权力意志》，孙周兴译，商务印书馆，2007，第 1091 页。

模型来，但不是支离破碎地铸造一个为了少数人幸福的国家，而是铸造一个整体的幸福国家。"① 对于如何建造一个幸福国家，柏拉图有完整的方案，那就是培育全民的善，即以德治国。柏拉图认为，节制、勇敢、智慧和正义是四种能够使我们国家善的主要力量，而正义就是每个人在国家内做他自己分内的事。"我们说：当生意人、辅助者和护国者这三种人在国家里各做各的事而不相互干扰时，便有了正义，从而也就使国家成为正义的国家了。"② 正义国家是古希腊哲人的最高理想，而各尽其职、不干涉他人是实现国家正义立法的重点。

除此以外，在柏拉图看来，以德治国的核心是国民对国王以及各级统治者的绝对虔诚和信任。柏拉图借苏格拉底的话说："如果一般人对统治者说谎，我们以为这就像一个病人对医生说谎，一个运动员不把身体的真实情况告诉教练，或一个水手欺骗舵手关于船只以及本人或其他水手的情况一样，是有罪的，甚至罪过更大。"③ 保留、怀疑或自主将是法律中最大的罪和道德的恶。

柏拉图的智慧之思受到了黑格尔的极大推崇，后者还在现代意义上进行了深入阐发。黑格尔认为，现代国家的本质在于，普遍性是同特殊物的完全自由相结合的，私人福利必须回到整体目的，所以家庭和市民社会的利益必须集中于国家。"国家的力量在于它的普遍的最终目的和个人的特殊利益的统一，即个人对国家尽多少义务，同时也就享有多少权利。"④ 在黑格尔看来，市民社会应该为国家作出奉献，国家是个人、家庭和市民社会的根。

对此，《德意志意识形态》早已阐明："从这里已经可以看出，这个市民社会是全部历史的真正发源地和舞台，可以看出过去那种轻视现实关系而局限于言过其实的重大政治历史事件的历史观是何等荒谬。"⑤ 马克思恩格斯彻底批判了西方几千年传统把国家和统治者看作臣民的救世主的错误认识以及市民社会依赖国家的历史唯心主义观点。

---

① 柏拉图：《理想国》，张竹明译，凤凰出版传媒集团，2009，第 121 页。
② 柏拉图：《理想国》，张竹明译，凤凰出版传媒集团，2009，第 141 页。
③ 柏拉图：《理想国》，张竹明译，凤凰出版传媒集团，2009，第 80 页。
④ 黑格尔：《法哲学原理》，范杨、张企泰译，商务印书馆，1961，第 261 页。
⑤ 《马克思恩格斯文集》第 1 卷，人民出版社，2009，第 540 页。

　　马克思的思想得到了尼采的积极响应。尼采认为："我们经历了那个当然被所有的脑袋瓜都称颂的学说的后果，即国家是人类的最高目标，对于一个人来说，除了为国家效劳之外，没有任何更高的义务：其中我没有认出一种向英雄时代的倒退，而是认出一种向愚蠢的倒退。"① 尼采对国家的完全否定和他对宗教的彻底否定是同样的理路，即让人自身回到历史舞台的中央。从根本上说，尼采把国家作为组织化的暴力行为："一个人为效力于国家而做的一切，皆有悖于自己的天性……"②

　　马克思对资本主义深刻和彻底的批判也影响了尼采的现代性批判主张。尼采说："如果钱是交换目标，那么就要考虑，在一个富有的继承人、一个打工仔、一个商人、一个学生手中的一块银币是完全不同的东西：每个人在几乎什么也不做或做很多事情来挣得它以后，将会为此而得到很少或很多——这大概就是公平。而事实上，众所周知的情况恰恰相反。在金钱的世界里，最懒惰的富人的银币比贫穷者、勤劳者的银币更能赚钱。"③ 商业的资本主义本质和价值规律成了尼采最直接的批判目标，而且在批判方式上，尼采也有类似于马克思的凌厉风格。尼采说："就其本质来看，商业具有魔鬼般的凶恶。商业就是有借有还，借的时候还暗示着：得还给我更多的东西。——任何一个商人的思想都是十分污浊的。——商业是自然的，因此是卑劣的。——所有商人中最不可耻者是这样一种商人，他说：为了比那些品德不端的傻瓜们赚更多的钱，我们要做有德性之人。对商人来说，诚实本身就是一种旨在赢利的投机。——商业是邪恶的，因为它是自私的形式之一。"④ 而马克思在《资本论》第 1 卷中则指出："资本来到世间，从头到脚，每个毛孔都滴着血和肮脏的东西。"⑤ 不难发现，在对资本的批判上，尼采的批判和马克思具有惊人的一致。

　　以资本为起点，马克思恩格斯在《共产党宣言》中对资本主义的道德、宗教、国家和法进行了全面批判，并指出了无产阶级在这些问题上的

---

　　① 尼采：《不合时宜的沉思》，李秋零译，华东师范大学出版社，2007，第 276 页。

　　② 尼采：《权力意志》，孙周兴译，商务印书馆，2007，第 785 页。

　　③ 尼采：《人性的，太人性的》，杨恒达译，中国人民大学出版社，2005，第 453 页。

　　④ 尼采：《权力意志》，孙周兴译，商务印书馆，2007，第 769 ~ 770 页。

　　⑤ 《马克思恩格斯文集》第 5 卷，人民出版社，2009，第 871 页。

看法："法律、道德、宗教在他们看来全都是资产阶级偏见，隐藏在这些偏见后面的全都是资产阶级利益。"① 对于资本主义法律的偏见，尼采表达了他的轻蔑："红色的法官如是说：'为什么这个罪犯杀了人？他是要抢劫。'可是我告诉你们：他的灵魂需要的是血，而不是赃物：他渴望刀的幸福！"② 刀的幸福是绝望的"幸福"，是要对现存社会进行杀戮。

对于资本主义国家、法、商业交易、公正的批判，尼采与马克思一样没有留下任何余地，就批判本身来说，似乎尼采更加入骨。回顾过去，他们有着共同的看法，即人类历史最黑暗的时间将会过去，今天的一切偏见都是一种轻率之举，是暂时的。展望未来，尼采与马克思则表现出巨大的分歧。1852 年 3 月 5 日马克思在致约·魏德迈的信中说道，阶级斗争必然导致无产阶级专政，这个专政不过是达到消灭一切阶级和进入无阶级社会的过渡。1875 年马克思在《哥达纲领批判》中指出，诞生于资本主义的新社会存在很多不平等和弊端。"但是这些弊病，在经过长久阵痛刚刚从资本主义社会产生出来的共产主义社会第一阶段，是不可避免的。权利决不能超出社会的经济结构以及由经济结构制约的社会的文化发展。"③ 马克思预言，在资本主义与共产主义之间的这个过渡期是一个无产阶级专政时期，而国家则是逐步消亡的。而尼采则说："社会主义是差不多已老朽的专制主义的绝妙的小兄弟，社会主义要想当它的继承者；所以其努力从最深刻的意义上看是反动的。因为它渴望大量的国家权力，就像唯有专制主义曾经拥有的那样；它甚至超过了过去的一切，因为它力求真正消灭个人；个人在它看来就像是自然的不合理的奢侈，应该被它改善为一种合目的的集体机构。"④ 尼采不仅把过渡时期的社会主义国家等同于资本主义国家，而且认为国家是永恒的。换句话说，尼采并没有理解或认同马克思的共产主义理论。

尼采继承了叔本华生命哲学的唯意志论，认为世界的本质是权力意志（will to power），它是宇宙中无处不在、生生不息的原动力。权力意志是拒绝真假、超越善恶之分的策发力量，甚至可以说，真理的标准在于权力

---

① 《马克思恩格斯文集》第 2 卷，人民出版社，2009，第 42 页。

② 尼采：《查拉图斯特拉如是说》，杨恒达译，凤凰出版传媒集团，2007，第 35 页。

③ 《马克思恩格斯文集》第 3 卷，人民出版社，2009，第 435 页。

④ 尼采：《人性的，太人性的》，杨恒达译，中国人民大学出版社，2005，第 252 ~ 253 页。

意识的提高。因为，在我们看到的世界，无论是植物、动物还是人都是按照生命力的强弱的竞争来配置的。不同于叔本华的悲观主义，尼采在权力意志的指引下，在征服与创造中形成了积极的行动主义原则。《查拉图斯特拉如是说》结尾表白了他的心声："查拉图斯特拉如是说，离开了他的洞穴，容光焕发，浑身是劲，有如一轮刚从黑暗中喷薄而出的朝阳。"① 因此，鲁迅给予尼采极高的评价："不恶野人，谓中有新力，言亦确凿不可移。"②

马克思也强调人的感性实践，但尼采不同于马克思，在更多的时候，他把对人的意志力的强调推至一种绝对心灵主义。这是尼采和马克思的分殊。除此以外，就哲学范式而言，马克思并没有颠覆传统哲学的体系构型，这是马克思和尼采的另一重大区别。尼采自述道："我怀疑一切建立体系者，对他们敬而远之。至少对我们思想家来说，追求体系的意志乃是某种丢人现眼的东西，我们的非道德性的一种形式。"③ 当然，事实并非如其所说。并非完全没有潜在的体系，权力意志本身就是体系的一个总纲。

---

① 尼采：《查拉图斯特拉如是说》，杨恒达译，凤凰出版传媒集团，2007，第390页。
② 《鲁迅全集》第1卷，人民文学出版社，2005，第66页。
③ 尼采：《权力意志》，孙周兴译，商务印书馆，2007，第1301页。

· 第九章 ·
中国式现代性批判揣阖

第一节　老子大道玄德思想的后现代理路与构境

高以下为基，贵以贱为本，走向自己的反面乃是大道的规律。不过，具有反逻辑、反秩序、反现实，伸张着"反"哲学正义的老子哲学，其核心并不在于明示事物穷极生变、物极必反的辩证规律，而是要使自己独行于常理之外。后现代主义者的叛逆在人类思想史上画出了奔脱而狂怒的弧线。反其道的"道"道出了他们共同的险恶，剑走偏锋式的玄幻构成了他们一致的审美。

"反者，道之动；弱者，道之用。"[①] 以"反"为道的中国老子遭遇到有着冲破"既成逻辑"理想的后现代主义思想家的追迫。我们不能说老子会预料到两千多年后他的思维脉息会成为一个时代的潮流，我们同样也不能说，后现代主义的思想主要来源于老子的学说。确切地说，后现代主义思想更具有迷失性和时代的质感，然而，时光轮回的境遇，使他们并肩于"要把自己的思维模式敞开于域外"。

一　"为者败之，执者失之"：生活在统治者的彼岸

老子的政治哲学思想虽然很庞杂，而且也有自相矛盾的地方，但无为

---

① 《道德经》第 40 章。

而治的思想是始终如一的。他认为，统治者应无为之治，不应过多干涉百姓的劳作与生活。老子直接断言："民之难治，以其上之有为，是以难治。"① 至于有为和无为的结果，在老子看来大不一样，为者败之，执者失之。有作为的人总会把事情办得更糟，企图保持利益的人总会失去一切。而圣人无所作为而不败，无所持利故无失。

关于对待民众的方法，老子则指出："古之善为道者，非以明民，将以愚之。民之难治，以其智多。故以智治国，国之贼；不以智治国，国之福。知此两者，亦稽式。常知稽式，是谓玄德。玄德深矣，远矣，与物反矣，然后乃至大顺。"② 老子的"将以愚之"，不是让民众愚蠢，而是以自我愚蠢的方法对待民众。如果以智慧动民，邪心既动，必以巧术防民之伪。民知其术防，定随而避之。实际上，在老子看来，我无为，而民会自化；我好静，而民会自正；我无事，而民会自富；我无欲，而民自会朴实。民众并不需要我们去教诲和启示而会自正，问题恰恰在于统治者自己的干预和私欲。简单地说，治理天下，要常作无事，不以烦劳为上。如自己造事，则民不安，故不足以治天下。也就是说，最高级的统治应似没有统治，让民众感到无所制约。统治者应做到把无为看作有为，把无事看作有事，把无味看作有味，把小事看作大事，把稀少看作众多。

老子无为之治的思想，在后现代主义者那里得到了明确的回应。尼采说："最高级的人生活在统治者的彼岸，没有任何羁绊。因为，他们认为统治者乃是自己的工具。"③ 也就是说，理想的生活应是没有统治，或者说，没有统治者的权力运作。因为被统治者反而支配统治者。福柯也有类似的看法，他认为"有权力，就有反抗"④。在福柯看来，统治者如果行使权力，民众就会以自己的方式，对权力进行利用、转化、移位等再生产，最后，统治者的权力就会丧失与离析，有为成了无为。但是，这样的无为不是"为无为"。

---

① 《道德经》第 75 章。

② 《道德经》第 65 章。

③ 尼采：《权力意志——重估一切价值的尝试》，张念东、凌素心译，商务印书馆，1991，第 122 页。

④ 杜小真编选《福柯集》，上海远东出版社，2003，第 347 页。

二 "强大处下，柔弱处上"：象征性技巧

除了资政方面的无为思想之外，在处理社会关系上的甘居下流、柔弱处上、以弱胜强的理念是老子的又一重要观点。他指出，天下柔弱，莫过于水。上善若水，水善利万物而不争，处众人之所恶，这才是真正的道。在老子看来，江海之所以为百溪之王，乃是因为甘居下流。圣人欲上民，必以言下之；欲先民，必以身后之。以其不争，故天下莫能与之争。故坚强者死，柔弱者生。"强大处下，柔弱处上。"①

在用人协作方面，老子同样主张不争上、甘为下的反其道而行之。善用人者为下，是谓不争之德，乃是顺应天道和古训。圣人之道，为而不争。对此，后现代主义重要作家利奥塔持有类似看法。他认为，柔弱式自由民主比僵硬式集权在共同体调节上具有更强大的功能。"久而久之，这种柔韧性被证明比稳定的等级制度中严格的角色规定更有效。"② 不同于封闭体系，民主下的空间，"有利于新的形体的、象征的和共同体的技巧的诞生"③。

对于恃强欺弱，老子始终持有弃绝的主张。他训导说："生而不有，为而不恃，长而不宰，是谓玄德。"④ 道生万物并不占有，成就功业并不凭恃，权重并不宰割，乃是玄秘的德性。同样，利奥塔在《后现代状况》中对个别共产主义国家的现代性作为表示了强烈的批评。他说："而在共产主义国家中，集体化的模式和集权主义式的效果却借马克思主义的名义，又重新宰制着社会；至于马克思主义中所主张的斗争，则早已被剥夺了存在的权利。"⑤ 尽管利奥塔的指责并不具有一般性，但他所看到的问题正为老子所言中，正是那些得势者独裁而尊、因势而霸、以强凌弱的部分共产主义国家，为民所恨，最终走向自己的反面。确如老子所言，坚强者死之徒。

---

① 《道德经》第 76 章。
② 利奥塔：《后现代道德》，莫伟民等译，学林出版社，2000，第 59 页。
③ 利奥塔：《后现代道德》，莫伟民等译，学林出版社，2000，第 59 页。
④ 《道德经》第 51 章。
⑤ 利奥塔：《后现代状况》，岛子译，湖南美术出版社，1996，第 59 页。

老子的训诫不仅是那些变色的共产主义国家的深刻写照，也是我们焕发力量的文明古国与邻为善、永不称霸的训诂。"是以圣人终不为大，故能成其大。夫轻诺必寡信，多易必多难。"① 圣人始终不好大喜功，所以终究会成就大的业绩。轻易许诺的人，必然缺少信用，把事情想得过于容易，最后必然觉得困难太多。不难发现，老子的柔弱处上的理念揭示了宇宙间自然体系、生命体系、价值体系等各种关系体系的总特征。

三　"知者不言，言者不知"：黑暗是光明的存在者

老子有着独辟蹊径的非常之道，也有着隐者不遇的匿藏。在认识论上更是知我者希，则我者贵，他尤为推崇"知者不言，言者不知"②。进一步来说，知道言不知，为上人；不知道而言知，则为下或病也。老子把知而言不知视为高明或崇尚"无知"，或者说是隐匿"知"。如果说"知"是光明，则"不知"就是黑暗，言不知就是"藏光明于黑暗"。圣人自知不自见，自爱不自贵。老子喻圣人的作为，不显示自知于外，而藏之于内。

就如何藏匿自己的想法，老子还作出了说明："善者不辩，辩者不善；知者不博，博者不知。"③ 在老子看来，不应去辩驳别人的观点，也不要辩证自己的观点。不知是在表明"知"的过程中或辩论中呈现出来的。显示博学的结果仅能是无知与浅学，因为展示光明意味着泄露了光明的边缘，唯有在黑暗中才隐含着光明的无限。因此，自见者不明，自以为是的人并不得到彰显，自我夸大的人并不能得到功德，自大者并不能成为领袖，或不会长久。这不仅流露了老子个人的生存美学，也点出了众者如何接近大道的玄机。

老子隐匿自我的思想，受到了海德格尔的强烈回应。海德格尔不仅明确表明过自己受到老子的影响，而且在文章里，直接引用了老子的原文"知其白，守其黑"，并将"黑"解释为"光明隐藏于黑暗之中"。在海德格尔看来，"对存在者本身之解蔽同时也就是对存在者整体之遮蔽"④。即

---

① 《道德经》第 63 章。
② 《道德经》第 56 章。
③ 《道德经》第 81 章。
④ 孙周兴选编《海德格尔选集》，上海三联书店，1996，第 231 页。

点燃光明的同时也意味着消解了黑暗，而黑暗是存在者的一部分。这就指证着存在者整体的敞开状态并不是存在者之总和。也就是说，我们所熟悉的光明并不是存在者的全部，黑暗中藏匿的光明和黑暗本身，才是真正的存在者。同时，对被遮蔽的存在者整体的遮蔽支配着当下存在者的解蔽过程，即黑暗决定光明的程度。

至于光明对黑暗的依赖，老子还说道："大成若缺，其用不弊；大盈若冲，其用无穷。大直若屈，大巧若拙，大辩若讷。"① 伟大的成就会有缺陷，盈满的杯子会有虚空，但其效用无穷无尽。直含屈，巧似拙，辩若讷，都是同样的道理，即黑暗就是最大的光明。不出户，知天下，见天道的思想进一步说明了不到光明之下，在黑暗中就能把握光明的全部。按照同样的理路，大音希声、大象无形、道隐无名的"知其荣，守其辱，为天下谷"思想成就了老子的思维之奇。

四 "曲则全，枉则直"：曲度的弹性

线性论或决定论乃是马克思主义近年来西方学者最为诘难的论题。他们普遍指出马克思历史唯物主义的简单化或单一化倾向，忽视影响人类社会变迁的其他多重因素。最为代表的是，鲍德里亚认为："马克思主义分析所产生的制高点是纯粹历史的产生，在这里它说明了所有矛盾的消亡，也就是说，在真理的积累、决定性的事件、不可逆转的历史的过程中，一切都得到了解决。因此，历史只能成为理想观点的等价物，在文艺复兴经典的理性观点中，这种理想的观点认可了被强加在空间上的任意的、单一的结构。同样，历史唯物主义也只能成为这种历史的欧几里得几何学。"② 马克思的政治经济学是鲍德里亚攻击的重点。他反复说明，要以新的符号政治经济学代替马克思主义传统政治经济学。"我们想尝试的是看看在马克思主义的逻辑中，有什么东西能从受到制约的政治经济学语境中拯救出来，以便用它来说明我们的矛盾。这样做的条件是，要使马克思主义具有理论曲度的弹性。"③

---

① 《道德经》第45章。
② 鲍德里亚：《生产之镜》，仰海峰译，中央编译出版社，2005，第98～99页。
③ 鲍德里亚：《生产之镜》，仰海峰译，中央编译出版社，2005，第109页。

鲍德里亚曲度理论明显受到非线性理论的影响。非线性理论是 20 世纪发展十分迅猛的数学和哲学分支。在非线性数学看来，描述系统状态的微分（积分）方程有线性的，也有非线性的，但是大部分是非线性的。在非线性状态下，不存在主要因素和次要因素。无穷小量不可忽略，有着差之毫厘失之千里的旋风式惯性作用。在线性状态下，存在决定性因素和可预测的结果。在非线性方程中各变量之间的关系不具备确定性的特点，非线性意味着多项因子的自主性。大量因子的自主性必然表现为整体的无序状态和不确定状态。逻辑性和单一决定性在此失去效应。

而在两千多年前的中国老子异乎寻常地也察觉到非线性的存在，提出以曲求全的思想。他说："曲则全，枉则直，洼则盈，敝则新，少则得，多则惑。"[1] 这里的"曲"意味着曲线，即非线性。"全"则为全面涵摄事物的整体态势。从现代数学和现代哲学来看，老子在科学还未启蒙的时代，就预见了世界的非单一性和曲线的全面性，可以说，其智慧之路似"从癫疯走到了巅峰"。

所以，我们就不难理解鲍德里亚的誓言：马克思主义"由于偏爱工具主义和僵化的线性论，这种弹性在很久以前就消失了。我们想将它从受制约的历史的欧几里得几何学维度中拯救出来，以便检验它变成真正的普遍理论的可能性"。[2] 欧几里得几何学本身并没有错，错的是世界普遍存在的是分形。

不过，需要补充说明的是，类似于鲍德里亚对马克思主义的指责，恩格斯早就有过回应。在1890年《致约·布洛赫》信中他这样说道："根据唯物史观，历史过程中的决定性因素归根到底是现实生活的生产和再生产。无论马克思或我都从来没有肯定过比这更多的东西。如果有人在这里加以歪曲，说经济因素是唯一决定性的因素，那么他就是把这个命题变成毫无内容的、抽象的、荒诞无稽的空话。经济状况是基础，但是对历史斗争的进程发生影响并且在许多情况下主要是决定着这一斗争的形式的，还有上层建筑的各种因素。"[3] 恩格斯所说的各种因素已经预感到某种非线性的普遍意义。

---

[1] 《道德经》第 22 章。

[2] 鲍德里亚：《生产之镜》，仰海峰译，中央编译出版社，2005，第 109 页。

[3] 《马克思恩格斯文集》第 10 卷，人民出版社，2005，第 109 页。

五 "无名之朴，亦将不欲"：游牧式原始场景

老子的人文理想中蕴含着炽热的返璞归真的思想，主要源于他看到西周以来礼乐文化制度给人们带来了奢靡、纵欲、浮夸、自私、欺诈的风气，从而提出愚朴的生活秩序与道德主张。老子认为，大道本为平坦，而民却好邪径，天荒芜、仓亏空，但人们却崇尚奢华、刚武，饮食无度，贪财富，真为炫耀和荒谬，此举非大道所为。非道的根本原因在于其人的贪欲："罪莫大于可欲，祸莫大于不知足，咎莫大于欲得。"①

如何克服社会奢华之风气，老子则认为："无名之朴，夫亦将不欲。不欲以静，天下将自正。"② 如果阻滞人们的贪欲，则天下太平，宁静而朴真，为大道所崇尚。理想的社会应该是，小国寡民，甘其食，美其服，安其居，乐其俗。小国而安，有器不用，回到用绳记事的时代，人们安居乐业，无所欲求。

老子返古归朴的思想，在众多后现代主义思想家中，都有不同程度的流露，并成为他们对现代性批判的主要参照系和立论坐标。尤其以德勒兹和鲍德里亚最为显著。德勒兹认为，传统哲学是城邦思想，是统一性哲学。他崇尚远古的游牧思想，高原一望无际，天苍苍、野茫茫，人的个性得到充分发展，人们过着无拘无束的游牧生活。同时，对于游牧式的思维方式，德勒兹还有进一步的洞察："现在，给我们灵感的，不是电脑，而是大脑微生物学，大脑微生物学比树木更像茎，更像草，更像'某种不确立的系统'，具有一些可能的、半偶然的、量的机制。"③

对资本主义生产方式表示极大排斥的鲍德里亚，其立论元点就是远古人类的生活方式。在他看来，现代性泛滥的根本原因，乃是远古人类的象征交换的缺失。他所采取的批判方式也是在现代性的符号化世界中与远古人类无指称、无承载、无意义的生活方式中来回穿梭。他指出："原始空间是无定形的、无菌的、均质的、对称的。"④

---

① 《道德经》第 46 章。
② 《道德经》第 37 章。
③ 德勒兹：《哲学与权力的谈判》，刘汉全译，商务印书馆，2000，第 170 页。
④ 鲍德里亚：《完美的罪行》，王为民译，商务印书馆，2000，第 61 页。

老子提出的反对统治者剥削的思想"民之饥，以其上食税之多，是以饥"，也得到了后现代主义者的强烈加码。福柯说："封建权力主要通过苛捐杂税和穷奢极欲得以发挥，最终把自己给埋葬了。"① 老子主张平均主义："天之道，损有余而补不足。人之道，则不然，损不足以奉有余。"② 平均则是回归于天道，也就是回归于人类原初的自给自足与朴实无华。

六　"人之不善，何弃之有"：宽恕那不可宽恕的事

"德善为上"，作为不同门路的老子和孔子却有着一致的看法。孔子曾说："道之以政，齐之以刑，民免而无耻；道之以德，齐之以礼，有耻且格。"③ 即以行政权力和刑罚来统治，不过是让人隐藏了一颗不知羞耻的心。若以礼仁之德感化民众，以礼引导，类齐比肩，那么人人可革除自己的不良之习而善之。老子也有类似思想："道之尊，德之贵，夫莫之命而常自然。"④

异常的是，老子在善的"道"上，更是越出常理。"道者万物之奥。善人之宝，不善人之所保。美言可以市尊，美行可以加人。人之不善，何弃之有？"⑤ 也就是道对善与不善都是可以用的。而美言可以夺众货，美行可以在千里之外应之。不善为何要抛弃他呢？老子的"不善不弃"思想近似于佛教的慈悲理念，即同体大慈、无缘大悲、普度众生的博爱精神。不过与佛教不同的是，佛教以"空"为缘起、"慈"为体贴，老子以"道"生之、以"德"畜之。

更为不同的是，同为"宽恕"的理路，但老子的"德化"思想有着不一样的特点。"善者，吾善之；不善者，吾亦善之。"⑥ 百姓为善，圣人因而善之；百姓虽有不善者，圣人也认之为善。百姓德化，不善也善。这是得到善的真谛了。百姓诚信，圣人信之；百姓不诚信，圣人亦信之。百姓

---

① 《福柯访谈录——权力的眼睛》，严锋译，上海人民出版社，1997，第163页。
② 《道德经》第77章。
③ 《论语·为政》。
④ 《道德经》第51章。
⑤ 《道德经》第62章。
⑥ 《道德经》第49章。

德化，不诚信也诚信了。这亦得到诚信的真谛了。

可以说，老子的德善思想，不仅打通了"向善"之门，也打通了"反思"之门。出乎意料的是，老子的"反"思之路，在后现代主义者那里得到了延伸。后现代主义的重要代表德里达，在对人类的社会心理进行考察后发现，人类为了自在的意义，有着强烈的报复倾向。他说："宽恕已经忏悔的人和他所犯的错误，就好比宽恕那些并不是罪犯的人和不是罪行的事情。宽恕的真正'意思'是宽恕那些不可宽恕的事情和不请求宽恕的人。这是对宽恕概念的一个符合逻辑的分析。宽恕应该是名副其实的、高尚的、胸怀大度的。"① 这是他对人类慈善和宽容不彻底的深刻批判，也是对"宽恕"的宽恕之思。德里达和老子在人类的不同时期但相同的地平线上把"善"推向了极致。

时光的交错何以能够汇聚古中国与现代西方于同一场景？正如利奥塔所说，后现代并不意味着是最新的。"不过，现代性也不是最新的。现代性甚至也不是一个时期。从广义上讲，现代性是另一个书写状态。"② 因此，才有老子和后现代主义作家们在思维境域上惊人的一致。

同归而殊途，此路亦彼路。"召唤那不可表现的事物"，或者说"思外之思"的共同书写方式触动他们不计后果地在"偏离理性的轨道"上全力以赴，也就是要构造出一个"扰乱所有代码"的意境。有着共同的理路，也就注定有着共同的结局。"道之为物，惟恍惟惚"③道出了他们共同的天际线。模糊的路标，更多的是一种幻象。依靠"圣人"与"智者"的"绝圣弃智"，除了自我悖论，更多的是一次游牧式的精神敞开之旅。

第二节　庄子哲学思想的现代性"抗体"

绝圣、弃智，老子的反其道之道磨砺了庄子的思想之刃。然而，超出

---

① 雅克·德里达、伊丽莎白·卢迪内斯库：《明天会怎样：雅克·德里达与伊丽莎白·卢迪内斯库对话录》，苏旭译，中信出版社，2002，第 207～208 页。
② 利奥塔：《后现代道德》，莫伟民等译，学林出版社，2000，第 63 页。
③ 《道德经》第 21 章。

常理之外的"理"，在悟觉的惶惑和游离之处，引发了庄子和老子的分道。"至人潜行不窒，蹈火不热，行乎万物之上而不栗。"① 庄子对现代性的抵抗走出了一条不同于老子的异径。后现代主义者在与老子的反理性耦合中，又心向于庄子的品读。圣与渎的再一次争锋，致使古老的庄子哲学在后现代之路上走得更"后"。

2001 年 9 月 4 日下午，德里达在北京大学哲学系回答中国学者提问时，这样说道："今天在法国确实有学者引用非欧洲的系统中的东西，我很久以来也是这样，即使我不懂中文。我一直着迷于最古老的中国传统，虽然我应该对她有更多的了解而未做到。"② "彼其物无穷，而人皆以为有终；彼其物无测，而人皆以为有极。"③ 古老的中国传统"解构"了后现代作家的创作秘籍。

一　天地一指与大写差异

然而，还是德里达，几天后（"9·11"事件期间）访问了上海。华东师范大学王元化教授在回忆和他见面的情况时说道："我们在就餐时，他说了一句：'中国没有哲学，只有思想。'这句话一说完，在座的人不禁愕然。"④ 其实，在这之前的 2000 年，国内学者张宁在巴黎专访德里达时，他已经明确表示，哲学"是一种欧洲形态的东西，在西欧文化之外存在着同样具有尊严的各种思想与知识，但将它们叫做哲学是不合理的。因此，说中国的思想、中国的历史、中国的科学等等没有问题，但显然去谈这些中国思想、中国文化穿越欧洲模式之前的中国'哲学'，对我来说则是个问题"⑤。那么，没有哲学的中国思想，是思想的内容，还是思想的形式拨动了德里达后现代的琴瑟？或者说，德里达被非哲学的中国传统思想所感动不过是一个假说？抑或更进一步来说，德里达为何要置中国哲学为假命题？亦即中国哲学亵渎了欧洲大陆哲学何种神圣？

---

① 《庄子·达生》。

② 杜小真、张宁主编《德里达中国讲演录》，中央编译出版社，2003，第 50 页。

③ 《庄子·在宥》。

④ 杜小真、张宁主编《德里达中国讲演录》，中央编译出版社，2003，第 139 页。

⑤ 德里达：《书写与差异》，张宁译，三联书店，2001，序 10 页。

尽管黑格尔在《哲学史讲演录》中也曾说过，中国没有哲学，因为其中没有思辨思维和严密的逻辑系统。尼采在《希腊悲剧时代的哲学》中也说过，哲学是希腊的，它不同于东方的僧侣的教义。而且哲学家并不意味着"智者"，而是"智慧之友"。海德格尔也说过，哲学本质上不是一般的思想，是与一种有限的历史相关联的思想。"哲学就是那种特别被接受并且自行展开着的响应，对存在者之存在的劝说的响应。"[1] 也就是说，德里达不过是重复了黑格尔、尼采和海德格尔的"卓见"。然而，德里达自己的反理性之思，是否也算哲学？其著名的关键词"解构"和"延异"是不是哲学概念？他自己这样解释道："解构不是哲学，也不是文学。所以我称之为'思想'。"[2] 鲍德里亚也如此认为，他的象征交换理论中的"象征"不是概念，不是体制或范畴。

但是，同为后现代主义主要代表的德勒兹却对德里达的表白不以为然，他也不同意黑格尔的哲学思辨之说："哲学不具有感染力，也更不富有凝思性和反省性。"[3] 即哲学的核并不在于思辨，而在于一种概念的创造。而福柯则更加彻底："我从未搞过哲学。"[4]

王元化通过庄子的齐物之说，认为后现代主义者过于偏重于异。反之，庄子则更强调同一。因为《庄子·齐物论》说："物无非彼，物无非是。""彼是莫得其偶，谓之道枢。""天地一指也，万物一马也。"即彼此两个方面都没有其对立的一面，乃为大道的枢纽。万物要素为一致。但《庄子·德充符》又有毕同毕异说："自其异者视之，肝胆楚越也；自其同者视之，万物皆一也。"即从事物的相异面去看，邻近的肝胆虽同处于一体之中，也像是楚国和越国那样相距很远；若从事物的同一面去看，万事万物又是同一的。即庄子并不否认世间事物的客观差别，而强调齐是非、齐彼此、齐物我的万物齐同，则在于"物心一元"，勘破主客二分。其实，庄子的"物无非彼"的同一性已经蕴含了事物彼此对立或"异"的前提。

对于后现代所尊崇的"异"，实际上也并非如其所是。他们所排斥的等级制度、专制、中心主义、二元对立，都建立在"异"的基础之上。德

---

① 孙周兴选编《海德格尔选集》，上海三联书店，1996，第 605 页。
② 杜小真、张宁主编《德里达中国讲演录》，中央编译出版社，2003，第 70 页。
③ 德勒兹：《哲学与权力的谈判》，刘汉全译，商务印书馆，2000，第 155 页。
④ 杜小真编选《福柯集》，上海远东出版社，1998，第 236 页。

里达在《书写与差异》里指出，差异或者延异，只有超越了形而上学、向着大写的差异才能如此得以思考。而"作为一切言语的无形同谋的这种大写的差异恰恰正是那种逃脱了察觉的权力本身"①。也就是说，差异本身是形而上学的，对形而上学的超越就是向一种"同一化"过渡，这种同一化被德里达称为神奇的。实际上"同一化"的召唤就是对逃脱的权力的再明察、引爆或削平。显然，德里达的大写差异是以"同一性"为目的的。"我即同一。内在于我的相异性或否定性、内在的差异不过是一种表面形象。"② 因此，庄子的齐物论与德里达的同一化诉说了同一种本质的神奇，庄子的"天地一指"和后现代的"大写差异"乃是非一非异，非言所言。但是，此路亦彼路，彼物亦此物。

二　死生为徒与向死存在

"人之死"不仅是古老的哲学命题，也是具有"超越"志气的思想家难以回避的哲学和宗教学主题，因为生之迷总可以浓缩为死之迷。人类从几百万年前诞生之日起，至少从直立人开始向智人过渡的旧石器时代中期起，就开始面对同类的死亡思考起死亡问题。在柏拉图看来，哲学就是死亡的排练，也被理解为，哲学乃死亡的默思。近代西方思想家康德、黑格尔、费尔巴哈、尼采和萨特都对死亡作出过独特的价值定位。在海德格尔看来，死亡作为最广泛意义上的一种生命现象，是此在本身不得不承担下来的存在可能性。这种此在的最本己的可能性，其生存论阐释先于一切生物学和生命生存论。死，作为此在的终结存在，存在在这一存在者向其终结的存在之中。在死之前闪避的日常沉沦是一种非本真的向死存在。而"本真的向死存在意味着此在的一种生存上的可能性"③。

而在鲍德里亚看来，我们今天的全部经济学万象都可以在现代死亡学中解读。"如果把生命当作一个以死亡为期限的过程，那将是荒谬的，如果把死亡等同于一种亏损或一种没落，那将是更荒谬的。"④ 由于对死亡的

① 德里达：《书写与差异》，张宁译，三联书店，2001，第354页。
② 德里达：《书写与差异》，张宁译，三联书店，2001，第158页。
③ 海德格尔：《存在与时间》，陈嘉映、王庆节译，三联书店，1999，第291页。
④ 鲍德里亚：《象征交换与死亡》，车槿山译，凤凰出版传媒集团，2006，第248页。

排斥，现代人把死亡看作一种丑闻，总是想方设法远离死人，隔离死人，并不断地把死亡向遥远推迟。因为生命受到价值和实用性系统的支配，死亡成为无用的奢侈。

同样，动物、残疾人、老人、病人、疯子、罪人和弱者成为现代社会驱逐和排斥的对象。庄子在《人间世》中说道，一个名为支离的人，虽身残但给人缝衣簸米，足可养活十人。"夫支离其形者，犹足以养其身，终其天年，又况支离其德乎？"从行与德两个方面，庄子对残疾人的认可不仅切合德里达、鲍德里亚、福柯和勒维纳斯对效用原则的批判，同时也表露了无用也有用的辩证思路。

现代人生活在对死亡的恐惧之中，想以删除死亡的方式把生命简化为一种绝对剩余价值。现代性的死亡逻辑，运作的是经济逻辑或资本逻辑，即不断积累的逻辑，它总是排斥衰退和停滞，总是把经济危机和社会病态向后延缓。生命的延长与不朽意味着经济增长的持久与永恒。对政治经济学死亡的抵抗，鲍德里亚主张一种与生物学死亡相反的，象征死亡或可逆性死亡的新死亡概念。让生命失去死亡，是经济操作本身；把生命归还死亡，是象征操作本身。

古老的庄子哲学早已表示了对现代性死亡的极度抵触："生也死之徒，死也生之始，孰知其纪！人之生，气之聚也。聚则为生，散则为死。若死生为徒，吾又何患！故万物一也。"① 气聚气散，生死复始。生死同类，既是忘死而生，也是忘生而生，合于海德格尔的向死而存。"生者，假借也。假之而生生者，尘垢也。死生为昼夜。且吾与子观化而化及我，我又何恶焉！"② 生命形态，外物而成，尘垢而聚。生死循环相似于鲍德里亚的象征交换，生者是死者同化而再生。"生死同一"是灵魂与肉体、真实与虚拟、生与死二分的生命救赎。

现代性把人的生命简化为一个使用价值的存在，一种功能化的肉体存在。生对死的排斥、健康对疾病的排斥不过是演绎了普遍化的市场原则。作为一种物的存在，人的意义就是物的意义，就是在市场中进行交换的价值意义。庄子和后现代思想家们穿越时空的遭遇，尽管

---

① 《庄子·知北游》。
② 《庄子·至乐》。

在不同的语境下有着并不完全一致的蕴含和进路，但共同表达了一种克服现代性困境的"善"，不过这种"善"是脆弱的。现代性的逻辑才是历史的逻辑。

三　刀刃无厚与易位书写

《庄子·养生主》说："庖丁为文惠君解牛，手之所触，肩之所倚，足之所履，膝之所踦，砉然响然，奏刀騞然，莫不中音，合于《桑林》之舞，乃中《经首》之会。"文惠君称奇，庖丁释刀对曰："臣以神遇而不以目视，官知止而神欲行。依乎天理，批大郤，导大窾，因其固然，枝经肯綮之未尝，而况大軱乎！良庖岁更刀，割也；族庖月更刀，折也。今臣之刀十九年矣，所解数千牛矣，而刀刃若新发于硎。彼节者有间，而刀刃者无厚；以无厚入有间，恢恢乎其于游刃必有余地矣！"

"批大郤，导大窾"，屠夫认识到空无结构和空无联结，刀本身就是空无（刀刃者无厚）。屠夫的刀不是作用于身体，而是消解身体，注意力在浮动。在鲍德里亚看来，屠夫的刀在身体中以易位书写的方式，摆脱了显在的身体，追踪身体之下的身体。"这就像易位书写一样，易位书写的模式分散并消解最初的词项和语料，它的秘密就在于：另一种连接在话语下流动，重新描绘出某种东西，例如一个名称，一个表达形式，这种东西的缺席困扰着文本。"① 它描绘并消解身体的表达形式，向解剖学的身体提出挑战。而身体欲望本身也不过是按照庄子所说的屠夫所用的刀的节奏，在诗歌的易位书写中消解。这是一个"从未存在却已消失"的表达形式。

从无到"无"的异思，克服了鲍德里亚对"刀刃若新"的阅读障碍。刀之所以没有磨损，并不是要求自己战胜一个实体、一种厚度，而是建立在一种差异之上的纯粹差异。这种操作建立在象征经济学上，它不是力量关系的经济学。刀和身体相互交换，刀在陈述身体的消失，并且通过这种方式本身，依照身体的节奏解构身体。这里刀和身体的交换是一种没有价值指代的象征结构。

---

① 鲍德里亚：《象征交换与死亡》，车槿山译，凤凰出版传媒集团，2006，第 189 页。

反之，以强对强、以实对实、"以火救火、以水救水"并不能消解对方。"强以仁义绳墨之言，术暴人之前者，是以人恶有其美也。命之曰菑人。"① 把仁义示于暴君，是害人，最终也是害了自己。"仁"似刀，"暴"近似厚，结果不是消解厚而是损于刀。《庄子·人间世》还指出："是不材之木也。无所可用，故能若是之寿。"即不材方能持久。这也是追踪不材之下的才，而不是用显材获得才，获得寿。

这种用无用书写有用的差异，是一种更古老、更本质的差异。庄子运用空无、虚实之间的辩证关系相逢于后现代的易位书写，共同进行对现代性原则"人皆知有用之用，而莫知无用之用也"② 的抵制和解构。

现代性的根本原则就是经济学原则，或者说价值原则。现代性把当下的生存之困惑消解于对现实能量的强行触发与对抗。《庄子·人间世》中提出："名也者，相扎也；知也者，争之器也。"名声是倾轧的借口，知识为争斗工具。庄子不仅觉悟了名誉、知识作为资本积累和强强对抗的欲望逻辑，也揭示了权力与知识之间的内在关联。知识作为权力依附的理解，在福柯那里获得了全面的阐发。福柯认为："在人文科学里，所有门类的知识的发展都与权力的实施密不可分。"③ 即权力的策略产生了知识。当然，庄子时代的"知"更多地意味着智慧，而且"知"的可交换性也没有今天这样广泛和深入。

四　目击而道与直观自明

庄子在《田子方》中说："子路曰：'吾子欲见温伯雪子久矣。见之而不言，何邪？'仲尼曰：'若夫人者，目击而道存矣，亦不可以容声矣！'"后来，唐成玄英疏云："击，动也。"郭象注："目裁往，意已达。"即像温伯雪子这样的人，无需语言，目光便能存达大道。这是一种直觉思维，体道者之间可以不凭语言交流，反之，语言也不能完全到达"道"。

梅洛-庞蒂就主张这种理性与非理性交错的直觉创作。他认为，物体、世界和我的身体具有类似于身体各部分之间的活生生的联系。"外部

① 《庄子·人间世》。
② 《庄子·人间世》。
③ 福柯：《权力的眼睛》，严锋译，上海人民出版社，1997，第31页。

知觉和身体本身的知觉是一起变化的，因为它们是同一个活动的两个方面。"① 而在胡塞尔看来，世界在传统逻辑的意义上是模糊不清的。世界上每一种现象都为我而存在，我生活在这种思维所给予的意义之中。庄子的直击而道就是一种自我的超验还原，自我的生命习惯。尽管现象学不拒斥世界的存在，但它把人放入"非存在"之中，以便达到绝对的自明性，即直观原理。他进一步认为："每个能为反思的目光所接触到的体验都有一个特有的、可直观地把握到的本质，一个'内容'，这个内容可以在其自为的特性中受到考察。"②

　　直击而道不仅说明了直观原理，而且还体现了"言不尽意"的策略。这种"言不尽意"乃是对"道"的道。在"言不尽意"的基础上，庄子进一步主张"得意忘言"。《外物》说："荃者所以在鱼，得鱼而忘荃；蹄者所以在兔，得兔而忘蹄；言者所以在意，得意而忘言。吾安得夫忘言之人而与之言哉！"在《秋水》中庄子说："可以言论者，物之粗也；可以意致者，物之精也；言之所不能论，意之所不能察致者，不期精粗焉。"即超出言意的表达就不限于粗细的范围了。这里的"言"与"意"与我们平时所说的"言意"说还不尽相同，这里的"意"指"言"，而在"言意"说中，意即相当于大道。道是不可言辩的，只要言说，就会滞于粗浅之一面。

　　福柯在《词与物》中指出，在上帝原初把语言赋予人类时，语言是物的完全确实和透明的符号，因为语言不仅与物相似，而且是那个拯救自身并最终开始倾听真正言语世界的构型。但是现在，话语的无限运动使得"语言的增长，不再有开端，不再有终结，不再有允诺"③。即语言失去了似物或尽意的承诺。德里达的词相"解构"和"延异"，同样述说着"言"对"意"的破缺和"意"对"言"的斥反。延异，"它在一个区分和延搁的替代之链中永不停息地自我移位"④。也就是说，激发断裂表意结构的冲力才是语言真正的"解构"或"意"。

　　一切话语和文本都是境遇性的，不存在具有普遍性和先验性的"位

---

① 梅洛－庞蒂：《知觉现象学》，姜志辉译，商务印书馆，2001，第 263 页。
② 胡塞尔：《现象学的方法》，倪梁康译，上海译文出版社，1994，第 126 页。
③ 福柯：《词与物》，莫伟民译，上海三联书店，2002，第 60 页。
④ 德里达：《延异》，汪民安译，《外国文学》2000 年第 1 期，第 84 页。

置"预留。语言同原作者思想创造之间的"隔阂",表明其从一开始就作为一个无限可能的差异体系而存在。语言的延异借助于不断开放的语境更新,借助于不断呈现的差异性而实现意义的延伸和再创作。解构就是要从语音中心主义、"话语至上"和"在场优先"的原则中解脱出来,负债性地书写差异化的可能性和生命力,实现思想自由、表达自由和创造自由的"意蕴捕猎"。

五 至乐无乐与欲望逃逸

庄子在《秋水》篇里,谈到了庄子和惠子游于濠梁之上。庄子说,鱼自闲而快乐。惠子则说,你非鱼怎知鱼之快乐。庄子说:"我知之濠上也。"这一方面反映庄子对悠闲自得生活的向往,另一方面也说明了庄子从濠水之桥上所察得。海德格尔与庄子的相遇,是1930年10月在不来梅作"论真理的本性"的讲演后,在凯尔纳(Kellner)家中举行学术讨论会,当讨论到"一个人是否能够将自己置于另一个人的地位上去"时,遇到了困难,于是海德格尔向主人索取德文版的《庄子》,并读了鱼之乐的故事。而"那些还不理解'论真理的本性'的讲演的人,思索这个中国故事就会知道海德格尔的本意了"[1]。因为,在海德格尔看来,"真理的本质揭示自身为自由"[2]。而人并不把自由"占有"为特性,反之,是自由原始地占有人。

"乘云气,骑日月,而游乎四海之外。"[3] 进一步说明了庄子对云外闲游的心向与神往。《天道》篇又谈道:"圣人之静也,非曰静也善,故静也;万物无足以铙心者,故静也。水静则明烛须眉,平中准,大匠取法焉。水静犹明,而况精神!圣人之心静乎!天地之鉴也,万物之镜也。"庄子是以水之平静,喻"圣人"之心。心灵的虚静莹彻,乃是观摄万物之镜。也只有虚境之心,方能有:宠辱不惊,看庭前花开花落;去留无意,望天空云卷云舒。

这是诗意的栖居。但在海德格尔看来,诗意的栖居,并不是诗作为栖

---

① 张祥龙:《海德格尔传》,商务印书馆,2007,第240页。
② 孙周兴选编《海德格尔选集》,上海三联书店,1996,第226页。
③ 《庄子·齐物论》。

居的装饰品和附加物，但也不是意味着，诗意以某种方式出现在栖居中。栖居，一方面要以栖居之本质来思索人们所谓的人之生存；另一方面，我们又要把诗的本质理解为充满劳绩。也就是说，真正赋有生产力者不是定居者，而是流浪者。与海德格尔相异的是，在庄子这里，诗意更应被理解为无为。庄子在《至乐》中说："果有乐无有哉？吾以无为诚乐矣，又俗之所大苦也。故曰：'至乐无乐，至誉无誉。'"无为是真正的快乐，但这也是俗人的烦恼。所以，最大的快乐就是逃脱快乐，最大的荣誉就是背离荣誉。显然，在无为的限度上，庄子比老子走得更远；在诗意的构境上，则比海德格尔更加幽深。因为，庄子的"诗"更趋于自我的内敛和对一种"俗"或"欲"的挣脱，也可以说是更逆向于"存在"的"无"。

而"至乐无乐"在费利克斯·伽塔里那里则获得了更强烈的回应。在伽塔里看来，我们面临着两类社会场的包围，一类是有意识的权力包围，另一类是欲望的无意识包围。"我们是用积极的和消极的逃脱线来反对这种权力的法西斯主义，因为这种逃脱线通向欲望，通向欲望机器，通向一种欲望的社会场的组织。这不是自身或'个人'的逃脱，而是像挤破一个导管或一个脓包那样造成的逃脱。"[1] 即权力的"显"与欲望的"隐"，暗藏了避开事物代码的方式，即一种流，一种与文化遗存相对立的绝对译码的逃逸线。伽塔里的"蜿蜒"，正觉了我们对庄子的认识，那就是"至乐无乐"中后者的"乐"是一种"欲"，前者的"乐"则是一种流转的"脱"。不过，伽塔里的"脱"更倾向于对社会欲望的消止或内爆。

德勒兹和伽塔里重建早已褪色的自然哲学，把未完成的个体化过程归属于自然。哲学家和艺术家都集中于对"作"的追求，并把"永恒"和"进步"当作"美"的最高标准。后现代性对永恒中的"瞬间"、进化中的"突变"或集体行动中"逃脱"的珍视，显示了现代社会急剧变化的本性以及不断变革的可能性。

"其合缗缗，若愚若昏，是谓玄德，同乎大顺。"[2] 愚昏为玄德，乃至于大顺，这不过是老子的思想。《道德经》第65章说："以智治国，国之贼；不以智治国，国之福。知此两者亦稽式。常知稽式，是谓'玄德'。

---

① 德勒兹：《哲学与权力的谈判》，刘汉全译，商务印书馆，2000，第22页。
② 《庄子·天地》。

'玄德'深矣，远矣，与物反矣，然后乃至大顺。"庄子在认识论和价值观上会通地沿袭了老子的"与物反矣"的反理性主义进路，但在守柔和无为上庄子并非处处与老子的意境一致，也有繁多异相。老子哲学可以说是政治哲学，庄子哲学更是生存美学。在共同的反现代性慎读上，老子沿着高以下为基、贵以贱为本的迂回路径；庄子则提倡破除肉身我与认知我，追求超然物外的审美姿态，于事于物不着痕迹。

德里达在《解构与思想的未来》中说："哲学的原则不是哲学"[①]，哲学的悖论也注定了后现代主义的悖论。在自认为中国没有哲学的愉悦中，后现代主义自身也走向了引以为"圣"的古希腊哲学的反面。

第三节　中国佛学的思想境域与后现代境遇

"非纵非横，非识所识"，在世界三大宗教和中国儒释道三种传统文化中，唯禅定智慧最深最贵。对中国佛学核心范畴的复读、辨析与重新阐释，不仅可以阐发佛学的人生悟解、思想法脉、精神教化和辩证方法的现代语义，也可测度其"要机"随化的得失轻重。

中国佛教哲学的生路是格义，即格经文、明义理，也就是用中国固有的哲学概念来重新解释、比附印度佛教经典及其哲学思想，形成中国式的佛教理论体系。佛学的中国化为佛教注入了新的活力，也为当代中国模式增添了新的注解。

一　"平等""慈悲"：扬善抑恶的补益性

佛教平等意指均平齐等，无高下、浅深之差别。它指一切现象在共性或空性、唯识性、心真如性等方面没有差别，称为平等。《大方广佛华严经》说："一切众生平等、一切法平等、一切刹平等、一切深心平等、一切善根平等、一切菩萨平等、一切愿平等、一切波罗蜜平等、一切行平

---

① 德里达：《解构与思想的未来》，何怀宏总主编，吉林人民出版社，2006，第450页。

等、一切佛平等。是为十。若诸菩萨安住此法，则得一切诸佛无上平等法。"① 佛学的平等观包含四个层次，这与其他宗教的平等观以及中国儒、道的平等观是根本不同的：一是众生与佛是平等的，二是人与人之间都是平等的，三是人与其他动物也是平等的，四是人与没有生命意识的山川大地、草木花卉也是平等的。可以看到，佛学的平等对象具有全面、彻底、真正的广泛性。宋代僧人清远说："若论平等，无过佛法。唯佛法最平等。"② 另外，在佛学的平等观里，平等的内容具有几方面的含义：一是平等意味着共生、共存、共享，万物具有同体性，有着同等重要的生存价值和品格，包括与佛之智慧平等之大慧，称为平等大慧；怜悯和具有佛性上的平等称为平等大悲；了悟真理而不起差别见解之心，称为平等心；法、戒、愿、修行皆平等无有差别之理，即个人品行、愿望、自我塑造和个人发展也应是平等的。这些平等体现了行、心、性的统一。二是平等意味着互相尊重，摒弃憎恨，只有平等才能有和平，主张和平与平等内在本质的一致性。三是平等排斥人类中心主义，倡导自然主义，强调自然主义和人道主义的统一。佛学提倡世界万物的平等观体现了生命观、自然观和价值观的统一。

佛经以"爱护心"给予"众生"的"安乐"为"慈"，以"怜悯心"拔除"众生"的"痛苦"为"悲"。"大慈与一切众生乐，大悲拔一切众生苦。"③ 佛学提倡大慈大悲、同体大慈、无缘大悲、普度众生的博爱精神。也就是对待一切同体万物应平等体验和悉心体贴，同时，宽容、体谅和关切别的人和事都应是无条件的，是彻底的慈悲。

平等是慈悲的思想基础，慈悲是平等的道德体现。除了平等、慈悲等核心范畴以外，佛教哲学还有其他很多伦理德目。佛教反对的"三毒"和"五戒律"虽然个别条款在今天不完全适用，但所倡导的去善从恶的道德思想、价值取向和思维方式，仍具有一定的启示性。"诸恶莫作，诸善奉行，自净其意，是诸佛教"④ 是《法句经》中的著名偈诵，代表了佛教戒律的根本精神，被称为"通戒"，是历代佛徒尊崇的善典。

---

① 《大方广佛华严经》卷五三。
② 《古尊寄宿语录》第 33 卷（下册），中华书局，1994，第 620 页。
③ 《大智度论》卷二七；《大正藏》卷二五。
④ 《法句经》卷下；《大正藏》卷四。

中国儒释道三家都是生命哲学，都立足于生命自身的内向磨砺与完善，但由于其修习的路径、意境与重心存在差异，各有其理论结构的优势、缺陷和局限。佛学的平等正义思想在中国的生根、开花、结果，正在于它对中国固有价值构境的补益和鞭策的功效。

二 "缘起""因果"：自律自为的脉承性

一切事物都因条件或原因而存在，都因失去条件或原因而消失。"此有故彼有，此生故彼生。……此无故彼无，此灭故彼灭。"[①] 缘起论强调一切事物都是因缘起而互依而存，因缘散而失。这是一种条件互依——因果关系论，也是一种生灭无常——事物过程论，从空间上看是一种"无"状态，从时间上看是一种生灭过程。缘起论是佛教哲学基本的宇宙观和世界观，具有本体论意义，在今天看来可以被称为关系存在论或关系本体论。缘起性空，是指现象和本质的关系，事物的存在有着因果的前后关系，所以展示的现象为"有"；一切事物都是无常的，不过是一个不断生灭的过程，不是永恒的，所以事物的本质是"空"。"有""空"是事物的一体两面。"色不异空，空不异色；色即是空，空即是色。"[②] 就是指空不是真无，不是不存在，空离不开有，有离不开空，有就是空，空就是有，强调了有和空、现象和本质是一种相互依存和密不可分的浑然一体的关系。缘起论在印度佛教和中国佛教的发展过程中演变为不同的类型，形成一个庞大的佛教哲学体系，蕴含着处理人类社会矛盾的深邃而丰厚的智慧。中国佛教学者的思路和印度的缘起论有所不同，比较看重现实，对万物的变化和生命的延续持肯定的态度，比较注重人与宇宙的统一、主体与客体的和谐以及人心能动作用的发挥，突出了宇宙观、世界观、人生观、实践观、价值观的统一。

因者能生，果者所生。有因则必有果，有果则必有因。所谓因果之理，亦指因果律。由缘起直接推导出因果观念和因果法则，具有前后相继、彼此制约的特点，是佛教教义体系中用来说明世界一切关系之基本理

---

① 《杂阿含经》卷一〇；《大正藏》卷二。

② 《大正藏》卷八。

论。佛教认为，众生之行为能引生异时之因果，即善之业因必有善之果报，恶之业因必有恶之果报，此称善因善果、恶因恶果。然严格言之，应称为善因乐果、恶因苦果。此种因果之理，俨然而不乱，称为因果报应。又若从实践修道上论因果关系，则由修行之因能招感成佛之果，此称为修因得果、修因感果、酬因感果。佛教的因果报应论有极其深刻的哲学内涵。因果报应论强调人的一切都取决于人们自身的思想和行为，既非上帝的主宰，也非天命的安排。人是自作自受，自觉掌握自己的命运，自己对自己的行为负责，从而从原则上确立了人的主体地位，排除了受动地位和依赖他人的思想。同时，因果报应论，把宇宙法则运用到伦理上来，宣扬善有善报，恶有恶报，强调了道德责任和向上自觉；提倡善举，反对恶业，强调恶业必然带来苦果。这就从理论上把生命自然律和行为道德律统一起来，把佛教的道德规范定位为人生行为的基本准则。

今天我们理解佛教哲学的因果报应论，应挖掘其积极的方面，肯定其科学的成分。我们反对三世轮回说的宿命思想，但我们认为因果联系的一般性原理，是辩证唯物主义决定论原则的内在依据，它为人们科学认识、科学预测、掌握规律、总结教训等自觉性、目的性、调控性活动提供了逻辑基础。因果报应论是人的主体性原则，是自然律和道德律统一原则的重要体现。中国佛学通过"三报"说和神不灭论，从理论上强化道德价值和因果报应的统一性。"三报"说关注生死安顿、期待来世命运、增长自律心理，有益于追求善果。神不灭思想虽然体认了印度佛教的因果报应和生死轮回的学说，但也吸收了中国固有的"神"的观念，主要突出灵魂的不灭，进一步强化了业报轮回、修炼成佛、向善不止的主体精神。

三 "中道""圆融"：全面观照的融合性

中道是基于缘起论而形成的认识论和方法论。中者，不二之义。"常是一边，断灭是一边，离是二边行中道，是为般若波罗蜜。"[①] 也就是说，"常见"（认为事物是常住不变的主张）和"断见"（认为事物灭后不再生起的主张）都是偏于一边的，只有佛教所主张的一切事物是迁流无常，而

---

① 《大智度论》卷四三；《大正藏》卷二五。

又相续不断，才是离开"断见"和"常见"二边的"中道"。中道提倡认识和把握事物的中正之道，即要全面观照缘起的诸方面，既要看到有，又要看到空，反对单边，反对极端。传统佛教是重视未来和要求出世的，中国传统文化提倡忠、孝、仁、义。《坛经》把出世和入世结合起来，把解脱的理想和现实的追求统一起来。所以，《坛经》是中道的典范，既是中国佛教的革命，也是佛教哲学的创新。中道的思维方式蕴含着丰富的辩证法思想，是一种整体性思维，强调了事物各部分之间的相互联系、相互贯通、共同构成辩证统一的有机整体，突出了作为整体的不可分割的内在本质，符合事物的客观规律。

圆者周遍之义，融者融通、融合之义，圆融谓圆满融通，无所障碍。即各事各物皆能保持其原有立场，圆满无缺，而又为完整一体，且能交互融合，毫无矛盾、冲突，事物之间、现象之间彼此互为因果，互为依存，互相渗透。这是在中道说的基础上，进一步强调缘起事物诸方面之间、缘起现象与本质之间的互不相离的关系，彼不离此，此不离彼，彼中有此，此中有彼，相依相即，圆融无碍。法藏的五教种性既体现了由浅到深、由偏到全、由低到高的系列层次和差别，也实现了"无"和"圆"的通融。小乘佛教主张众生无佛性，始教立一部分众生有佛性，终教则一切众生有佛性，顿教是众生一念不生即成佛果，圆教则众生圆满具足因种果德、众生即佛、佛即众生。而融通的路径则为习修，"是故有习常恒有，无习自恒无"①，主张有无转化，而并不固守和排斥。

用今天的辩证法语言来说，圆融说认为真理既有不同的侧面，既看到合理的破缺性，也应看到破缺的合理性，消解偏执，兼收并蓄。圆融思想不仅是整体性思维，而且突出了事物共性和个性的统一，真理的绝对性和相对性的统一。中国佛学认为，圆融既是客观世界的最高境界，也是个体修持的最高境界。"事理圆融者，即种种事称理而遍。以真如理为洪炉，融万事为大冶，铁汁洋溢，无异相也。"② 这里强调，真正的圆融者应以真理的标尺、天地的胸襟，兼万物之个性，蓄天下之力量。

---

① 《五教章》卷二；《大正藏》卷四五。
② 《宗镜录》卷九九；《大正藏》卷四八。

四　"禅悟""止观"：特定逻辑的体认性

禅悟是对人生和宇宙的价值与意义的深刻把握，是对生命真谛的体认。禅乃梵语，具有静虑、摄念、冥想等含义。宗密《禅源诸诠集都序》云："禅是天竺之语，具云禅那，中华翻为思维修，亦名静虑，皆定慧之通称也。"① 悟指觉悟、转化。禅和悟是不可分的，悟须由禅来获得，无悟也无禅。因此，禅悟乃开启智慧、觉悟真理的生命体验。与禅相联系的是定，定乃是心神一致、聚散凝乱的精神状态。定是禅的结果，禅是定的一个要素。

禅悟根据悟的迟缓时间分为渐悟和顿悟两种。尽管中国开辟禅悟的门派众多，但无外乎突出禅悟的非理性特征，通过语言、文字、符号、行为等激发意向性心理作用，促使心性、相念、事理的贯通，产生"触目即通"和"即事而真"的效果。这类似于道家的天人相通、精气相贯的思想，"不出户，知天下；不窥牖，见天道"②。不过，佛家的单刀直入，直指人心，见性成佛的构境比道家的反其道而为之，更具有解释性。

止观的"止"是止于邪念，安于一心修持佛经；"观"即观心，是通过观察内心，体认、把握佛教的真谛。"止观"乃是将心中的贪嗔痴等诟病除掉。天台宗的创始人智颛说："若夫泥洹之法，入乃多途，论其急要，不出止观二法。所以然者，止乃伏结之初门，观是断惑之正要；止则爱养心识之善资，观则策发神解之妙术；止是禅定之胜因，观是智慧之由籍。若人成就定慧二法，斯乃自利利人，法皆具足。……当如此之二法，如车之双轮，鸟之两翼，若偏修习，即堕邪倒。"③ 也就是说，止观乃是涅槃的必经之路。止是降伏烦结，养心识善，悟透禅机；观是隔断疑惑，策发神通，启迪智慧。"止观"也贯穿着因果律，在因中修习名为止观，在果上成就名为定慧。《圆觉经》讲，无碍清净慧，皆依禅定生。人世间因为名利财色带来了不清净，但只要无碍清净慧就能远离名利财色。因为它是解脱的智慧、无漏的智慧、无我的智慧、平等的智慧，所以它是清净的。要

① 《禅源诸诠集都序》；《大正藏》卷四八。
② 《道德经》第 47 章。
③ 《大正藏》卷四六。

想达到清净无碍智慧的境界，就要从禅定当中产生出来，所以需要止观的修习。

禅宗的禅悟在形式上是排斥逻辑的，但并不是没有逻辑。只不过它不是我们平常的秩序性逻辑，而是一种特定逻辑。禅悟追求心的自由，但不是主体意志的自由，而是不为外在所迷失，克服意识的隔阂和障碍，达到人的内心与万物的彻底融合。这样自由的心是完整的心、空无的心、普照的心。从空无到否定再到自由，构成了禅悟特定的体认逻辑。

五 "圆满""神明"：阅尽时空的止澄性

佛教十分重视通过心灵的自觉来获得伦理价值的实现。人的心性既是道德本性，又是道德本体。众生的内在道德本性与外在的道德本体合而为一，成为佛学道德修行的显著特色。其中，佛性入化为神明，神明为佛性的最高境界，意味着晶莹剔透、出神入化。"源神明以不断为精，精神必归妙果。"① 乃指神明的常住、常新，必使精神为之振奋、通达，则必会得到妙果和佛道。

禅宗的后继者主张从本心出发，把握心灵自体的皎洁圆满，克服主客、静动、断续、污洁、短暂与永恒、有限与无限等之间的二元对立，获得心与万物的同一。石头希迁说："汝等当知：自己心灵，体离断常，性非垢净；湛然圆满，凡圣齐同；应用无方，离心、意、识。三界六道，唯自心现；水月镜像，岂有生灭？汝能知之，无所不备。"② 在他看来，自我心灵是没有断灭和恒常的，自我心性是没有污垢和洁净的；圆满的心境，凡夫与圣者是一样具有的。它是无所不用，而不是一般的意识活动。唯自我心境方能明观三界六道。故其妙处透彻玲珑，如空中之音，相中之色，水中之月，镜中之像，言有尽而意无穷也。由此看来，石头希迁所说的这种自心就是众生的妙灵、诸佛的本觉，或者说是一切凡圣共同具有的真心。

石头希迁在《参同契》中说："灵源明皎洁，枝派暗流注。"③ 即为自

---

① 《弘明集》卷九。
② 《景德传灯录》卷一四；《大正藏》卷五一。
③ 《景德传灯录》卷三〇；《大正藏》卷五一。

性清净心，心与万物为一体的隐显关系。对此，法眼宗进一步阐发道："一切声是佛声，一切色是佛色。"① 即为自心皆是一切，不求外在的主张。文益弟子德韶更是把心容一切的思想推到了极致。他说："通玄峰顶，不是人间；心外无法，满目青山。"② 即禅修之巅乃心外无法，人间皆是禅境了。不难看出，石头宗人唯心显物的思想，泯除了心物对立，则在于立足自心、具足佛法、心地自然地走向皎洁之境。

不过，这也似乎是说，在如此皎洁、神明、圆满的心性下，社会的道德伦理秩序必会昌明而普照天下，然而，两千多年来，无论在佛众内部，还是在佛界缘外，并未见证纯莹灵秀的精神世界的罩明与常驻。究其原因，乃在于神明圆满的超越时空的绝对性。历史观的缺失，失去了价值建构的基石，适用于一切时空的道德只能是空悬的浮影和幻象，永远不能降临人世间。价值或道德不过是主体的产物。没有万世而一的主体，也就没有遍通一切社会的价值诉求。如果祈求成就任何一种超历史的价值抽象物，那么最终还是会成为阶级性的附属物。

佛史经史也证明，不同地位的社会人士对佛经的景仰、解读和收割并不同一。同样，禅僧内部的地位也并不是一样的。上层的禅僧与统治集团关系密切，因此获得更显赫的名望。他们往往把禅法修持与政治活动、意识形态结合起来，以用来维护政权统治和教化臣民。而下层的僧侣，有的潜心修学，有的流向世俗以致毁坏了整个佛宗的声誉。因此，企划穿越一切时空，克服一切历史局限，一切问题得到圆满解决的佛学终结原则历持于神明和圆满，但也破缺于圆满、坠落于神明。

六　"适时""契机"：愈涤愈新的边切性

亚里士多德在《政治学》中说过："现在我们应当考虑对于大多数的人类和城邦，究竟哪种政体和哪种生活方式最为优良这个问题。"③ 同时，亚里士多德提醒，这种优良并不是一种理想，而是大多数人可能实践的生活。福柯也曾说道："我们生活的至关重要的焦点是我们所在社会的政治

---

① 《景德传灯录》卷二八；《大正藏》卷五一。
② 《景德传灯录》卷二五；《大正藏》卷五一。
③ 亚里士多德：《政治学》，吴寿彭译，商务印书馆，1965，第207页。

运作。"① 可以说，一切智慧都是政治的智慧，一切政治都是智慧的政治。

古老的中国佛学也面临一种悖论：在反对政治的造化中，实际上运行着或蕴含着最大的政治。因为政治不仅是一种对政权的维持或抵制，更是一种生存关系的抉择。因此可以说，中国佛学既是生存美学，也是政治学、逻辑学、认识论和伦理学。

平等和慈悲的理念不仅是佛学的根基，也是后现代策发的原动力。平等乃为对等级制度和权力布控的极度抵触。对权力和主体之死的控诉，成为后现代主义作家共同的审美。在福柯看来，我们的社会正从监狱、学校和医院等惩戒向控制转向，这种控制运用法律、大众传媒、意识形态和公众符号等对人进行裁制。而法律、传媒和真理都永远不过是权力或统治者的奴婢。尽管后现代的平等和人道意识并没有达到佛教"平等"与"慈悲"的绝对性和普适性，但是后现代主义对人道主义的理解更在于强调一种强权的消止与退让。

2001 年德里达在北京大学讲演时谈到了对他者过错的悯惜与宽恕："如果存在宽恕的话，那只存在对'不可宽恕'的宽恕。"② 也就是说，这种宽恕不是赠予，因为赠予意味着一种索取。尽管这种索取不是对方的物质，但很可能是对方对我的宽恕作为回报或者是对方良心和谦卑的转让，即使没有对方的回应，也可能是自我良心的赠予，或者一种正义或高尚的快慰。这种陷阱警惕我们把宽恕等同于给予，陷入了等价交换的现代性功能之中。需要辨别的是，在赠予方面，德里达的"宽恕"与佛学的"慈悲"具有共同的进路，但佛学在于"立足自心、心容一切"，而德里达与勒维纳斯等后现代思想家更注重对"他者"尊严的本体性关切以及我和他一样没有"属"的自然本性。

中国禅学特有的顿悟，在后现代语境中，也受到了辩解。德勒兹和伽塔里认为，要想"思"入概念，让各种现象服从于类似联想的原理还不够。"为了思入概念，我们必须超越联想，也超越抽象，必须'尽快地'达到像现实事物那样的心中的物象。"③ 理性只有在"如火山喷发"之时，才向我们露出真相。中国禅学的特殊体验与修学，就在于在顿悟中喷发出

---

① 杜小真编选《福柯集》，上海远东出版社，2003，第 236 页。

② 杜小真、张宇主编《德里达中国演讲录》，中央编译出版社，2003，第 38 页。

③ 德勒兹、伽塔里：《从混沌到思想》，关宝艳译，《世界哲学》2006 年第 4 期，第 39 页。

一种"澄浑态"的自我构想和直击力。不过，现象学的自我辐射与凝视，更专注于抵制哲学"巧辩"后的疲劳。

"万类纷纭，唯人最灵。"① 佛学中国化的新飞跃，必须立足于中华民族这个主体，并与人类各种思想契合。在唯物史观和后现代主义双重弧线的边切下，佛学概念的阐发范式应从"蕴谓"向"创谓"转向，让古老的佛学智慧显出更耀眼和更璀璨的光芒，使其更直击于时代剧烈变迁的历史疏漏与思想困顿。

第四节　毛泽东哲学中的后现代性

在理性主义的地平线上，毛泽东哲学辉目而砺宕。然而，在迷离的现代性朝雾里，毛泽东哲学还匿伏着独特的后现代险峰，处处怒放着异彩之花。出人意料的是，毛泽东哲学的"异质"，还引发了后现代思想家们创作的涌动。

福柯说："在古代，人们追求规则，追求形式，追求尊严。"② 那么，后现代的反其道则在于向一切秩序讨伐，"人类普遍历史"的概念在后现代"生活世界"中走向终结，后结构主义成为众多后现代思想家的生存美学。但在毛泽东那里，反对旧世界则意味着激活一个新世界，并成为一种不断催化历史分离与文化裂变的思想。

一　中国作风：话语创作上的小叙事

后现代主义主要代表之一利奥塔在谈到后现代性特征时指出，19 世纪和 20 世纪让我们受够了总体化的折磨。为了体验和遵从唯一的整体性，我们付出了高昂的代价。而现在，当我们再次听到重建恐怖的整体的喃喃声时，我们的回答应该是："向总体性开战。让我们做那不可表现的事物的证人；让我们激活分歧，挽救它们的荣誉。"③ 也就是说，创作上的小叙事

---

① 《紫柏老人集》卷四。
② 福柯：《权力的眼睛》，严锋译，上海人民出版社，1997，第 143 页。
③ 利奥塔：《后现代性与公正游戏》，谈瀛洲译，上海人民出版社，1997，第 141 页。

和对异质性话语的极大宽容度应成为后现代话语的奇点。

这种注重特殊性的思想创作是毛泽东哲学思想的范式。毛泽东多次谈到反对教条主义，在《中国共产党在民族战争中的地位》中他说道："洋八股必须废止，空洞抽象的调头必须少唱，教条主义必须休息，而代之以新鲜活泼的、为中国老百姓所喜闻乐见的中国作风和中国气派。"① 1956年在讨论《论无产阶级专政的历史经验》和《再论无产阶级专政的历史经验》两篇文章期间，毛泽东发表了一系列重要讲话，强调了在中国共产党的历史上，照抄苏联的某些经验，曾使我国的革命力量遭到严重的损害，深刻地教训了我们的党。尤其对于社会主义市场经济，毛泽东1956年在和民建工商联负责人谈话时，提出了"可以消灭了资本主义，又搞资本主义"的"新经济政策"②。毛泽东早在《论联合政府》中就曾指出，有些人不了解共产党人为什么不但不怕资本主义，反而在一定的条件下提倡它的发展。用资本主义去代替外国帝国主义和本国封建主义的压迫，不但是一个进步，而且是一个不可避免的过程。它不但有利于资产阶级，同时也有利于无产阶级，或者说更有利于无产阶级。"说也奇怪，有些中国资产阶级代言人不敢正面地提出发展资本主义的主张，而要转弯抹角地来说这个问题。"③ 这说明了毛泽东早就反对社会主义的同一模式，主张社会主义个性化的发展思路。同样，在《论联合政府》中，毛泽东明确指出："中国现阶段的历史将形成中国现阶段的制度，在一个长时期中，将产生一个对于我们是完全必要和完全合理同时又区别于俄国制度的特殊形态，即几个民主阶级联盟的新民主主义的国家形态和政权形态。"④ 毛泽东注重事物特殊性的方法受到国际著名的英国马克思主义学家戴维·麦克莱伦的关注。他认为，毛泽东把辩证法的"规律"的提法放在一边，而把矛盾的概念置于其世界观的中心。"当然，毛泽东更为强调的不是矛盾的普遍性，而是它的特殊性。"⑤

① 《毛泽东选集》第2卷，人民出版社，1991，第534页。
② 《毛泽东文集》第7卷，人民出版社，1999，第170页。
③ 《毛泽东选集》第3卷，人民出版社，1991，第1060页。
④ 《毛泽东选集》第3卷，人民出版社，1991，第1062页。
⑤ 戴维·麦克莱伦：《马克思以后的马克思主义》（第3版），李智译，中国人民大学出版社，2008，第221页。

二 武装割据：权力控制上的微循环

毛泽东的军事思想也包含了丰富的哲学意境，其运思理路也逆反于一统化线性范式。对政权的摧毁弃用从中心向四周扩散的传统裂变效应，而是在白色政权的控制地域里，利用险要的地形地势，实行红色工农武装割据，建立革命根据地，动摇敌人的基础，再对各个局部进行分解。简明地说，就是"星星之火，可以燎原"。对敌来说，实行武装割据，使得其权力控制失效；对我来说，"东方不亮西方亮，黑了南方有北方"，实行权力控制上的微循环。毛泽东在分析中国革命战争的特点时指出："我们的政权是分散而又孤立的山地或僻地的政权，没有任何的外间援助。革命根据地的经济条件和文化条件同国民党区域比较是落后的。革命根据地只有乡村和小城市。其区域开始是非常之小，后来也并不很大。而且根据地是流动不定的；红军没有真正巩固的根据地。"① 因为，战争的流动性决定了领土的流动性，不要震惊于领土和军事后方的暂时性流动。反过来，"统治着第五次反'围剿'时期的所谓'正规战争'的战略方针，否认这种流动性，反对所谓'游击主义'。反对流动的同志们要装作一个大国家的统治者来办事，结果是得到了一个异乎寻常的大流动——二万五千华里的长征"②。即割据的流动性是我方权力控制微循环的主要特点，也是其生命力所在，而反对微循环的人最后却被迫要大循环。在割据和流动性中，游击战则是必要的方法，因为游击队的主动性在于分散和灵活，游击战争的条件不容许有很大的计划性，游击部队能够像流水和疾风一样，迅速地转移其位置。

毛泽东始终反对权力的全面扩张和大循环。新中国成立后，毛泽东分析了初期的国内外形势和现实条件后认为："总之，我们不要四面出击。四面出击，全国紧张，很不好。我们绝不可树敌太多，必须在一个方面有所让步，有所缓和，集中力量向另一方面进攻。"③ 对于帝国主义在全世界范围内的霸权，毛泽东早就提出严厉的批评。1960 年 5 月在会见非洲朋友

---

① 《毛泽东选集》第 1 卷，人民出版社，1991，第 190 页。
② 《毛泽东选集》第 1 卷，人民出版社，1991，第 229 页。
③ 《毛泽东文集》第 6 卷，人民出版社，1999，第 75 页。

时，毛泽东指出："帝国主义占的地方太多，管得太宽了。中国俗话说，十个指头按着十个跳蚤，一个跳蚤都捉不到。因为帝国主义管得太宽，它们也就控制不住。"① 1963 年 9 月同日本朋友谈话时他又指出，美国的手伸到我们西太平洋、东南亚，还伸到非洲，它的手伸得太长了。这样就注定要失败。

毛泽东的权力微循环理论在后现代主义思想家福柯那里受到了注意："首先，不要在它们中心，在可能是它们的普遍机制或整体效力的地方，分析权力的规则和合法形式。相反，重要的是在权力的极限，在它的最后一条线上抓住权力，那里他变成毛细血管的状态；也就是说，在权力最地区性的、最局部的形式和制度中，抓住他并对它进行研究。"② 即权力在它边远的薄弱地区，突破了组织它和限制它的规则。如果在这些规则之外，植入新的力量，将成为对抗原权力中心的新的权力场。对此，麦克莱伦也这样认为："延安政权尽管不符合正统的共产主义标准，但它在实践中的巨大成功证明了其思想的正确性。"③

三　举重若轻：行动策略上的反逻辑

毛泽东在长期的革命实践中，形成了诸多的战略战术，这些行动策略都蕴含着丰富的哲学思想，而且具有反常规的运思理路。他主张的游击队能够打败正规军、小国能够打败大国、弱国能够打败强国的思想使我们在国内国际的各种革命斗争中获得了巨大的精神鼓舞。在国内革命战争中，类似于四渡赤水、红军北上等出其不意的战略布局比比皆是。针对国际上美国的嚣张，1965 年 10 月毛泽东在会见越南代表团时讲道："美国人训练和教育了越南人，教育了我们，也教育了全世界人民。依我看，没有美国人就是不好，这个教员不可少。要打败美国人，就要跟美国人学。马克思的著作里没有教我们怎么打美国人，列宁的书里也没有写。这主要是靠我

---

① 《毛泽东文集》第 8 卷，人民出版社，1999，第 171 页。
② 福柯：《必须保卫社会》，钱翰译，上海人民出版社，1999，第 26 页。
③ 戴维·麦克莱伦：《马克思以后的马克思主义》（第 3 版），李智译，中国人民大学出版社，2008，第 220～221 页。

们向美国人学。"① 毛泽东不仅指出，以弱可以胜强，而且还反常规地提出向敌人学习的思想。这深刻说明了毛泽东作为战略家的举重若轻和哲学家的逆向思维。1965 年 1 月他在与斯诺谈到美国哪里有风吹草动它就要派兵时说道："所以美国军队是可以调动的，叫它怎么样它就怎么样。有点像蒋介石的军队，叫它怎样就怎样。"②

针对苏联使用我海军基地的谈判，1964 年毛泽东在同美国朋友谈话时说道："我对他说，把中国的海岸线都给你好了。他说，那你做什么呢？我说，我上山去打游击。他说，打游击没有用。我说，你把我的鼻子都塞住了，我不去打游击怎么办？"③ 这不仅反映了毛泽东的过人胆识，也生动说明了毛泽东哲学的反逻辑旨趣。1964 年 1 月毛泽东在解释其诗词"天地转，光阴迫。一万年太久，只争朝夕"时说道："你要慢，我就要快，反其道而行之。你想活一万年？没有那么长。我要马上见高低，争个明白，不容许搪塞。但其实时间在我们这边，'只争朝夕'，我们也没有那么急。"④

毛泽东的反其道而行之的思维，来自无畏的精神力量和彻底的理论品格。1965 年在和斯诺谈话时，毛泽东说自己快见上帝了，斯诺说他身体很健康，他回答道："我准备了好多次了，就是不死，有什么办法！多少次好像快死了，包括你说的战争中的危险，把我身边的卫士炸死，血溅到我身上，可是炸弹就是没打到我。"⑤ 在和斯诺谈到原子弹时他指出："美国人说什么原子弹毁灭性严重，赫鲁晓夫也说得很神气，他们都超过我，我比他们落后了。是不是这样？相当落后。"⑥ 接着他在谈到原子弹氢弹的不可怕以及微小生命力的顽强时说道："对那地方的鸟、树、海龟说来，原子弹不过是纸老虎。"⑦

对于加入联合国，毛泽东再次表现出过人的智慧和运筹。在大家都认为我们应该赶快加入时，毛泽东又一次反其道而行之。在 1956 年和印尼总

① 《毛泽东文集》第 8 卷，人民出版社，1999，第 426 页。
② 《毛泽东文集》第 8 卷，人民出版社，1999，第 412 页。
③ 《毛泽东文集》第 8 卷，人民出版社，1999，第 358 页。
④ 《毛泽东文集》第 8 卷，人民出版社，1999，第 368 页。
⑤ 《毛泽东文集》第 8 卷，人民出版社，1999，第 400 页。
⑥ 《毛泽东文集》第 8 卷，人民出版社，1999，第 402 页。
⑦ 《毛泽东文集》第 8 卷，人民出版社，1999，第 403 页。

统苏加诺谈话时，苏加诺问及中国加入联合国的态度，毛泽东说："人家看我们不起，而且他们手里还有一个大东西，叫做原子弹。我们连一个小的都没有。因此，何必急呢？"① 后现代主义重要作家利奥塔也认为，柔弱式自由民主比僵硬式集权在共同体调节上具有更强大的功能，"久而久之，这种柔韧性被证明比稳定的等级制度中严格的角色规定更有效"②。

尽管反其道而行之的思维范式是后现代主义反共性的"共性"，但在毛泽东思想的"反"照下，利奥塔等人的"反"不过是泛泛之谈。毛泽东行动策略上的反逻辑，并不在于一个形式上的"反"，而是抓住了事物的"正"，他是真正掌握哲学秘密的哲学家。

四　民族平等：世界地理上的非中心

毛泽东独创性地开辟了中国式的革命和建设道路的理论，受到了中国人民的拥护，而且各民族平等相处的原则也得到了全世界人民的称颂。他主张首先从自我做起，1956 年在和外国兄弟党代表谈话时，毛泽东指出，大国主义和大汉族主义都是宗派主义。有大国主义的人，只顾本国利益，不顾人家。"大汉族主义，只顾汉族，认为汉族最高级，就危害少数民族。"③ 1968 年在审阅军队请示报告中提出的"世界革命中心——北京"下面，作了这样的批语："这种话不应由中国人口中说出，这就是所谓'以我为核心'的错误思想。"④ 1970 年，他在中联部邀请外国访华团的批语上写道："只要看我们党的历史经过多少错误路线的教育才逐步走上正轨，并且至今还有问题，即对内对外都有大国沙文主义，必须加以克服，就可知道了。"⑤

面对国际上的大国霸权主义，毛泽东始终站在世界革命人民的一边，不畏强权，坚决支持反对各种形式的种族歧视的斗争。1963 年毛泽东在《人民日报》上以个人名义发表声明："我呼吁，全世界白色、黑色、黄

---

① 《毛泽东文集》第 7 卷，人民出版社，1999，第 143 页。
② 利奥塔：《后现代道德》，莫伟民等译，学林出版社，2000，第 59 页。
③ 《毛泽东文集》第 7 卷，人民出版社，1999，第 123 页。
④ 《毛泽东文集》第 8 卷，人民出版社，1999，第 431 页。
⑤ 《毛泽东文集》第 8 卷，人民出版社，1999，第 433 页。

色、棕色等各色人种中的工人、农民、革命的知识分子、开明的资产阶级分子和其他开明人士联合起来，反对美国帝国主义的种族歧视，支持美国黑人反对种族歧视的斗争。"[1] 1965 年 1 月和斯诺谈话时，他批评美国人的手伸到全世界，我们早已提过要他们收回去一点，但他们就是不听。在 1970 年 12 月会见斯诺时他还指出，欢迎尼克松来访问，"我看我不会跟他吵架，批评是要批评他的"[2]。1974 年 2 月会见赞比亚总统卡翁达时他提出的三个世界划分理论更是对反对大国霸权主义的典型注解。

毛泽东反大国主义和种族主义的斗争思想在福柯那里受到了极力推崇。在福柯看来，我们过去的历史是大国的历史先验地包含小国的历史，强国的历史附带着弱国的历史。现在这样的公设必须为异质性原则所取代，即这一部分的历史并非另一部分的历史。"从这个意义上，以后的历史表现为种族斗争的历史，是反历史，但我认为它同样是另一种形式的历史，而且更重要。"[3]

毛泽东反对以美国为首的新帝国主义的思想，这在英国后现代主义重要代表人物大卫·哈维的《新帝国主义》中得到了充分阐述。哈维认为，长期以来潜伏在后台的种族主义，现在跃上了政治思想的最前线。军事干预只是帝国主义的冰山一角，霸权主义的玄机在于"霸权国家通常会确保和提升外部的和国际的制度安排，因为这些制度安排中的非对称性交换关系能够使它们大受裨益"[4]。因此，霸权主义作为现代性成长的缩微，既昭示了现代性滋生的溃烂，也测度了现代性隐匿的多端。

五 推陈出新：文化秩序上的弱传导

毛泽东在《丢掉幻想准备斗争》中指出，共产党"被国民党广泛地无孔不入地宣传为杀人放火，奸淫抢掠，不要历史，不要文化，不要祖国，不孝父母，不敬师长，不讲道理，共产公妻，人海战术，总之是一群青面

---

[1] 《毛泽东文集》第 8 卷，人民出版社，1999，第 330 页。
[2] 《毛泽东文集》第 8 卷，人民出版社，1999，第 437 页。
[3] 福柯：《必须保卫社会》，钱翰译，上海人民出版社，1999，第 63 页。
[4] 大卫·哈维：《新帝国主义》，初立忠、沈晓雷译，社会科学文献出版社，2009，第 146 页。

獠牙，十恶不赦的人。可是，事情是这样地奇怪，就是这样的一群，获得了数万万人民群众包括青年学生的拥护"①。毛泽东这里引用国民党的宣传，实际上也是表明，共产党就是要反"文化"，反对国民党的所谓爱国爱家的虚假文化，或者说，就是要和这种伪道德决裂。

毛泽东很早就提出了对中国封建文化进行革命的主张。1927 年，在《湖南农民运动考察报告》里就指出，农民在乡里造反，城里的绅士和中层以上社会成员包括国民党右派，无不认之为"糟得很"。而这种对封建统治的造反，则是农民及其他革命派的理论，则是"好得很"。1939 年，在《青年运动的方向》里，毛泽东又指出："中国古代在圣人那里读书的青年们，不但没有学过革命的理论，而且不实行劳动。"② 可以说，"革命"是贯穿毛泽东一生的实践活动和文化自觉。

毛泽东提出的文化革命和一般的改革有很大的不同，主张否定性的和反叛性的文化重生及推陈出新，具有生态链上断裂性和整体上的弱传导意义。毛泽东提出剥离传统文化中的反动本质，植入新的代表人民大众的新文化。他在《论联合政府》里指出，对于中国古代文化要批判地接收它，而"一切奴化的、封建主义的和法西斯主义的文化和教育，应当采取适当的坚决的步骤，加以扫除"③。即使是社会主义文化和共产主义文化，在他看来也有不断革命的需要。因为，他认为："文化革命是在观念形态上反映政治革命和经济革命，并为它们服务的。"④ 因此，文化革命是一个无止境的过程，没有不灭的文化形态。1964 年 8 月他在和时任北京大学副校长周培源及国家科委副主任于光远谈话时指出："我说马克思主义也有它的发生、发展与灭亡。这好像是怪话。但既然马克思主义说一切发生的东西都有它的灭亡，难道这话对马克思主义本身就不灵吗？说它不会灭亡是形而上学。当然马克思主义的灭亡是有比马克思主义更高的东西来代替它。"⑤ 毛泽东的深刻思想，对于主张马克思主义永恒的人来说，则是不可思议的。

---

① 《毛泽东选集》第 4 卷，人民出版社，1991，第 1485 页。
② 《毛泽东选集》第 2 卷，人民出版社，1991，第 568 页。
③ 《毛泽东选集》第 3 卷，人民出版社，1991，第 1083 页。
④ 《毛泽东选集》第 2 卷，人民出版社，1991，第 699 页。
⑤ 《毛泽东文集》第 8 卷，人民出版社，1999，第 391 页。

毛泽东文化承接的弱传导、非连贯性和不断革命的思想，有着比后现代主义更强的彻底性。在后现代主义者看来，总体化特权一方面意味着同一性中和，另一方面则意味着连续性记录。后现代主义思想家们对历史的连续性提出了诸多批评。布尔迪厄认为，事物发展的连贯性逻辑不过是人为的预设。"必须承认，实践有一种逻辑，一种不是逻辑的逻辑，这样才不至于过多地要求实践给出它所不能给出的逻辑，从而避免强行向实践索取某种连贯性，或把一种牵强的连贯性强加给它。"① 显然，毛泽东的文化弱传导思想比后现代理论家的述说有着更丰富的内涵和辩证的品格。

六　诗词书法：所指辐射上的思外思

诗词和书法是毛泽东理论运思之外的但同样具有很重要价值的思想创作地域。重要的是，他通过诗词和书法来表达传统理论无法表达的意境和意念。他主张诗应注重形象思维，因为形象思维不同于抽象（逻辑）思维（对信息加工首尾相接地、线性地进行），它是跳跃性思维，也是或然性或似真性的思维。形象思维虽然反映的是意象、直感、想象等形象性的观念，但其根本目的并不在于其形象的再现，而是具有所指上的超越概念之思。

1965 年 7 月毛泽东在给时任国务院副总理兼外交部部长陈毅回复请求改诗的信中谈道："诗要用形象思维，不能如散文那样直说，所以比、兴两法是不能不用的。赋也可以用，如杜甫之《北征》，可谓'敷陈其事而直言之也'，然其中亦有比、兴。'比者，以彼物比此物也'，'兴者，先言他物以引起所咏之词也'。韩愈以文为诗；有些人说他完全不知诗，则未免太过，如《山石》，《衡岳》，《八月十五酬张功曹》之类，还是可以的。据此可以知为诗之不易。宋人多数不懂诗是要用形象思维的，一反唐人规律，所以味同嚼蜡。"②

诗歌在语言学上的特殊意义，早被后现代作家所注意。鲍德里亚同意诗歌并不是为话语增添一些润饰，而是对话语的构成要素进行重新评估。在他看来，在诗歌中，语言返回自身是为了消解自身，它不以自己为中

---

① 布尔迪厄：《实践感》，蒋梓骅译，译林出版社，2003，第 133 页。
② 《毛泽东文集》第 8 卷，人民出版社，1999，第 421～422 页。

心，打乱了全部逻辑结构，特别是消解了符号仅是符号的内在反射性，即诗歌使语言获得了符号信息发射的越境性。诗歌不能还原为意指方式，意指方式是语言学的生产方式，所以诗歌不能还原为语言学。"诗歌是语言反抗自身法则的起义。"① 这个法则也就是语言自身的所指限度。诗歌超越了能指和所指之间的编码法则和能指的线性法则。

对于书法，毛泽东尤爱草书，一生留下了大量草书手迹。1958 年 10 月他还写信给田家英让他准备草书的典籍："请将已存各种草书字帖清出给我，包括若干拓本（王羲之等），于右任千字文草诀歌。此外，请向故宫博物院负责人（是否郑振铎?）一询，可否借阅那里的各种草书手迹若干，如可，应开单据，以便按件清还。"②

鲍德里亚认为，"易位书写"是对传统符号和主导文化的恐怖主义权力时空的干预和对传统同质性的进攻，是对传统符号的起义。"符号的全部光环，甚至意指本身，都由于确定性而消解了：一切都消解在记录和解码中。"③ 毛泽东狂放无羁的无宗无派无定性的书法正印合了鲍德里亚对摆脱任何参照、任何来源的信息为零的一种真正符号的热切期盼。实际上，两者共同表达了一种对深层意识形态摧毁的一种隐喻。

毛泽东的思想创作是在遵循社会历史规律大叙事的现代性的总体原则下进行的理论运思和实践探索。它所具有的重大历史意义也体现在对双重压迫下的落后东方大国的历史趋势的总体把握，以及由此形成的对敌作战的特殊战略战术。

毛泽东的后现代性表征为在现代性主导下和现代性共同作用的生成和运作机制，主张现代性与后现代性的辩证统一，它和当代后现代主义作家一味坚持后现代性写作具有不同的运思理路。毛泽东的后现代性是不自觉的，但其革命性的力量是巨大的，这也和众多后现代思想家的行动印迹正好是相反的。

毛泽东以后的毛泽东哲学研究出人意料地在全世界获得了推崇，这不仅来自毛泽东对历史学、哲学和人类学的深度沉思，更在于毛泽东思想具有扑面而来的直击力。这种直击力成长于对现实秩序的不断否定和辨识，是对秩序化世界的一种"异"思、"反"思或慎思后的政治敏觉和决断力。

---

① 鲍德里亚：《象征交换与死亡》，车槿山译，凤凰出版传媒集团，2006，第 298 页。
② 《毛泽东书信选集》，人民出版社，1983，第 547 页。
③ 鲍德里亚：《象征交换与死亡》，车槿山译，凤凰出版传媒集团，2006，第 81 页。

· 参考文献 ·

《马克思恩格斯文集》第 1~10 卷，人民出版社，2009。

《马克思恩格斯选集》第 1~4 卷，人民出版社，1995。

《毛泽东文集》第 1~2 卷，人民出版社，1993。

《毛泽东文集》第 3~5 卷，人民出版社，1996。

《毛泽东文集》第 6~8 卷，人民出版社，1999。

《赫拉克利特著作残篇》，楚荷译，广西师范大学出版社，2007。

《柏拉图全集》第 3 卷，王晓朝译，人民出版社，2003。

亚里士多德：《政治学》，吴寿彭译，商务印书馆，1965。

亚里士多德：《尼各马可伦理学》，廖申白译注，商务印书馆，2003。

亚里士多德：《形而上学》，吴寿彭译，商务印书馆，1959。

柏拉图：《理想国》，张竹明译，凤凰出版传媒集团，2009。

黑格尔：《历史哲学》，王造时译，上海世纪出版集团，2006。

黑格尔：《哲学史讲演录》第 1 卷，贺麟、王太庆译，商务印书馆,1959。

尼采：《权力意志》，孙周兴译，商务印书馆，2007。

尼采：《人性的，太人性的》，杨恒达译，中国人民大学出版社，2005。

尼采：《超善恶》，张念东译，中央编译出版社，2007。

威廉·冯·洪堡特：《论人类语言结构的差异及其对人类精神发展的影响》，姚小平译，商务印书馆，1999。

莱布尼茨：《人类理智新论》，陈修斋译，商务印书馆，1982。

卢梭：《社会契约论》，何兆武译，商务印书馆，2003。

鲍德里亚：《生产之镜》，仰海峰译，中央编译出版社，2005。

鲍德里亚：《象征交换与死亡》，车槿山译，江苏凤凰传媒集团，2006。

利奥塔：《后现代道德》，莫伟民等译，学林出版社，2000。

利奥塔：《后现代性与公正游戏》，谈瀛洲译，上海人民出版社，1997。

布尔迪厄：《国家精英》，杨亚平译，商务印书馆，2004。

布尔迪厄、华康德：《实践与反思》，李猛、李康译，中央编译出版社，1998。

布尔迪厄：《实践感》，蒋梓骅译，译林出版社，2003。

布留尔：《原始思维》，丁由译，商务印书馆，1997。

休谟：《人类理解研究》，关文运译，商务印书馆，1957。

布龙菲尔德：《语言论》，袁家骅等译，商务印书馆，1980。

梅洛－庞蒂：《知觉现象学》，姜志辉译，商务印书馆，2001。

福柯：《规训与惩戒》，刘北成、杨远婴译，三联书店，2007。

福柯：《知识考古学》，谢强、马月译，三联书店，2007。

奥古斯丁：《论自由意志》，成官泯译，上海世纪出版集团，2010。

约翰·密尔：《论自由》，许宝骙译，商务印书馆，1959。

德勒兹：《哲学与权力的谈判》，刘汉全译，商务印书馆，2000。

德里达：《书写与差异》，张宁译，三联书店，2001。

费希特：《全部知识学的基础》，王玖兴译，商务印书馆，1986。

诺曼·莱文：《辩证法内部对话》，张翼星等译，云南人民出版社，1997。

杜小真、张宁主编《德里达中国讲演录》，中央编译出版社，2003。

孙周兴选编《海德格尔选集》，上海三联书店，1996。

李秋零主编《康德著作全集》，中国人民大学出版社，2005。

图书在版编目(CIP)数据

现代性批判 / 余乃忠著 . —北京:社会科学文献出版社,2014.9
ISBN 978 - 7 - 5097 - 5891 - 5

Ⅰ.①现…　Ⅱ.①余…　Ⅲ.①马克思主义哲学 - 研究　Ⅳ.①B0 - 0

中国版本图书馆 CIP 数据核字(2014)第 067199 号

现代性批判

著　　者 / 余乃忠

出 版 人 / 谢寿光
出 版 者 / 社会科学文献出版社
地　　址 / 北京市西城区北三环中路甲 29 号院 3 号楼华龙大厦
邮政编码 / 100029

责任部门 / 社会政法分社 (010) 59367156　　　责任编辑 / 曹义恒　李红梅
电子信箱 / shekebu@ ssap. cn　　　　　　　　　责任校对 / 岳爱华
项目统筹 / 曹义恒　　　　　　　　　　　　　　 责任印制 / 岳　阳
经　　销 / 社会科学文献出版社市场营销中心 (010) 59367081　59367089
读者服务 / 读者服务中心 (010) 59367028

印　　装 / 北京鹏润伟业印刷有限公司
开　　本 / 787mm×1092mm　1/16　　　　　　　印　　张 / 15.5
版　　次 / 2014 年 9 月第 1 版　　　　　　　　 字　　数 / 252 千字
印　　次 / 2014 年 9 月第 1 次印刷
书　　号 / ISBN 978 - 7 - 5097 - 5891 - 5
定　　价 / 65.00 元